学习贯彻党的二十大精神述评

新华通讯社◎编著

新 华 出 版 社

图书在版编目（CIP）数据

学习贯彻党的二十大精神述评 / 新华通讯社编著.
—— 北京：新华出版社，2023.1（2025.2重印）
ISBN 978-7-5166-6713-2

Ⅰ．①学…　Ⅱ．①新…　Ⅲ．①中共二十大(2022) – 学习参考资料
Ⅳ．①D229

中国国家版本馆CIP数据核字（2023）第009436号

学习贯彻党的二十大精神述评

编　　著：	新华通讯社			
出 版 人：	匡乐成	选题策划：	匡乐成　许　新	
责任编辑：	赵怀志　王婷　齐泓鑫　许兼畅	封面设计：	刘宝龙	
出版发行：	新华出版社			
地　　址：	北京石景山区京原路8号	邮　　编：	100040	
网　　址：	http://www.xinhuapub.com			
经　　销：	新华书店、新华出版社天猫旗舰店、京东旗舰店及各大网店			
购书热线：	010 – 63077122	中国新闻书店购书热线：010 – 63072012		
照　　排：	六合方圆			
印　　刷：	大厂回族自治县众邦印务有限公司			
成品尺寸：	170mm×240mm　1/16			
印　　张：	21	字　　数：	240千字	
版　　次：	2023年1月第一版	印　　次：	2025年2月第四次印刷	
书　　号：	ISBN 978-7-5166-6713-2			
定　　价：	60.00元			

版权专有，侵权必究。如有质量问题，请与出版社联系调换：010-63077124

中共中央
关于认真学习宣传贯彻党的二十大精神的决定

（2022 年 10 月 29 日）

为深入学习宣传贯彻党的二十大精神，把全党全国各族人民的思想统一到党的二十大精神上来，把力量凝聚到党的二十大确定的各项任务上来，作出如下决定。

一、充分认识学习宣传贯彻党的二十大精神的重大意义

中国共产党第二十次全国代表大会于 10 月 16 日至 22 日在北京举行。这是在全党全国各族人民迈上全面建设社会主义现代化国家新征程、向第二个百年奋斗目标进军的关键时刻召开的一次十分重要的大会，是一次高举旗帜、凝聚力量、团结奋进的大会。大会高举中国特色社会主义伟大旗帜，坚持马克思列宁主义、毛泽东思想、邓小平理论、"三个代表"重要思想、科学发展观，全面贯彻习近平新时代中国特色社会主义思想，分析了国际国内形势，提出了党的二十大主题，回顾总结了过去 5 年的工作和新时代 10 年的伟大变革，阐述了开辟马克思主义中国化时代化新境界、中国式现代化的中国特色和本质要求等重大问题，对全面建设社会主义现代化国家、全面推进中华

民族伟大复兴进行了战略谋划，对统筹推进"五位一体"总体布局、协调推进"四个全面"战略布局作出了全面部署。大会批准了习近平同志代表十九届中央委员会所作的《高举中国特色社会主义伟大旗帜，为全面建设社会主义现代化国家而团结奋斗》的报告，批准了十九届中央纪律检查委员会的工作报告，审议通过了《中国共产党章程（修正案）》，选举产生了新一届中央委员会和中央纪律检查委员会。

习近平同志的报告，深刻阐释了新时代坚持和发展中国特色社会主义的一系列重大理论和实践问题，描绘了全面建设社会主义现代化国家、全面推进中华民族伟大复兴的宏伟蓝图，为新时代新征程党和国家事业发展、实现第二个百年奋斗目标指明了前进方向、确立了行动指南，是党和人民智慧的结晶，是党团结带领全国各族人民夺取中国特色社会主义新胜利的政治宣言和行动纲领，是马克思主义的纲领性文献。《中国共产党章程（修正案）》体现了党的十九大以来党的理论创新、实践创新、制度创新成果，体现了党的二十大报告确定的重要思想、重要观点、重大战略、重大举措，对坚持和加强党的全面领导、坚定不移推进全面从严治党、坚持和完善党的建设、推进党的自我革命提出了明确要求。

党的二十届一中全会选举产生了以习近平同志为核心的新一届中央领导集体，一批经验丰富、德才兼备、奋发有为的同志进入中央领导机构，充分显示出中国特色社会主义事业蓬勃兴旺、充满活力。

学习宣传贯彻党的二十大精神是当前和今后一个时期全党全国的首要政治任务，事关党和国家事业继往开来，事关中国特色社会主义前途命运，事关中华民族伟大复兴，对于动员全党全国各族人民更加紧密地团结在以习近平同志为核心的党中央周围，高举中国特色社会主义伟大旗帜，坚定道路自信、理论自信、制度自信、文化自信，为全面建设社会主义现代化国家、全面推进中华民族伟大复兴而团结奋斗，具有重大现实意义和深远历史意义。

二、全面准确学习领会党的二十大精神

学习领会党的二十大精神，必须坚持全面准确，深入理解内涵，精准把握外延。要原原本本、逐字逐句学习党的二十大报告和党章，学习习近平总书记在党的二十届一中全会上的重要讲话精神，着重把握以下几个方面。

1.深刻领会党的二十大的主题。高举中国特色社会主义伟大旗帜，全面贯彻习近平新时代中国特色社会主义思想，弘扬伟大建党精神，自信自强、守正创新，踔厉奋发、勇毅前行，为全面建设社会主义现代化国家、全面推进中华民族伟大复兴而团结奋斗。这是党的二十大的主题，明确宣示了我们党在新征程上举什么旗、走什么路、以什么样的精神状态、朝着什么样的目标继续前进的重大问题。高举中国特色社会主义伟大旗帜、全面贯彻习近平新时代中国特色社会主义思想，是要郑重宣示，全党必须坚持以马克思主义中国化时代化最新成果为指导，坚定中国特色社会主义道路自信、理论自信、制度自信、文化自信，坚持道不变、志不改，确保党和国家事业始终沿着正确方向胜利前进。弘扬伟大建党精神，是要郑重宣示，全党必须恪守伟大建党精神，保持党同人民群众的血肉联系，保持谦虚谨慎、艰苦奋斗的政治本色和敢于斗争、敢于胜利的意志品质，确保党始终成为中国特色社会主义事业的坚强领导核心。自信自强、守正创新，踔厉奋发、勇

毅前行，是要郑重宣示，全党必须保持自信果敢、自强不息的精神风貌，保持定力、勇于变革的工作态度，永不懈怠、锐意进取的奋斗姿态，使各项工作更好体现时代性、把握规律性、富于创造性。全面建设社会主义现代化国家、全面推进中华民族伟大复兴，是要郑重宣示，全党必须紧紧扭住新时代新征程党的中心任务，集中一切力量，排除一切干扰，坚持以中国式现代化全面推进中华民族伟大复兴。团结奋斗，是要郑重宣示，我们必须不断巩固全党全国各族人民大团结，加强海内外中华儿女大团结，形成同心共圆中国梦的强大合力。

2. 深刻领会过去5年的工作和新时代10年的伟大变革。党的十九大以来的5年，是极不寻常、极不平凡的5年。5年来，以习近平同志为核心的党中央，高举中国特色社会主义伟大旗帜，全面贯彻党的十九大和十九届历次全会精神，团结带领全党全军全国各族人民，统揽伟大斗争、伟大工程、伟大事业、伟大梦想，有效应对严峻复杂的国际形势和接踵而至的巨大风险挑战，以奋发有为的精神把新时代中国特色社会主义不断推向前进，攻克了许多长期没有解决的难题，办成了许多事关长远的大事要事，推动党和国家事业取得举世瞩目的重大成就。党的十八大召开10年来，我们经历了对党和人民事业具有重大现实意义和深远历史意义的三件大事：一是迎来中国共产党成立一百周年，二是中国特色社会主义进入新时代，三是完成脱贫攻坚、全面建成小康社会的历史任务，实现第一个百年奋斗目标。这是中国共产党和中国人民团结奋斗赢得的历史性胜利，是彪炳中华民族发展史册的历史性胜利，也是对世界具有深远影响的历史性胜利。10年来，我们全面贯彻党的基本理论、基本路线、基本方略，采取一系列战略性举措，推进一系列变革性实践，实现一系列突破性进展，取得一系列标志性成果，经受住了来自政治、经济、意识形态、自然界等方面的风险挑战考验，党和国家事业取得历史性成就、发生历史性变革，推动我国迈上全面建设社会主义现代化国家新征程。新时代10年的伟大变革，在党史、新中国史、改革开放史、社会主义发展史、中华民族发展史上具有里程碑意义。

新时代10年的伟大变革，是在以习近平同志为核心的党中央坚强领导下、在习近平新时代中国特色社会主义思想指引下全党全国各族人民团结奋斗取得的。党确立习近平同志党中央的核心、全党的核心地位，确立习近平新时代中国特色社会主义思想的指导地位，反映了全党全军全国各族人民共同心愿，对新时代党和国家事业发展、对推进中华民族伟大复兴历史进程具有决定性意义。"两个确立"是党在新时代取得的重大政治成果，是推动党和国家事业取得历史性成就、发生历史性变革的决定性因素。全党必须深刻领悟"两个确立"的决定性意义，更加自觉地维护习近平总书记党中央的核心、全党的核心地位，更加自觉地维护以习近平同志为核心的党中央权威和集中统一领导，全面贯彻习近平新时代中国特色社会主义思想，坚定不移在思想上政治上行动上同以习近平同志为核心的党中央保持高度一致。

3. 深刻领会开辟马克思主义中国化时代化新境界。马克思主义是我们立党立国、兴党兴国的根本指导思想。实践告诉我们，中国共产党为什么能，中国特色社会主义为什么好，归根到底是马克思主义行，是中国化时代化的马克思主义行。党的十八大以来，国内外形势新变化和实践新要求，迫切需要我们从理论和实践的结合上深入回答关系党和国家事业发展、党治国理政的一系列重大时代课题。我们党勇于进行理论探索和创新，以全新的视野深化对共产党执政规律、社会主义建设规律、人类社会发展规律的认识，取得重大理论创新成果，集中体现为习近平新时代中国特色社会主义思想。党的十九大、十九届六中全会提出的"十个明确"、"十四个坚持"、"十三个方面成就"概括了这一思想的主要内容，必须长期坚持并不断丰富发展。只有把马克思主义基本原理同中国具体实际相结合、同中华优秀传统文化相结合，坚持运用辩证唯物主义和历史唯物主义，才能正确回答时代和实践提出的重大问题，才能始终保持马克思主义的蓬勃生机和旺盛活力。不断谱写马克思主义中国化时代化新篇章，是当代中国共产党人的庄严历史责任。继续推进实践基础上的理论创新，首先要把握好习近平新时代中国特色社会主义思想的世界观和方法论，坚持好、运用好贯穿其中的立场观点方法，切实做到坚持人民至上、坚持自信自立、坚持守正创新、坚持问题导向、坚持系统观念、坚持胸怀天下，在新时代伟大实践中不断开辟马克思主义中国化时代化新境界。

4. 深刻领会新时代新征程中国共产党的使命任务。从现在起，中国共产党的中心任务就是团结带领全国各族人民全面建成社会主义现代化强国、实现第二个百年奋斗目标，以中国式现代化全面推进中华民族伟大复兴。党的二十大对全面建成社会主义现代化强国两步走战略安排进行了宏观展望，重点部署了未来5年的战略任务和重大举措。这是一项伟大而艰巨的事业，前途光明，任重道远。当前，我国发展进入战略机遇和风险挑战并存、不确定难预料因素增多的时期，各种"黑天鹅"、"灰犀牛"事件随时可能发生。我们必须增强忧患意识，坚持底线思维，做到居安思危、未雨绸缪，准备经受风高浪急甚至惊涛骇浪的重大考验。前进道路上，必须坚持和加强党的全面领导，坚持中国特色社会主义道路，坚持以人民为中心的发展思想，坚持深化改革开放，坚持发扬斗争精神，既不走封闭僵化的老路，也不走改旗易帜的邪路，坚持把国家和民族发展放在自己力量的基点上，坚持把中国发展进步的命运牢牢掌握在自己手中，不断夺取全面建设社会主义现代化国家新胜利。全党必须牢记，坚持党的全面领导是坚持和发展中国特色社会主义的必由之路，中国特色社会主义是实现中华民族伟大复兴的必由之路，团结奋斗是中国人民创造历史伟业的必由之路，贯彻新发展理念是新时代我国发展壮大的必由之路，全面从严治党是党永葆生机活力、走好新的赶考之路的必由之路。这是我们在长期实践中得出的至关紧要的规律性认识，必须倍加珍惜、始终坚持，咬定青山不放松，引领和保障中国特色社会主义巍巍巨轮乘风破浪、行稳致远。

5. 深刻领会中国式现代化的中国特色和本质要求。在新中国成立特别是改革开放以来长期探索和实践基础上，经过党的十八大以来在理论和实践上的创新突破，我们党成功推进和拓展了中国式现代化。中国式现代化，是中国共产党领导的社会主义现代化，既有各国现代化的共同特征，更有基于自己国情的中国特色。党的二十大概括了中国式现代化的中国特色，即中国式现代化是人口规模巨大的现代化，是全体人民共同富裕的现代化，是物质文明和精神文明相协调的现代化，是人与自然和谐共生的现代化，是走和平发展道路的现代化。党的二十大对中国式现代化的本质要求作出科学概括：坚持中国共产党领导，坚持中国特色社会主义，实现高质量发展，发展全过程人民民主，丰富人民精神世界，实现全体人民共同富裕，促进人与自然和谐共生，推动构建人类命运共同体，创造人类文明新形态。这个概括是党深刻总结我国和世界其他国家现代化建设的历史经验，对我国这样一个东方大国如何加快实现现代化在认识上不断深入、战略上不断成熟、实践上不断丰富而形成的思想理论结晶，我们要深刻领会、系统把握，特别是要把这个本质要求落实到各项工作之中。

6. 深刻领会社会主义经济建设、政治建设、文化建设、社会建设、生态文明建设等方面的重大部署。在经济建设上，要完整、准确、全面贯彻新发展理念，加快构建新发展格局，着力推动高质量发展，构建高水平社会主义市场经济体制，建设现代化产业体系，全面推进乡村振兴，促进区域协调发展，推进高水平对外开放，推动经济实现质的有效提升和量的合理增长。在政治建设上，要发展全过程人民民主，加强人民当家作主制度保障，全面发展协商民主，积极发展基层民主，巩固和发展最广泛的爱国统一战线。在文化建设上，要推进文化自信自强，建设社会主义文化强国，建设具有强大凝聚力和引领力的社会主义意识形态，广泛践行社会主义核心价值观，提高全社会文明程度，繁荣发展文化事业和文化产业，增强中华文明传播力影响力，铸就社会主义文化新辉煌。在社会建设上，要坚持在发展中保障和改善民生，扎实推进共同富裕，完善分配制度，实施就业优先战略，健全社会保障体系，推进健康中国建设，不断实现人民对美好生活的向往。在生态文明建设上，要推进美丽中国建设，加快发展方式绿色转型，深入推进环境污染防治，提升生态系统多样性、稳定性、持续性，积极稳妥推进碳达峰碳中和，促进人与自然和谐共生。

7. 深刻领会教育科技人才、法治建设、国家安全等方面的重大部署。党的二十大把握国内外发展大势，在党和国家事业发展布局中突出教育科技人才支撑、法治保障、国家安全工作。在教育科技人才上，要坚持教育优先发展、科技自立自强、人才引领驱动，加快建设教育强国、科技强国、人才强国，办好人民满意的教育，完善科技创新体系，加快实施创新驱动发展战略，深入实施人才强国战略，不断塑造发展新动能新优势。在法治建设上，要坚持全面依法治国，坚持走中国特色社会主义法治道路，建设中国特色社会主义法治体系、建设社会主义法治国家，完善以宪法为核心的中国特色社会主义法律体系，扎实推进依法行政，严格公正司法，加快建设法治社会，推进法治中国建设。在国家安全上，要坚定不移贯彻总体国家安全观，健全国家安全体系，增强维护国家安全能力，提高公共安全治理水平，完善社会治理体系，坚决维护国家安全和社会稳定。

8. 深刻领会国防和军队建设、港澳台工作、外交工作等方面的重大部署。在国防和军队建设上，要贯彻习近平强军思想，贯彻新时代军事战略方针，坚持党对人民军队的绝对领导，全面加强人民军队党的建设，全面加强练兵备战，全面加强军事治理，巩固提高一体化国家战略体系和能力，如期实现建军一百年奋斗目标，加快把人民军队建成世界一流军队。在港澳台工作上，要坚持和完善"一国两制"制度体系，落实中央全面管治权，落实"爱国者治港"、"爱国者治澳"原则，落实特别行政区维护国家安全的法律制度和执行机制，支持香港、澳门发展经济、改善民生、破解经济社会发展中的深层次矛盾和问题，发展壮大爱国爱港爱澳力量；坚持贯彻新时代党解决台湾问题的总体方略，牢牢把握两岸关系主导权和主动权，坚持一个中国原则和"九二共识"，团结广大台湾同胞共同推动两岸关系和平发展、推进祖国和平统一进程，坚定反"独"促统。在外交工作上，要始终坚持维护世界和平、促进共同发展的外交政策宗旨，致力于推动构建人类命运共同体，坚定奉行独立自主的和平外交政策，坚持在和平共处五项原则基础上同各国发展友好合作,坚持对外开放的基本国策,积极参与全球治理体系改革和建设,弘扬全人类共同价值。

9. 深刻领会坚持党的全面领导和全面从严治党的重大部署。全面建设社会主义现代化国家、全面推进中华民族伟大复兴,关键在党。我们党作为世界上最大的马克思主义执政党,要始终赢得人民拥护、巩固长期执政地位,必须时刻保持解决大党独有难题的清醒和坚定。经过党的十八大以来全面从严治党,我们解决了党内许多突出问题,但党面临的执政考验、改革开放考验、市场经济考验、外部环境考验将长期存在,精神懈怠危险、能力不足危险、脱离群众危险、消极腐败危险将长期存在。全党必须牢记,全面从严治党永远在路上,党的自我革命永远在路上,决不能有松劲歇脚、疲劳厌战的情绪,必须持之以恒推进全面从严治党,深入推进新时代党的建设新的伟大工程,以党的自我革命引领社会革命。要落实新时代党的建设总要求,健全全面从严治党体系,坚持和加强党中央集中统一领导,坚持不懈用习近平新时代中国特色社会主义思想凝心铸魂,完善党的自我革命制度规范体系,建设堪当民族复兴重任的高素质干部队伍,增强党组织政治功能和组织功能,坚持以严的基调强化正风肃纪,坚决打赢反腐败斗争攻坚战持久战,全面推进党的自我净化、自我完善、自我革新、自我提高,使我们党坚守初心使命,始终成为中国特色社会主义事业的坚强领导核心。

三、认真做好党的二十大精神的学习宣传

学习宣传党的二十大精神,既要整体把握、全面系统,又要突出

重点、抓住关键。要把着力点聚焦到习近平总书记是党中央的核心、全党的核心，习近平新时代中国特色社会主义思想是党必须长期坚持的指导思想上；聚焦到党的十九大以来的重大成就和新时代10年的伟大变革上；聚焦到把握好马克思主义中国化时代化最新成果的世界观和方法论，坚持好、运用好贯穿其中的立场观点方法上；聚焦到中国式现代化在理论和实践的创新突破上；聚焦到贯彻落实党的二十大作出的重大决策部署上；聚焦到以习近平同志为核心的新一届中央领导集体是深受全党全国各族人民拥护和信赖的领导集体上；聚焦到习近平总书记是全党拥护、人民爱戴、当之无愧的党的领袖上。

1. 切实抓好学习培训。紧密结合党中央即将在全党开展的主题教育，面向全体党员开展多形式、分层次、全覆盖的全员培训，组织广大党员干部认真学习党的二十大精神。党中央将举办新进中央委员会的委员、候补委员学习贯彻党的二十大精神研讨班。各级党委（党组）理论学习中心组要把学习党的二十大精神作为重点内容，制定系统学习计划，列出专题进行研讨。各地区各部门要举办培训班、学习班，集中一段时间对全国县处级以上党员领导干部进行集中轮训，分期分批对党员干部进行系统培训。基层党组织要采取多种形式，组织广大党员干部认真学习党的二十大精神。要把学习党的二十大精神作为党校（行政学院）、干部学院教育培训的必修课，作为学校思想政治教育和课堂教学的重要内容，组织开展对相关教材修订工作，推动党的二十大精神进教材、进课堂、进头脑。在学习培训中，要运用好《党的二十大报告辅导读本》、《党的二十大报告学习辅导百问》等辅导材料。

2. 集中开展宣讲活动。从现在起到明年年初，在全国范围内集中开展党的二十大精神宣讲活动。党中央将组织学习贯彻党的二十大精神中央宣讲团，赴各省区市开展宣讲。各地要参照这一做法，抽调骨干力量组成宣讲团，深入企业、农村、机关、校园、社区进行宣讲。坚持领导带头，中央政治局同志和各省区市、中央各部门主要负责同志在所在地方、分管领域亲自宣讲，各级党政军群主要负责同志带头宣讲，以实际行动带动广大党员干部群众的学习。开展面向党外人士的宣讲工作，增进党外人士对党的二十大精神的认知认同。要着力增强宣讲的说服力、亲和力和针对性、有效性，紧密联系广大党员干部群众思想和工作实际，把党的二十大精神讲清楚、讲明白，让老百姓听得懂、能领会、可落实。

3. 精心组织新闻宣传。各级党报、党刊、电台、电视台要精心策划、集中报道，大力宣传党的二十大精神，宣传全党全社会对党的二十大的热烈反响和积极评价，宣传各地区各部门学习贯彻党的二十大精神的具体举措和实际行动。要充分利用各种宣传形式和手段，采取人民群众喜闻乐见的形式，使宣传报道更接地气、更动人心，引导广大党员干部群众坚定信心、同心同德、埋头苦干、奋勇前进。要积极开展网络宣传，把网络传播平台作为党的二十大精神宣传的重要阵地，坚持分众化、差异化、精准化，开设网上专题专栏，制作推出新媒体产品，开展网上访谈互动，在网络宣传上展现新面貌、新作为，推动形成网上正面舆论强势。要精心组织对外宣传，多渠道宣介党的二十大精神，宣介我国推动经济社会发展的重大举措，充分反映国际社会的积极评价，生动展示我们党和国家的良好形象。

4. 深入开展研究阐释。围绕党的二十大精神，确定一批重大研究选题，组织专家学者深入研究，撰写刊发一批有分量的理论文章。组织召开系列理论研讨会，交流研究成果，深化思想认识。中央主要媒体要通过推出权威访谈、开设专栏等形式，从不同角度撰写推出相关文章，分析背景、提取要点，进一步延伸阐释深度和广度，各省区市主要报刊理论专版、专刊同步开设相关专栏。针对广大党员干部群众关注的热点问题，各媒体要主动邀请有关部门负责同志，进行深入解读，加强正面引导，回应关切。针对思想理论领域可能出现的模糊认识和错误观点，要组织专家学者撰写重点理论文章和短文短评，及时进行辨析澄清。

四、坚持知行合一，贯彻落实好党的二十大作出的重大决策部署

学习宣传贯彻党的二十大精神，要立足我国改革发展、党的建设实际，坚持学思用贯通、知信行统一，把党的二十大精神落实到经济社会发展各方面，体现到做好今年各项工作和安排好今后工作之中。

1. 坚决做到"两个维护"。学习宣传贯彻党的二十大精神，要推动全党深刻领悟"两个确立"的决定性意义，增强"四个意识"、坚定"四个自信"、做到"两个维护"，以实际行动践行对党忠诚。要健全总揽全局、协调各方的党的领导制度体系，完善党中央重大决策部署落实机制，确保全党在政治立场、政治方向、政治原则、政治道路上同党中央保持高度一致，确保党的团结统一。要加强党的政治建设，严明政治纪律和政治规矩，落实各级党委（党组）主体责任，提高各级党组织和党员干部政治判断力、政治领悟力、政治执行力。

2. 切实推动改革发展稳定。要把党的二十大精神转化为指导实践、推动工作的强大力量，统筹推进"五位一体"总体布局、协调推进"四

个全面"战略布局，紧紧抓住解决不平衡不充分的发展问题，着力在补短板、强弱项、固底板、扬优势上下功夫，推动经济社会持续健康发展。要坚持在发展中保障和改善民生，着力解决好人民群众急难愁盼问题，完善社会治理体系，畅通和规范群众诉求表达、利益协调、权益保障通道，及时把矛盾纠纷化解在基层、化解在萌芽状态。要切实做好新冠肺炎疫情防控工作，落实党中央"疫情要防住、经济要稳住、发展要安全"的明确要求，坚决筑牢疫情防控屏障，最大限度保护人民生命安全和身体健康。

3. 防范化解风险挑战。当前，世界百年未有之大变局加速演进，世界之变、时代之变、历史之变正以前所未有的方式展开，这是改革开放以来从未遇到过的，给我国的现代化建设提出了一系列新课题新挑战，直接考验我们的斗争勇气、战略能力、应对水平。要保持时时放心不下的精神状态和责任担当，始终做好应对最坏情况的准备，不信邪、不怕鬼、不怕压，知难而进、迎难而上，统筹发展和安全，全力战胜前进道路上各种困难和挑战。要加强斗争精神和斗争本领养成，着力增强防风险、迎挑战、抗打压能力，主动识变应变求变，主动防范化解风险，依靠顽强斗争打开事业发展新天地。

4. 坚定不移全面从严治党。要推动全面从严治党向纵深发展，保持战略定力，始终绷紧从严从紧这根弦，不断解决党内存在的突出矛盾和深层次问题。要全面加强党的思想建设，坚持用习近平新时代中国特色社会主义思想统一思想、统一意志、统一行动，组织实施党的创新理论学习教育计划，建设马克思主义学习型政党。要坚持全心全意为人民服务的根本宗旨，树牢群众观点，贯彻群众路线，尊重人民首创精神，坚持一切为了人民、一切依靠人民，始终保持同人民群众的血肉联系，始终接受人民批评和监督，始终同人民同呼吸、共命运、心连心。要加强实践锻炼、专业训练，注重在重大斗争中磨砺干部，增强干部推动高质量发展本领、服务群众本领、防范化解风险本领，牢牢把握工作主动权。

五、切实加强组织领导

学习宣传贯彻党的二十大精神，是当前和今后一个时期全党全国的首要政治任务。各级党委（党组）要把学习宣传贯彻党的二十大精神摆上重要议事日程，切实加强组织领导。

1. 切实负起领导责任。各级党委（党组）要提高政治站位，按照党中央部署，结合本地区本部门实际，作出专题部署，提出具体要求，着力抓好落实，迅速兴起学习宣传贯彻党的二十大精神的热潮。各级组织、宣传部门和其他有关部门，要在党委（党组）统一领导下，密切配合。组织部门要把学习宣传贯彻党的二十大精神与干部教育培训工作、加强领导班子建设和基层党组织建设结合起来。宣传部门要扎实做好党的二十大精神宣传工作，营造学习贯彻党的二十大精神的浓厚氛围。工会、共青团、妇联等群团组织要充分发挥自身优势，开展各具特色的学习教育活动。要加强工作指导，加强督促检查，及时发现解决存在的问题。

2. 牢牢把握正确导向。要坚持团结稳定鼓劲、正面宣传为主，弘扬主旋律、传播正能量，巩固壮大主流思想舆论，着力用党的二十大精神统一思想、凝聚力量。要严格按照党中央精神全面准确开展宣传，把准方向、把牢导向，牢牢把握宣传引导的主导权、话语权。要加强对热点敏感问题的阐释引导，全面客观、严谨稳妥、解疑释惑、疏导情绪，最大限度凝聚社会共识。要落实意识形态工作责任制，按照谁主管谁负责和属地管理原则，切实加强对各类宣传文化阵地的管理，防止错误思想言论和有害信息传播。

3. 着力提升实际效果。要坚持贴近实际、尊重规律，紧密联系广大党员干部群众的新期待，努力增强学习宣传贯彻党的二十大精神的吸引力感染力和针对性实效性。要创新形式载体，丰富方法手段，善于运用群众乐于参与、便于参与的方式，采取富有时代特色、体现实践要求的方法，在拓展广度深度上下功夫，使学习宣传既有章法、见力度，更重质量、强效果。要充分运用新技术新应用，强化互动化传播、沉浸式体验，努力扩大工作的覆盖面和影响力，让正能量产生大流量。

各地区各部门要及时将学习宣传贯彻党的二十大精神的情况报告党中央。

中国共产党第二十次全国代表大会关于十九届中央委员会报告的决议 / 001

 成就彪炳史册　蓝图催人奋进

向着全面推进中华民族伟大复兴奋勇前进
　　——写在中国共产党第二十次全国代表大会召开之际 / 012

"夺取新时代中国特色社会主义新胜利的政治宣言和行动纲领"
　　——中共中央举行新闻发布会解读党的二十大报告 / 024

真理之光照亮复兴之路
　　——从党的二十大看实现马克思主义中国化时代化新的飞跃 / 031

不断实现人民对美好生活的向往
　　——从二十大报告看人民生活新图景 / 043

为全面建设社会主义现代化国家而团结奋斗
　　——从党的二十大看以中国式现代化全面推进中华民族伟大复兴 / 049

确保党始终成为中国特色社会主义事业的坚强领导核心
　　——从党的二十大看推进党的建设新的伟大工程 / 060

深刻把握新时代十年的伟大变革 / 068

牢牢把握党的创新理论的世界观和方法论 / 071

牢牢把握以中国式现代化推进中华民族伟大复兴的使命任务 / 073

牢牢把握以伟大自我革命引领伟大社会革命的重要要求 / 075

牢牢把握团结奋斗的时代要求 / 077

肩负起新时代新征程党的使命任务
　　——一论学习贯彻党的二十大精神 / 079

开辟马克思主义中国化时代化新境界
　　——二论学习贯彻党的二十大精神 / 082

牢牢把握高质量发展这个首要任务
　　——三论学习贯彻党的二十大精神 / 085

发展全过程人民民主，推进法治中国建设
　　——四论学习贯彻党的二十大精神 / 088

铸就社会主义文化新辉煌
　　——五论学习贯彻党的二十大精神 / 091

不断实现人民对美好生活的向往
　　——六论学习贯彻党的二十大精神 / 094

推动绿色发展，建设美丽中国
　　——七论学习贯彻党的二十大精神 / 096

携手开创人类更加美好的未来
　　——八论学习贯彻党的二十大精神 / 099

深入推进新时代党的建设新的伟大工程

　　——九论学习贯彻党的二十大精神 / 102

为全面建设社会主义现代化国家团结奋斗

　　——十论学习贯彻党的二十大精神 / 105

为全面建设社会主义现代化国家而团结奋斗

　　——写在中国共产党第二十次全国代表大会胜利闭幕之际 / 108

肩负光荣使命　勇担历史重任

成就彪炳史册　蓝图催人奋进

　　——党的二十大代表讨论二十大报告综述之一 / 124

谱写新时代中国特色社会主义更加绚丽的华章

　　——党的二十大代表讨论二十大报告综述之二 / 131

不断谱写马克思主义中国化时代化新篇章

　　——党的二十大代表讨论二十大报告综述之三 / 137

始终同人民同呼吸、共命运、心连心

　　——党的二十大代表讨论二十大报告综述之四 / 143

以党的自我革命引领社会革命

　　——党的二十大代表谈坚持全面从严治党综述 / 149

顺应时代要求　体现全党意志

　　——党的二十大代表审议《中国共产党章程（修正案）》综述 / 154

创造令人刮目相看的人间奇迹

　　——党的二十大代表谈新时代十年的伟大变革 / 157

人间正道　必由之路
　　——党的二十大代表谈坚定不移走中国特色社会主义道路 / 168

新蓝图鼓舞人心　谋新篇踔厉前行

开辟马克思主义中国化时代化新境界
　　——各地干部群众掀起学习贯彻党的二十大精神热潮 / 178

以奋发有为的精神把新时代中国特色社会主义不断推向前进
　　——各地干部群众掀起学习贯彻党的二十大精神热潮 / 184

谱写新时代中国特色社会主义更加绚丽的华章
　　——中央和国家机关、人民团体认真学习、深刻领会党的二十大精神 / 190

在推进中国式现代化中展现新担当新作为
　　——中管企业、中管金融企业和中管高校干部职工掀起学习贯彻党的二十大精神热潮 / 195

始终做党和人民完全可以信赖的英雄军队
　　——解放军和武警部队认真学习、深刻领会党的二十大精神 / 201

为实现中华民族伟大复兴中国梦一起来想、一起来干
　　——各民主党派中央、全国工商联和无党派人士认真学习贯彻中共二十大精神 / 206

聚科教人才合力　筑国家强盛之基
　　——广大知识分子和青年学生掀起学习贯彻党的二十大精神热潮 / 210

在新的历史起点上推进"一国两制"伟大实践
　　——中共二十大召开在港澳社会引发热烈反响之一 / 216

新时代创造新机遇　新征程注入新动能
　　——中共二十大召开在港澳社会引发热烈反响之二 / 220

更好融入国家发展大局　共享民族复兴伟大荣光
　　——中共二十大召开在港澳社会引发热烈反响之三 / 224

港澳各界：在中共二十大精神引领下同心开创更美好未来 / 228

胸怀天下的中国抉择　惠及全球的中国方案

胸怀天下者　朋友遍天下
　　——各国政党政要热烈祝贺习近平当选中共中央总书记和中共二十大成功举行 / 234

用新的伟大奋斗创造新的伟业
　　——国际社会高度评价习近平向中国共产党第二十次全国代表大会所作报告 / 240

努力创造更加灿烂的明天
　　——国际社会热议习近平总书记在二十届中共中央政治局常委同中外记者见面会上的重要讲话 / 245

胸怀天下的中国抉择
　　——国际社会热议中共二十大将对世界产生深远影响 / 251

共同推动中华民族伟大复兴号巨轮扬帆远航
　　——中共二十大报告引发海外中华儿女热烈反响 / 256

"这是人类发展史上真正的奇迹"
　　——国际社会热议中国式现代化的世界意义 / 262

全球工商界人士接受新华社记者采访时表示：
  中国式现代化也是世界的机遇 / 267

"这是一次具有里程碑意义的大会"
  ——国际社会热议中共二十大对中国和世界的深远影响 / 273

为解决人类面临的共同问题作出贡献
  ——国际社会眼中的中共二十大 / 278

融合古老中国智慧　着眼解决全球问题
  ——国际人士高度评价中国共产党积极推动构建人类命运共同体 / 289

"对中国实现奋斗目标充满信心"
  ——专访英国皇家东西方战略研究所主席易思 / 295

钟华论：夺取新征程新胜利的根本保证 / 300

中国共产党第二十次全国代表大会
关于十九届中央委员会报告的决议

（2022年10月22日中国共产党第二十次全国代表大会通过）

中国共产党第二十次全国代表大会批准习近平同志代表十九届中央委员会所作的报告。大会高举中国特色社会主义伟大旗帜，坚持马克思列宁主义、毛泽东思想、邓小平理论、"三个代表"重要思想、科学发展观，全面贯彻习近平新时代中国特色社会主义思想，分析了国际国内形势，提出了党的二十大主题，回顾总结了过去五年的工作和新时代十年的伟大变革，阐述了开辟马克思主义中国化时代化新境界、中国式现代化的中国特色和本质要求等重大问题，对全面建设社会主义现代化国家、全面推进中华民族伟大复兴进行了战略谋划，对统筹推进"五位一体"总体布局、协调推进"四个全面"战略布局作出了全面部署，为新时代新征程党和国家事业发展、实现第二个百年奋斗目标指明了前进方向、确立了行动指南。大会通过的十九届中央委员会的报告，是党和人民智慧的结晶，是党团结带领全国各族人民夺取中国特色社会主义新胜利的政治宣言和行动纲领，是马克思主义的纲领性文献。

大会认为，报告阐明的大会主题是大会的灵魂，是党和国家事业发展的总纲。全党要高举中国特色社会主义伟大旗帜,深刻领悟"两个确立"的决定性意义,坚决维护习近平同志党中央的核心、全党的核心地位,全面贯彻习近平新时代中国特色社会主义思想,弘扬伟大建党精神,自信自强、守正创新,踔厉奋发、勇毅前行,为全面建设社会主义现代化国家、全面推进中华民族伟大复兴而团结奋斗。

大会指出,我们党立志于中华民族千秋伟业,致力于人类和平与发展崇高事业,责任无比重大,使命无上光荣。全党同志务必不忘初心、牢记使命,务必谦虚谨慎、艰苦奋斗,务必敢于斗争、善于斗争,坚定历史自信,增强历史主动,谱写新时代中国特色社会主义更加绚丽的华章。

大会高度评价十九届中央委员会的工作。党的十九大以来的五年,是极不寻常、极不平凡的五年。五年来,以习近平同志为核心的党中央高举中国特色社会主义伟大旗帜,全面贯彻党的十九大和十九届历次全会精神,坚持马克思列宁主义、毛泽东思想、邓小平理论、"三个代表"重要思想、科学发展观,全面贯彻习近平新时代中国特色社会主义思想,团结带领全党全军全国各族人民,统揽伟大斗争、伟大工程、伟大事业、伟大梦想,统筹推进"五位一体"总体布局,协调推进"四个全面"战略布局,统筹新冠肺炎疫情防控和经济社会发展,统筹发展和安全,坚持稳中求进工作总基调,全力推进全面建成小康社会进程,完整、准确、全面贯彻新发展理念,着力推动高质量发展,主动构建新发展格局,蹄疾步稳推进改革,扎实推进全过程人民民主,全面推进依法治国,积极发展社会主义先进文化,突出保障和改善民生,集中力量实施脱贫攻坚战,大力推进生态文明建设,坚决维护国家安全,防范化解重大风险,保持社会大局稳定,大力度推进国防和军队现代化建设，香港局势实现由乱到治的重大转折，坚决开展反分裂、反干涉重大斗争，全方位开展中国特色大国外交，全面推进党的建设新的伟大工程，如期打赢脱贫攻坚战，完成全面建成小康社会的历史任务，实现第一个百年奋斗目标，迈上全面建设社会主义现代化国家新征程，向第二个百年奋斗目标进军。五年来，以习近平同志为核心的党中央审时度势、守正创新，敢于斗争、善于斗争，团结带领全党全军全国各族人民有效应对严峻复杂的国际形势和接踵而至的巨大风险挑战，以奋发有为的精神把新时代中国特色社会主义不断推向前进，攻克了许多长期没有解决的难题，办成了许多事关长远的大事要事，推动党和国家事业取得举世瞩目的重大成就。

大会强调，党的十八大召开十年来，我们经历了对党和人民事业具有重大现实意义和深远历史意义的三件大事：一是迎来中国共产党成立一百周年，二是中国特色社会主义进入新时代，三是完成脱贫攻坚、全面建成小康社会的历史任务，实现第一个百年奋斗目标。这是中国共产党和中国人民团结奋斗赢得的历史性胜利，是彪炳中华民族发展史册的历史性胜利，也是对世界具有深远影响的历史性胜利。十年来，我们全面贯彻党的基本理论、基本路线、基本方略，采取一系列战略性举措，推进一系列变革性实践，实现一系列突破性进展，取得一系列标志性成果，经受住了来自政治、经济、意识形态、自然界等方面的风险挑战考验，党和国家事业取得历史性成就、发生历史性变革，推动我国迈上全面建设社会主义现代化国家新征程。新时代十年的伟大变革，在党史、新中国史、改革开放史、社会主义发展史、中华民族发展史上具有里程碑意义。中国共产党在革命性锻造中更加坚强有力，中国人民焕发出更为强烈的历史自觉和主动精神，实现中华民族伟大复兴进入了不可逆转的历史进程，科学社会主义在二十一世纪的中国焕发出新的蓬勃生机。

大会强调，新时代十年的伟大变革，是在以习近平同志为核心的党中央坚强领导下、在习近平新时代中国特色社会主义思想指引下全党全国各族人民团结奋斗取得的。党确立习近平同志党中央的核心、全党的核心地位，确立习近平新时代中国特色社会主义思想的指导地位，反映了全党全军全国各族人民共同心愿，对新时代党和国家事业发展、对推进中华民族伟大复兴历史进程具有决定性意义。新时代新征程上把中国特色社会主义事业推向前进，最紧要的是深刻领悟"两个确立"的决定性意义，增强"四个意识"、坚定"四个自信"、做到"两个维护"，自觉在思想上政治上行动上同以习近平同志为核心的党中央保持高度一致。

大会强调，马克思主义是我们立党立国、兴党兴国的根本指导思想。实践告诉我们，中国共产党为什么能，中国特色社会主义为什么好，归根到底是马克思主义行，是中国化时代化的马克思主义行。党的十八大以来，我们党勇于进行理论探索和创新，以全新的视野深化对共产党执政规律、社会主义建设规律、人类社会发展规律的认识，取得重大理论创新成果，集中体现为习近平新时代中国特色社会主义思想。党的十九大、十九届六中全会提出的"十个明确"、"十四个坚持"、"十三个方面成就"概括了这一思想的主要内容，必须长期坚持并不断丰富发展。只有把马克思主义基本原理同中国具体实际相结合、同中华优秀传统文化相结合，坚持运用辩证唯物主义和历史唯物主义，才能正确回答时代和实践提出的重大问题，才能始终保持马克思主义的蓬勃生机和旺盛活力。继续推进实践基础上的理论创新，首先要把握好习近平新时代中国特色社会主义思想的世界观和方法论，坚持好、运用好贯穿其中的立场观点方法，坚持人民至上，坚持自信自立，坚持守正创新，坚持问题导向，坚持系统观念，坚持胸怀天下，开辟马克思主义中国化时代化新境界。

大会提出，从现在起，中国共产党的中心任务就是团结带领全国各族人民全面建成社会主义现代化强国、实现第二个百年奋斗目标，以中国式现代化全面推进中华民族伟大复兴。

大会指出，在新中国成立特别是改革开放以来长期探索和实践基础上，经过党的十八大以来在理论和实践上的创新突破，我们党成功推进和拓展了中国式现代化。中国式现代化，是中国共产党领导的社会主义现代化，既有各国现代化的共同特征，更有基于自己国情的中国特色。中国式现代化是人口规模巨大的现代化、全体人民共同富裕的现代化、物质文明和精神文明相协调的现代化、人与自然和谐共生的现代化、走和平发展道路的现代化。中国式现代化的本质要求是：坚持中国共产党领导，坚持中国特色社会主义，实现高质量发展，发展全过程人民民主，丰富人民精神世界，实现全体人民共同富裕，促进人与自然和谐共生，推动构建人类命运共同体，创造人类文明新形态。

大会指出，全面建成社会主义现代化强国，总的战略安排是分两步走：从二〇二〇年到二〇三五年基本实现社会主义现代化；从二〇三五年到本世纪中叶把我国建成富强民主文明和谐美丽的社会主义现代化强国。未来五年是全面建设社会主义现代化国家开局起步的关键时期，主要目标任务是：经济高质量发展取得新突破，科技自立自强能力显著提升，构建新发展格局和建设现代化经济体系取得重大进展；改革开放迈出新步伐，国家治理体系和治理能力现代化深入推进，社会主义市场经济体制更加完善，更高水平开放型经济新体制基本形成；全过程人民民主制度化、规范化、程序化水平进一步提高，中国特色社会主义法治体系更加完善；人民精神文化生活更加丰富，中华民族凝聚力和中华文化影响力不断增强；居民收入增长和经济增长基本同步，劳动报酬提高与劳动生产率提高基本同步，基本公共服务均等化水平明显提升，多层次社会保障体系更加健全；城乡人居环境明显改善，美丽中国建设成效显著；国家安全更为巩固，建军一百年奋斗目标如期实现，平安中国建设扎实推进；中国国际地位和影响进一步提高，在全球治理中发挥更大作用。

大会强调，全面建设社会主义现代化国家，是一项伟大而艰巨的事业，前途光明，任重道远。前进道路上，必须牢牢把握以下重大原则：坚持和加强党的全面领导，坚持中国特色社会主义道路，坚持以人民为中心的发展思想，坚持深化改革开放，坚持发扬斗争精神。全党必须坚定信心、锐意进取，主动识变应变求变，主动防范化解风险，不断夺取全面建设社会主义现代化国家新胜利。

大会同意报告对未来一个时期党和国家事业发展作出的战略部署，强调必须完整、准确、全面贯彻新发展理念，加快构建新发展格局、着力推动高质量发展，坚持社会主义市场经济改革方向，坚持高水平对外开放，加快构建以国内大循环为主体、国内国际双循环相互促进的新发展格局，构建高水平社会主义市场经济体制，建设现代化产业体系，全面推进乡村振兴，促进区域协调发展，推进高水平对外开放。要实施科教兴国战略、强化现代化建设人才支撑，坚持教育优先发展、科技自立自强、人才引领驱动，办好人民满意的教育，完善科技创新体系,加快实施创新驱动发展战略,深入实施人才强国战略,加快建设教育强国、科技强国、人才强国。要发展全过程人民民主、保障人民当家作主,坚定不移走中国特色社会主义政治发展道路,坚持党的领导、人民当家作主、依法治国有机统一,坚持人民主体地位,充分体现人民意志、保障人民权益、激发人民创造活力,加强人民当家作主制度保障,坚持和完善我国根本政治制度、基本政治制度、重要政治制度,全面发展协商民主,积极发展基层民主,巩固和发展最广泛的爱国统一战线。要坚持全面依法治国、推进法治中国建设,围绕保障和促进社会公平正义,坚持依法治国、依法执政、依法行政共同推进,坚持法治国家、法治政府、法治社会一体建设,完善以宪法为核心的中国特色社会主义法律体系,扎实推进依法行政,严格公正司法,加快建设法治社会。要推进文化自信自强、铸就社会主义文化新辉煌,激发全民族文化创新创造活力,增强实现中华民族伟大复兴的精神力量,巩固全党全国各族人民团结奋斗的共同思想基础,建设具有强大凝聚力和引领力的社会主义意识形态,广泛践行社会主义核心价值观,提高全社会文明程度,繁荣发展文化事业和文化产业,增强中华文明传播力影响力。要增进民生福祉、提高人民生活品质,坚持在发展中保障和改善民生,鼓励共同奋斗创造美好生活,扎实推进共同富裕,完善分配制度,实施就业优先战略,健全社会保障体系,推进健康中国建设。要推动绿色发展、促进人与自然和谐共生,牢固树立和践行绿水青山就是金山银山的理念,站在人与自然和谐共生的高度谋划发展,坚持山水林田湖草沙一体化保护和系统治理,统筹产业结构调整、污染治理、生态保护、应对气候变化,加快发展方式绿色转型,深入推进环境污染防治,提升生态系统多样性、稳定性、持续性，积极稳妥推进碳达峰碳中和。

大会强调，国家安全是民族复兴的根基，社会稳定是国家强盛的前提。必须坚定不移贯彻总体国家安全观，把维护国家安全贯穿党和国家工作各方面全过程，健全国家安全体系，增强维护国家安全能力，提高公共安全治理水平，完善社会治理体系，确保国家安全和社会稳定。

大会强调，如期实现建军一百年奋斗目标，加快把人民军队建成世界一流军队，是全面建设社会主义现代化国家的战略要求。必须贯彻习近平强军思想，贯彻新时代军事战略方针，坚持党对人民军队的绝对领导，坚持政治建军、改革强军、科技强军、人才强军、依法治军，坚持边斗争、边备战、边建设，坚持机械化信息化智能化融合发展，加快军事理论现代化、军队组织形态现代化、军事人员现代化、武器装备现代化，提高捍卫国家主权、安全、发展利益战略能力，有效履行新时代人民军队使命任务。

大会强调，"一国两制"是中国特色社会主义的伟大创举，是香港、澳门回归后保持长期繁荣稳定的最佳制度安排，必须长期坚持。要全面准确、坚定不移贯彻"一国两制"、"港人治港"、"澳人治澳"、高度自治的方针，坚持依法治港治澳，维护宪法和基本法确定的特别行政区宪制秩序，落实"爱国者治港"、"爱国者治澳"原则。要坚持一个中国原则和"九二共识"，坚持贯彻新时代党解决台湾问题的总体方略，坚定反"独"促统，牢牢把握两岸关系主导权和主动权，坚定不移推进祖国统一大业。

大会同意报告对国际形势的分析和外交工作的部署，强调中国始终坚持维护世界和平、促进共同发展的外交政策宗旨，致力于推动构建人类命运共同体，坚定奉行独立自主的和平外交政策，始终根据事情本身的是非曲直决定自己的立场和政策，坚持在和平共处五项原则基础上同各国发展友好合作，坚持对外开放的基本国策，坚定奉行互利共赢的开放战略，积极参与全球治理体系改革和建设，推动全球治理朝着更加公正合理的方向发展，愿同世界各国一道弘扬和平、发展、公平、正义、民主、自由的全人类共同价值，共同应对各种全球性挑战。

大会强调，全面建设社会主义现代化国家、全面推进中华民族伟大复兴，关键在党。我们党作为世界上最大的马克思主义执政党，要始终赢得人民拥护、巩固长期执政地位，必须时刻保持解决大党独有难题的清醒和坚定。必须持之以恒推进全面从严治党，深入推进新时代党的建设新的伟大工程，以党的自我革命引领社会革命，落实新时代党的建设总要求，健全全面从严治党体系，全面推进党的自我净化、自我完善、自我革新、自我提高，坚持和加强党中央集中统一领导，坚持不懈用习近平新时代中国特色社会主义思想凝心铸魂，完善党的自我革命制度规范体系，建设堪当民族复兴重任的高素质干部队伍，增强党组织政治功能和组织功能，坚持以严的基调强化正风肃纪，坚决打赢反腐败斗争攻坚战持久战。

大会号召，全党全军全国各族人民紧密团结在以习近平同志为核心的党中央周围，牢记空谈误国、实干兴邦，坚定信心、同心同德，埋头苦干、奋勇前进，为全面建设社会主义现代化国家、全面推进中华民族伟大复兴而团结奋斗！

成就彪炳史册
蓝图催人奋进

中国共产党第二十次全国代表大会，是在全党全国各族人民迈上全面建设社会主义现代化国家新征程、向第二个百年奋斗目标进军的关键时刻召开的一次十分重要的大会，是一次高举旗帜、凝聚力量、团结奋进的大会。大会通过的报告，分析了国际国内形势，提出了大会主题，回顾总结了过去五年的工作和新时代十年的伟大变革，阐述了开辟马克思主义中国化时代化新境界、中国式现代化的中国特色和本质要求等重大问题，擘画了全面建成社会主义现代化强国的宏伟蓝图和实践路径，就未来五年党和国家事业发展制定了大政方针、作出了全面部署，是中国共产党团结带领全国各族人民夺取新时代中国特色社会主义新胜利的政治宣言和行动纲领，是一篇马克思主义的纲领性文献。

向着全面推进中华民族伟大复兴奋勇前进

——写在中国共产党第二十次全国代表大会召开之际

时代的车轮滚滚向前,再次抵达重要历史性时点。

金秋十月,神州大地天清气朗,山河锦绣。迎着收获的喜悦,中国共产党第二十次全国代表大会即将在北京开幕。

此时,中国共产党团结带领中国人民走过了百年奋斗壮阔征程,在以习近平同志为核心的党中央坚强领导下,我们如期全面建成了小康社会,党和国家事业取得历史性成就、发生历史性变革,创造了新时代中国特色社会主义的伟大成就,中国人民自信豪迈地站在了实现中华民族伟大复兴新的历史起点上。

在全党全国各族人民迈上全面建设社会主义现代化国家新征程、向第二个百年奋斗目标进军的关键时刻,党的二十大将科学谋划未来5年乃至更长时期党和国家事业发展的目标任务和大政方针,事关党和国家事业继往开来,事关中国特色社会主义前途命运,事关中华民族伟大复兴。

今天的中国,东风浩荡,气象万千;今天的中国,意气风发,信心满怀,阔步迈向未来。

奋进非凡十年:"中华民族伟大复兴进入了不可逆转的历史进程"

2012—2022。

在波澜壮阔的历史长河里，新时代这10年踔厉奋发，标记着中华民族伟大复兴的铿锵步伐。

在960多万平方公里的广袤土地上，新时代这10年击鼓催征，创造了一个又一个彪炳史册的人间奇迹。

党的十八大闭幕后40多天，习近平总书记顶风冒雪深入太行山深处，来到河北省阜平县骆驼湾村看真贫。

习近平总书记深刻指出："全面建成小康社会，最艰巨最繁重的任务在农村、特别是在贫困地区。没有农村的小康，特别是没有贫困地区的小康，就没有全面建成小康社会。"

在以习近平同志为核心的党中央引领下，一场人类历史上规模最大、力度最强的脱贫攻坚战从此打响。

2021年2月25日，全国脱贫攻坚总结表彰大会上，习近平总书记庄严宣告：我国脱贫攻坚战取得了全面胜利，现行标准下9899万农村贫困人口全部脱贫，832个贫困县全部摘帽，12.8万个贫困村全部出列。

"甩掉贫困的帽子，过上幸福的日子。"二十大代表、骆驼湾村党支部书记顾瑞利兴奋地说，"乡亲们感谢总书记！这10年，骆驼湾人的腰板直起来了！"

大河奔涌，壮阔澎湃。骆驼湾村作为中国非凡十年的一朵浪花，映射出新时代画卷的辉煌灿烂。

这10年，以习近平同志为核心的党中央统筹中华民族伟大复兴战略全局和世界百年未有之大变局，统揽伟大斗争、伟大工程、伟大事业、伟大梦想，攻克了许多长期没有解决的难题，办成了许多事关长远的大事要事，华夏大地上演着精彩传奇的"中国故事"，创造着激动人心的"中国奇迹"，书写着气象万千的"中国答卷"。

上海，浦江两岸流光溢彩。

首次超过17万标准箱！2022年9月11日，上海港再次刷新昼夜集装箱吞吐量纪录。

图为上海洋山港集装箱码头（2022年4月15日摄，无人机照片）。（新华社记者丁汀摄）

港口，传递着中国经济的强劲脉动，见证着中国发展的巨大跨越。

党的十八大以来的10年，我国经济总量从53.9万亿元提升到114.4万亿元，占世界经济比重从11.4%提升到18%以上；

我国居民人均可支配收入2021年比2012年增长近八成，人均预期寿命提高到78.2岁，建成世界上规模最大社会保障体系；

我国全社会研发投入从2012年的1.03万亿元增长到2021年的2.79万亿元，创新指数排名从2012年第34位上升到2022年第11位……

一串串数字，量化了一个国家的非凡十年，标注了一个民族的奋斗足迹，诠释着开辟未来的重大跨越。

从2013年超高强海工钢供货"蓝鲸一号"超深水钻井平台，到2022年整船供货两艘全球最大集装箱船交付使用，老国企鞍钢有着实实在在的"跨越感"。

"过去10年，鞍钢一跃成长为世界第三大钢铁集团。"二十大代表、鞍钢集团董事长谭成旭表示，"未来我们将继续坚持创新驱动，挺起人国重器的钢铁脊梁！"

新时代 10 年的伟大变革，在党史、新中国史、改革开放史、社会主义发展史、中华民族发展史上堪称划时代的一跃，具有里程碑意义。

新时代 10 年的砥砺奋进，中国人民更加自信、自立、自强，更有志气、骨气、底气，焕发出前所未有的历史主动精神、历史创造精神，正在信心百倍书写着新时代中国发展的伟大历史。

大船千钧，掌舵一人。党确立习近平同志党中央的核心、全党的核心地位，确立习近平新时代中国特色社会主义思想的指导地位，反映了全党全军全国各族人民共同心愿，对新时代党和国家事业发展、对推进中华民族伟大复兴历史进程具有决定性意义。

核心掌舵领航、思想科学指引，新时代的中国阔步向前——

从全面深化改革啃下硬骨头，到反腐败斗争取得压倒性胜利；

从人民军队实现整体性革命性重塑，到顶住和反击外部极端打压遏制，有效维护国家安全；

从实行最严格的生态环境保护制度，到高效统筹疫情防控和经济社会发展；

从促进更高水平对外开放，到全方位开展中国特色大国外交，推动构建人类命运共同体……

"这 10 年为实现中华民族伟大复兴提供了更为完善的制度保证、更为坚实的物质基础、更为主动的精神力量。"清华大学国情研究院副院长鄢一龙表示。

站在时代潮头，把握历史大势。2021 年 7 月 1 日，庆祝中国共产党成立 100 周年大会上，习近平总书记郑重宣告：中华民族迎来了从站起来、富起来到强起来的伟大飞跃，实现中华民族伟大复兴进入了不可逆转的历史进程！

高举伟大旗帜:"努力使中国特色社会主义展现更加强大、更有说服力的真理力量"

"全党必须高举中国特色社会主义伟大旗帜"。

今年7月,习近平总书记在省部级主要领导干部专题研讨班上鲜明指出。

中国特色社会主义是改革开放以来党的全部理论和实践的主题,是党和人民历尽千辛万苦、付出巨大代价取得的根本成就。

深圳,改革开放后党领导人民一手缔造的崭新城市,是中国特色社会主义在一张白纸上的精彩演绎。

2019年,即将迎来建立经济特区40周年之际,深圳承担起建设中国特色社会主义先行示范区的重大使命。

3年多来,56项重点任务中14项已经完成,47条经验做法在全国推广,深圳的先行示范作用加快显现。

海外学成归来、勇闯创新前沿的华大集团党委书记杜玉涛代表说:"扎根深圳这些年,我深深感到,走中国特色社会主义这样一条道路,我们有强大自信,未来还要继续走下去。"

这条路,是实现中华民族伟大复兴的必由之路。

党的十八大以来,以习近平同志为主要代表的中国共产党人,系统回答了新时代坚持和发展什么样的中国特色社会主义、怎样坚持和发展中国特色社会主义这个重大时代课题,创立了习近平新时代中国特色社会主义思想,为实现中华民族伟大复兴提供了行动指南。

习近平新时代中国特色社会主义思想是当代中国马克思主义、二十一世纪马克思主义,是中华文化和中国精神的时代精华,实现了马克思主义中国化新的飞跃。

伟大思想与非凡事业彼此辉映,科学理论与伟大实践相互激荡。

"中国共产党领导是中国特色社会主义最本质的特征"——

打脱贫攻坚战,举国同心、合力攻坚,习近平总书记亲自上阵,五级书记齐抓共管,300多万名第一书记和驻村干部领命出征,层层立下"军令状",史无前例,举世罕见。

打疫情防控阻击战,号令四面、组织八方,中国共产党具有无比坚强的领导力,是风雨来袭时中国人民最可靠的主心骨。

被独龙族群众称为"老县长"的高德荣代表虽已退休,仍奔走在独龙江畔,为乡亲们的美好生活操劳。他说:"独龙族群众一直跟党走,摆脱了贫困,我作为党员的责任和义务永远不会退休。"

"我们最大的优势是我国社会主义制度能够集中力量办大事"——

7年筹办,各有关部门、各省区市团结协作、攻坚克难,坚持"一刻也不能停,一步也不能错,一天也误不起",向世界奉献了一届简约、安全、精彩的冬奥盛会。

这几年,二十大代表、中车四方股份公司首席技师郭锐一直带领团队,攻克高速动车组关键系统转向架制造中的难关。

"复兴号奔驰在祖国大地,是各条战线齐心协力的结果,是我们制度优势的体现,我愿在其中尽自己一份力量,擦亮中国高铁这张金名片。"郭锐说。

"我们建设的现代化必须是具有中国特色、符合中国实际的"——

黄浦江畔,上海浦东探路社会主义现代化建设引领区;琼州海峡南岸,海南建设中国特色自由贸易港……

在长江、黄河两大母亲河实施"江河战略",接续推进南水北调、川藏铁路等重大工程,打造京津冀、长三角、粤港澳大

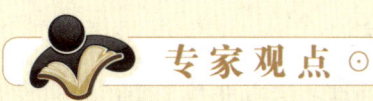

专家观点

牢牢把握新时代新征程党的中心任务,朝着宏伟奋斗目标勇毅前行,我们要坚持把国家和民族发展放在自己力量的基点上、把中国发展进步的命运牢牢掌握在自己手中。

——二十大代表、中央党史和文献研究院副院长黄一兵

| 学习贯彻党的二十大精神述评 |

湾区三大高质量发展"动力源"……气象万千的宏阔格局，是习近平新时代中国特色社会主义思想指引一系列变革性实践的生动注脚。

回望新时代10年的伟大变革，中国共产党和中国人民更加坚定了中国特色社会主义道路自信、理论自信、制度自信、文化自信，让当代中国马克思主义、二十一世纪马克思主义放射出更加灿烂的真理光芒。

实践发展永无止境，理论创新永无止境。

坚持和发展中国特色社会主义是一篇大文章。习近平总书记强调，我们这一代共产党人的任务，就是继续把这篇大文章写下去。

二十大代表、中央党史和文献研究院副院长黄一兵表示，牢牢把握新时代新征程党的中心任务，朝着宏伟奋斗目标勇毅前行，我们要坚持把国家和民族发展放在自己力量的基点上、把中国发展进步的命运牢牢掌握在自己手中。

站在新的方位："必须坚持以中国式现代化推进中华民族伟大复兴"

正在北京展览馆举行的"奋进新时代"主题成就展上，一艘"奇迹号"帆船模型扬起的风帆上，一串串持续上扬的数字勾勒出一个大国的坚实足迹。

建设社会主义现代化国家，实现中华民族伟大复兴，是中华民族的最高利益和根本利益。

经过风雨百年，走过非凡十年，在如期全面建成小康社会、实现第一个百年奋斗目标后，我国进入了全面建设社会主义现代化国家、向第二个百年奋斗目标进军的新发展阶段。

我们推进的是什么样的现代化，通往社会主义现代化强国的路怎么走？

以习近平同志为核心的党中央高瞻远瞩，谋划以中国式现代化推进中华民族伟大复兴的大棋局。

经历从"脏乱差"到"绿富美"的嬗变，浙江省淳安县下姜村当起领头雁，2021年带动周边24个村实现人均收入同比增长超过10%。

图为俯瞰浙江省杭州市淳安县下姜村（2022年6月13日摄，无人机照片）。（新华社发 王建才摄）

今天，越来越多的下姜村，已经成为浙江高质量发展建设共同富裕示范区的精彩案例。

"希望大家有机会到我们村的共富工坊集市去逛一逛，乡亲们的日子一天更比一天好，正走上共同富裕的金光大道。"下姜村党总支书记姜丽娟代表说。

新时代的中国，以中国式现代化创造了人类文明新形态。而今，光明的前景令人期待：14亿多人口整体迈入现代化社会，其规模超过现有发达国家的总和，将彻底改写现代化的世界版图！

习近平总书记自信宣示："我国现代化是人口规模巨大的现代化，是全体人民共同富裕的现代化，是物质文明和精神文明相协调的现代化，是人与自然和谐共生的现代化，是走和平发展道路的现代化。"

"牧区的现代化是新发展理念引领下的生动实践。"来自内蒙古阿巴嘎

> **域外声音**
>
> 在习近平主席的卓越领导下,中国进入了一个全新的时代,中华民族伟大复兴进入新征程。
>
> ——哈萨克斯坦总统托卡耶夫

旗的廷·巴特尔代表不断学习思考习近平总书记关于生态保护和乡村振兴的重要论述,带领牧民划区轮牧、调整畜群结构、进行科学化养殖,探索出了一条草原增绿与牧民增收的双赢之路。

"未来5年是全面建设社会主义现代化国家开局起步的关键时期,搞好这5年的发展对于实现第二个百年奋斗目标至关重要。我们要继续加快现代化农牧业建设,将更绿的草原贡献给美丽中国。"他说。

动身赴京前一周,甘肃演艺集团歌舞剧院的舞蹈演员康琦代表还在刻苦排练经典民族舞剧《丝路花雨》。这部剧从改革开放初期开始排演,至今在国内外演出3800多场,仍然经久不衰。

"中华优秀传统文化的魅力太大了,正如习近平总书记所指出的,精神上强,才是更持久、更深沉、更有力量的。"这位"90后"代表深有感触。

新中国73周年华诞之际,C919大型客机完成全部适航审定,获得型号合格证,今年年底将交付首架飞机。

从下线到首飞再到取证,中国商飞公司制造总师姜丽萍代表的脚步从未停歇。"我每天都要去盯现场,如果出差一周没去,回来就算半夜了也要去看看。"她说。

"在实现中华民族伟大复兴的征程上,我们要着眼长远战略,根据实际情况制定切实目标,选择正确技术路线,一茬接着一茬干,一件事接着一件事办好。"习近平总书记在会见项目团队代表时语重心长的嘱托,激励着姜丽萍和同事们的步伐更快更稳。

大道如砥,接续奋斗。

开创美好未来:"踔厉奋发、勇毅前行、团结奋斗,奋力谱写全面建设社会主义现代化国家崭新篇章"

走向未来,开创未来。

今年 7 月 26 日至 27 日,省部级主要领导干部"学习习近平总书记重要讲话精神,迎接党的二十大"专题研讨班在京举行。习近平总书记发表的重要讲话,高屋建瓴、视野宏大、内涵丰富、思想深邃,通篇闪耀着马克思主义思想光辉,为开好党的二十大奠定了重要的政治基础、思想基础、理论基础。

8 月 30 日,中共中央政治局召开会议,习近平总书记主持会议,研究党的十九届七中全会和党的二十大筹备工作。

8 月 31 日,中共中央在中南海召开党外人士座谈会,就中共二十大报告征求意见稿听取各民主党派中央、全国工商联负责人和无党派人士代表的意见和建议。

9 月 9 日,中共中央政治局召开会议,习近平总书记主持会议,研究拟提请党的十九届七中全会讨论的十九届中央委员会向中国共产党第二十次全国代表大会的报告稿、《中国共产党章程(修正案)》稿等文件。

10 月 9 日至 12 日,党的十九届七中全会在北京举行,讨论并通过了党的十九届中央委员会向中国共产党第二十次全国代表大会的报告、《中国共产党章程(修正案)》等文件,深入讨论了新时代新征程坚持和发展中国特色社会主义、全面建设社会主义现代化国家的若干重大问题,为召开党的二十大作了充分准备。

在进入全面建设社会主义现代化国家新征程的关键时刻,党的二十大将对全面建成社会主义现代化强国两步走战略安排进行宏观展望,吹响新的前进号角。

2016 年,习近平总书记在江西井冈山神山村考察时,老支书彭水生质朴地竖起一个大拇指,赞扬总书记:"你呀,不错嘞!"

| 学习贯彻党的二十大精神述评 |

几年过去，神山村这个曾经闭塞的贫困村搞起了乡村旅游，开民宿、办农家乐，村民们在家门口就能挣钱。

"我给自己定的任务就是宣传党的恩情。习近平总书记带我们奔小康、建强国，我们要永远感党恩、跟党走，把红色江山一代代传下去。"彭水生说。

北京向南百余公里，河北雄安新区塔吊林立、热火朝天，当代中国共产党人正在建造一座"未来之城"。

雄安新区党工委副书记、管委会常务副主任田金昌代表在雄安工作数年，眼见这座承载"千年大计、国家大事"使命的新城拔节生长："200多个建设项目压茬推进，10万名建设者不舍昼夜，我们要努力打造新时代高质量发展的标杆。"

透过日新月异的雄安，可以看到新时代奋斗者的精神状态，瞭望到中华民族伟大复兴更为绚丽的前景。

黑龙江北大荒，一台台收割机车往来穿梭，丰收的画卷在这片黑土地铺展开来。

图为联合收割机在黑龙江北大荒集团红星农场有限公司田间收获小麦（2022年8月10日摄，无人机照片）。（新华社记者谢剑飞摄）

"'面朝黄土背朝天、撒把种子看天气'的传统农业时代已经一去不复返！"北大荒农垦集团有限公司党委书记、董事长王守聪代表说，我们要纵深推进"数字技术＋农业生产"，不断为"中国人的饭碗牢牢端在自己手上"增添底气。

中华民族伟大复兴不是轻轻松松、敲锣打鼓就能实现的，必须勇于进行具有许多新的历史特点的伟大斗争，准备付出更为艰巨、更为艰苦的努力。

沈鼓集团副总工程师姜妍代表表示，努力把装备制造业和关键核心技术掌握在我们自己手里，是科研工作者的光荣使命，我将为此竭尽全力。

年近八旬的菌草专家林占熺代表说："菌草事业经过数十年艰辛探索，迎来了难得发展机遇。我们会立足实际、踏实迈进，用这株小草造福人民。"

中国共产党靠团结奋斗创造了辉煌历史，还要靠团结奋斗开创更加美好未来。

带着使命与担当，连接党心和民心，2200多名代表汇聚北京。云南丽江华坪女子高级中学校长张桂梅代表说："作为党的二十大代表，感到无比光荣，更感责任重大，我将积极反映党员和群众的声音，履行好代表职责。"

党的二十大必将开成一次高举旗帜、求真务实、团结奋进的大会，聚合起14亿多中国人民的强大力量。

让我们更加紧密地团结在以习近平同志为核心的党中央周围，全面贯彻习近平新时代中国特色社会主义思想，深刻领悟"两个确立"的决定性意义，增强"四个意识"、坚定"四个自信"、做到"两个维护"，踔厉奋发、勇毅前行，为全面建设社会主义现代化国家、全面推进中华民族伟大复兴而团结奋斗！

（新华社北京2022年10月15日电　新华社记者赵超、徐扬、吴晶、熊争艳、王思北、姜琳、刘慧）

| 学习贯彻党的二十大精神述评 |

"夺取新时代中国特色社会主义新胜利的政治宣言和行动纲领"

——中共中央举行新闻发布会解读党的二十大报告

2022年10月24日上午，中共中央举行新闻发布会，介绍解读党的二十大报告。中央政法委秘书长陈一新，中央政策研究室主任江金权，中央改革办分管日常工作的副主任、国家发展改革委副主任穆虹，中央纪委国家监委宣传部部长王建新，中央办公厅副主任兼调研室主任唐方裕，中央宣传部副部长孙业礼等有关方面负责人解读党的二十大报告并回答记者关心的问题。

新时代十年的伟大变革，是以习近平同志为核心的党中央坚强领导的结果，是全党全军全国各族人民团结奋斗、顽强拼搏的结果

中央政策研究室主任江金权表示，中国共产党第二十次全国代表大会，是在全党全国各族人民迈上全面建设社会主义现代化国家新征程、向第二个百年奋斗目标进军的关键时刻召开的一次十分重要的大会，是一次高举旗帜、凝聚力量、团结奋进的大会。大会通过的报告，分析了国际国内形势，提出了大会主题，回顾总结了过去五年的工作和新时代十年的伟大变革，阐述了开辟马克思主义中国化时代化新境界、中国式现代化的中国特色和本质要求等重大问题,擘画了全面建成社会主义现代化强国的宏伟蓝图和实践路径,就未来五年党和国家事业发展制定了大政方针、作出了全面部署,是中国共产党团结带领全国各族人民夺取新时代中国特色社会主义新胜利的政治宣言和行动纲领,是一篇马克思主义的纲领性文献。

江金权表示,党的二十大报告是充分发扬党内民主和全过程人民民主、集中全党全国人民智慧的结晶。党中央进行了两轮在党内一定范围征求意见,征求意见达到4700多人,并通过网络向社会公开征求意见,收集意见达850多万条,集中体现了新时代党和人民的实践经验和理论创新成果,凝聚了全党全社会的智慧,顺应了人民群众期待,必将对党团结带领人民全面建设社会主义现代化国家、全面推进中华民族伟大复兴产生重大而深远的影响,也必将有利于国际社会进一步了解中国共产党的执政理念、执政方式、执政能力。

党的二十大报告从十六个方面总结概括了十年来的伟大变革,江金权认为最具标志性意义的有六个方面:一是取得了"两个确立"的重大政治成果,二是中国共产党在革命性锻造中更加坚强有力,三是胜利实现全面建成小康社会目标,四是维护国家安全能力显著提高,五是我国国际地位显著提升,六是我国制度优势更加彰显。

"这些伟大变革,是以习近平同志为核心的党中央坚强领导的结果,是全党全军全国各族人民团结奋斗、

顽强拼搏的结果，是党和人民一道拼出来、干出来、奋斗出来的，必将永载史册、光耀千秋。"江金权说。

在回答记者提问时，江金权表示，新时代十年的伟大变革是全方位、根本性、格局性的，其影响是全局性、历史性的，所以称之为"伟大变革"。新时代十年的伟大变革具有里程碑意义：锻造了民族复兴伟业的坚强领导核心，推动中华民族伟大复兴进入了不可逆转的历史进程，使中国人民更加自信自立自强，为世界和平与发展注入了强大正能量，彰显了马克思主义的强大生命力。

做到"两个结合""六个必须坚持"，推进马克思主义中国化时代化

党的二十大报告第二部分专门论述理论创新。中央宣传部副部长孙业礼表示，习近平新时代中国特色社会主义思想是当代中国马克思主义、二十一世纪马克思主义，是中华文化和中国精神的时代精华，实现了马克思主义中国化时代化新的飞跃。党的十九大、十九届六中全会对这一思想的主要内容作了概括，我们必须长期坚持并不断丰富发展。

党的二十大报告展开论述了"两个结合"，即把马克思主义基本原理同中国具体实际相结合、同中华优秀传统文化相结合。孙业礼表示，这"两个结合"深化了我们党对坚持和发展马克思主义的规律性认识，也是我们理解和把握习近平新时代中国特色社会主义思想的关键。

"第一个结合，同中国具体实际相结合，是我们党一直强调并坚持的，是中国共产党百年历史中最宝贵的经验，是党的事业不断成功的法宝。"孙业礼表示，习近平总书记在报告中强调"不能把马克思主义当成一成不变的教条"，强调"我们必须坚持解放思想、实事求是、与时俱进、求真务实，一切从实际出发"。这就是我们党思想路线的要义，习近平新时代中国特色社会主义思想就是遵循这一思想路线形成的，也必将遵循这一思想路线继续丰富、发展。

"第二个结合,就是必须同中华优秀传统文化相结合。这是习近平总书记在建党百年庆祝大会上提出来的,党的二十大报告又作了深入阐述。这是对党的理论的又一重大创新,开创了我们党理论创新的新格局。"孙业礼表示,这是对历史的深刻总结,是对规律的深刻揭示,也是对未来理论发展的正确引领,代表了中国共产党人新的觉悟、新的认识高度,也体现了我们中国共产党和中国人民强烈的文化自信与文化自觉。

党的二十大报告还阐述了习近平新时代中国特色社会主义思想的世界观和方法论,即"六个必须坚持":坚持人民至上,坚持自信自立,坚持守正创新,坚持问题导向,坚持系统观念,坚持胸怀天下。"这深刻揭示了这一科学思想的理论品格和鲜明特质,我们学习、实践这一思想必须牢牢把握这些基本点,始终坚持这些基本点。"孙业礼说。

在回答记者提问时,孙业礼表示,我们坚决反对其他国家将自己的发展模式强加给中国,也决不"输出"中国模式,不会要求别国"复制"中国的做法。每个国家自主探索符合本国国情的现代化道路的努力都应该受到尊重。

把高质量发展作为全面建设社会主义现代化国家的首要任务,凸显发展质量的全局和长远意义

党的二十大报告指出,高质量发展是全面建设社会主义现代化国家的首要任务,并强调这是中国式现代化的本质要求。

中央改革办分管日常工作的副主任、国家发展改革委副主任穆虹表示,进入新时代,我国社会主要矛盾已经转化为人民日益增长的美好生活需要和不平衡不充分的发展之间的矛盾,发展中的矛盾和问题更多体现在发展质量上。

"党中央强调,贯彻新发展理念、推动高质量发展,是关系现代化建设全局的一场深刻变革,不再简单以生产总值增长率论英雄,而是要实现创新成为第一动力、协调成为内生特点、绿色成为普遍形态、开放成为必由之路、

共享成为根本目的的高质量发展。"穆虹表示，因此，党的二十大报告把发展质量摆在更突出的位置，经济、社会、文化、生态等各方面都体现了高质量发展的要求。

"二十大报告把高质量发展明确作为全面建设社会主义现代化国家的首要任务，进一步凸显了发展质量的全局和长远意义。"穆虹介绍了党的二十大报告对推动高质量发展作出的战略部署：一是加快构建新发展格局，二是坚定实施创新驱动发展战略、向创新要动力，三是构建高水平社会主义市场经济体制、向改革要活力，四是全面推进乡村振兴，五是着力推进区域协调发展，六是推进高水平对外开放。

把法治建设作为专章论述、专门部署，体现对全面依法治国的高度重视

中央政法委秘书长陈一新表示，党的二十大报告首次单独把法治建设作为专章论述、专门部署，这充分体现了以习近平同志为核心的党中央对全面依法治国的高度重视。

陈一新表示，从政治意义上看，这进一步宣示了我们党矢志不渝推进法治建设的坚定决心，彰显了我们党不仅是敢于革命、善于建设、勇于改革的政党，更是信仰法治、坚守法治、建设法治的政党，是我们党坚持全面依法治国的政治宣言。从理论意义上看，这进一步丰富和发展了习近平法治思想，深化了对中国共产党依法执政规律、社会主义法治建设规律、人类社会法治文明发展规律的认识，是我们党推进法治中国建设的纲领性文献。从实践意义上看，这进一步深化和拓展了新时代党和国家工作布局，表明了将全面推进国家各方面工作法治化，是我们党治国理政的重要治理方式。

"关于法治建设地位作用、总体要求和重点工作，党的二十大报告作了全面阐述。"陈一新介绍：一是强调遵循法治之"纲"，这个"纲"就是报告提出的新时代法治建设总体要求。二是强调立好法治之"规"，这个"规"就是报告提出的完善以宪法为核心的中国特色社会主义法律体系。

二是强调紧扣法治之"重",这个"重"就是报告提出的扎实推进依法行政。四是强调凸显法治之"要",这个"要"就是报告提出的严格公正司法。五是强调夯实法治之"基",这个"基"就是报告提出的加快建设法治社会。

部署深入推进新时代党的建设新的伟大工程,提出健全全面从严治党体系

中央办公厅副主任兼调研室主任唐方裕表示,全面建设社会主义现代化国家、全面推进中华民族伟大复兴,关键在党,关键在党要管党、全面从严治党。完成新时代新征程党的使命任务,必须旗帜鲜明坚持和加强党的全面领导,深入推进新时代党的建设新的伟大工程。

党的二十大报告单列一个部分,对"坚定不移全面从严治党,深入推进新时代党的建设新的伟大工程"作出部署,唐方裕介绍这部分内容的主要特点是"四个突出":突出党的自我革命,突出全面从严治党体系,突出以党的政治建设为统领,突出思想建党和制度治党相结合。

党的二十大综合各方面意见,顺应各级党组织和广大党员愿望,对党章作出适当修改。

"修改后的党章充分体现马克思主义中国化时代化最新成果,充分体现党的十九大以来党中央提出的治国理政新理念新思想新战略,充分体现党的工作和党的建设的新鲜经验,对于深入推进新时代党的建设新的伟大工程具有重大意义。"唐方裕表示,对于党的二十大关于党的建设的论述和部署,需要把报告和党章结合起来学习理解。

在回答记者提问时,唐方裕表示,党的二十大报告提出健全全面从严治党体系,这在党的全国代表大会报告中是首次。我们党作为长期执政的马克思主义政党和世界上第一大政党,党的远大目标和历史使命,党的队伍的庞大规模和广泛分布,党面临的重大风险和严峻挑战,都决定只有整体地而不是局部地、系统地而不是零碎地、持久地而不是短暂地、高标准地

而不是一般化地全面从严治党，形成一个布局合理、内容科学、要素齐备、统一高效的全面从严治党体系，才能把我们党建设好。

提出必须时刻保持解决大党独有难题的清醒和坚定，牢记全面从严治党永远在路上、党的自我革命永远在路上

党的二十大报告指出："全面建设社会主义现代化国家、全面推进中华民族伟大复兴，关键在党。我们党作为世界上最大的马克思主义执政党，要始终赢得人民拥护、巩固长期执政地位，必须时刻保持解决大党独有难题的清醒和坚定。"

中央纪委国家监委宣传部部长王建新表示，党的二十大报告要求全党牢记，全面从严治党永远在路上、党的自我革命永远在路上。要围绕坚持党中央集中统一领导强化政治监督，完善党的自我革命制度规范体系，坚持以严的基调强化正风肃纪，坚决打赢反腐败斗争攻坚战持久战。

在回答记者提问时，王建新表示，新时代十年，反腐败斗争历程波澜壮阔、成就举世瞩目，但形势依然严峻复杂，同腐败的较量是一场殊死搏斗，只能进、绝不能退，只能赢、绝不能输。必须坚决贯彻党的二十大战略部署，保持压倒性力量常在，不敢腐、不能腐、不想腐同时发力、同向发力、综合发力，坚决打赢反腐败斗争攻坚战持久战。

（新华社北京 2022 年 10 月 24 日电　新华社记者张研、董博婷）

真理之光照亮复兴之路

——从党的二十大看实现马克思主义中国化时代化新的飞跃

一个民族要走在时代前列,就一刻不能没有理论思维,一刻不能没有正确思想指引。

"我们创立了新时代中国特色社会主义思想,明确坚持和发展中国特色社会主义的基本方略,提出一系列治国理政新理念新思想新战略,实现了马克思主义中国化时代化新的飞跃"。

习近平总书记在二十大报告中的鲜明宣示,标注出新时代中国共产党人深刻的历史自信和历史自觉。

高擎真理火炬,方能洞见前路。

在习近平新时代中国特色社会主义思想指引下,全党全国各族人民以更加彻底的精神主动、历史主动、发展主动,昂扬奋进全面建设社会主义现代化国家新征程,向着第二个百年奋斗目标、向着中华民族伟大复兴中国梦勇毅前行。

开辟马克思主义中国化时代化新境界——习近平新时代中国特色社会主义思想是当代中国马克思主义、二十一世纪马克思主义,是中华文化和中国精神的时代精华

2022年10月16日上午,曾见证无数重大历史时刻的人民大会堂,又一次激荡时代强音：

"新时代十年的伟大变革，在党史、新中国史、改革开放史、社会主义发展史、中华民族发展史上具有里程碑意义。"

习近平总书记向大会作报告时的豪迈宣告，响彻在党的二十大全体与会者耳畔，响彻在新时代中国大地上。

"实现了小康这个中华民族的千年梦想""历史性地解决了绝对贫困问题""我国经济实力实现历史性跃升""人民生活全方位改善"……

报告中一句句凝练而厚重的概括，折射新时代中国特色社会主义的伟大成就。

报告指出，中国共产党为什么能，中国特色社会主义为什么好，归根到底是马克思主义行，是中国化时代化的马克思主义行。

"党的十八大以来党和国家事业取得历史性成就、发生历史性变革，最根本的在于有习近平总书记作为党中央的核心、全党的核心掌舵领航，在于有习近平新时代中国特色社会主义思想科学指引。"二十大代表、中央党史和文献研究院副院长黄一兵说。

跨入新时代，国内外形势新变化和实践新要求，迫切需要中国共产党人从理论和实践的结合上深入回答关系党和国家事业发展、党治国理政的一系列重大时代课题。

以习近平同志为主要代表的新时代中国共产党人，勇于进行理论探索和创新，以全新的视野深化对共产党执政规律、社会主义建设规律、人类社会发展规律的认识，取得重大理论创新成果，集中体现为习近平新时代中国特色社会主义思想。

"在十八洞村的脱贫故事里，能深刻感悟'精准扶贫'的思想力量。"二十大代表、湖南省花垣县十八洞村党支部书记、村委会主任施金通由衷感言。

如今的十八洞村，已实现从一个贫困苗寨到精准扶贫样板的蝶变。

2013年11月，正是在十八洞村，习近平总书记首次提出"精准扶贫"，

图为在湖南省湘西土家族苗族自治州花垣县十八洞村,村民在讨论苗绣制作(2020年7月16日摄)。(新华社发 石林荣摄)

引领亿万人民打响一场伟大的反贫困斗争。

思想之意义,正在于应历史之变,解时代之问。

用马克思主义之"矢"射新时代中国之"的",习近平新时代中国特色社会主义思想以一系列原创性的治国理政新理念新思想新战略,为党和国家事业发展提供科学指引:

提出坚持和加强党的全面领导、推进党的自我革命;

提出坚持和完善社会主义基本经济制度,充分发挥市场在资源配置中的决定性作用,更好发挥政府作用;

提出坚持和完善中国特色社会主义制度、推进国家治理体系和治理能力现代化;

……

"习近平新时代中国特色社会主义思想是从新时代中国特色社会主义

全部实践中产生的理论结晶,是马克思主义基本原理同中国具体实际相结合、同中华优秀传统文化相结合的最新成果。"党史专家欧阳淞说。

"科学社会主义在二十一世纪的中国焕发出新的蓬勃生机",习近平总书记在报告中的重大论断掷地有声。

身处会场,二十大代表、李大钊之孙李宏塔感慨万千:"一代代中国共产党人不断推进马克思主义中国化时代化,在世界上高高举起了中国特色社会主义伟大旗帜。"

社会主义从来都是在开拓中前进的。

世界社会主义500年,从空想到科学、从理论到实践、从一国到多国,既有凯歌行进的高潮,也有曲折探索的艰辛。

当时间列车行进到二十一世纪,当中国特色社会主义进入新时代,中国共产党带领人民实现第一个百年奋斗目标,向着全面建成社会主义现代化强国的第二个百年奋斗目标迈进……习近平新时代中国特色社会主义思想的实践深刻改变了中国,也极大丰富了马克思主义。

"中国特色社会主义取得巨大成功,谱写了世界社会主义500年来最精彩的华章。"全国人大社会建设委员会主任委员何毅亭说,新时代中国特色社会主义成为世界社会主义走向振兴的中流砥柱。

四川眉山,三苏祠,承载千年文脉,在新时代愈发闪亮。

今年6月,习近平总书记在这里考察时指出:"一滴水可以见太阳,一个三苏祠可以看出我们中华文化的博大精深。"

"总书记从文化自信谈到道路自信,强调'中华民族有着五千多年悠久文明历史的深厚底蕴,我们带领人民走的是中国特色社会主义道路'。"回忆当时情景,感触尤深。

只有植根本国、本民族历史文化沃土,马克思主义真理之树才能根深叶茂。

品读习近平总书记所作的报告,中华文化的深厚底蕴扑面而来:"坚持以人民为中心的发展思想",蕴含"治国有常,利民为本"的深意;"促进人与自然和谐共生",浸润"天人合一"的智慧;"尊重世界文明多样性",

展现"协和万邦"的博大胸怀……

报告强调,"把马克思主义思想精髓同中华优秀传统文化精华贯通起来、同人民群众日用而不觉的共同价值观念融通起来,不断赋予科学理论鲜明的中国特色"。

> **专家观点**
>
> 习近平新时代中国特色社会主义思想充盈着浓郁的中国味、深厚的中华情、浩然的民族魂,具有强大的历史穿透力、文化感染力和精神感召力,是当之无愧的中华文化和中国精神的时代精华。
>
> ——二十大代表、山东社会科学院文化研究所所长张伟

"习近平新时代中国特色社会主义思想充盈着浓郁的中国味、深厚的中华情、浩然的民族魂,具有强大的历史穿透力、文化感染力和精神感召力,是当之无愧的中华文化和中国精神的时代精华。"二十大代表、山东社会科学院文化研究所所长张伟说。

思想的力量无远弗届。

当马克思主义以充沛活力和崭新形象展现于世,世界各国把更多目光投向东方——

提出"推动构建人类命运共同体",表明"不断以中国新发展为世界提供新机遇,推动建设开放型世界经济,更好惠及各国人民",强调"弘扬和平、发展、公平、正义、民主、自由的全人类共同价值",报告为促进世界和平与发展贡献中国方案。

"习近平新时代中国特色社会主义思想内涵丰富、博大精深。"曾参与《习近平谈治国理政》英文编审工作的外文出版社外国专家大卫·弗格森表示,习近平新时代中国特色社会主义思想不仅为中国未来发展指引航向,世界也将从中得到启迪。

开创治国理政新局面——用马克思主义的立场观点方法观察把握引领时代，习近平新时代中国特色社会主义思想在引领新时代中国实践中丰富和发展

继续推进实践基础上的理论创新，首先要把握好习近平新时代中国特色社会主义思想的世界观和方法论，坚持好、运用好贯穿其中的立场观点方法。

必须坚持人民至上、必须坚持自信自立、必须坚持守正创新、必须坚持问题导向、必须坚持系统观念、必须坚持胸怀天下，报告阐释的"六个必须"，正是开启习近平新时代中国特色社会主义思想的伟力，解答中国之问、世界之问、人民之问、时代之问的"金钥匙"。

上海，兴业路老石库门。党的二十大召开之际，中共一大纪念馆迎来一批批参观者。

时光如昨。五年前，2017年10月31日，习近平总书记带领十九届中共中央政治局常委来到这里，瞻仰一大会址，重温入党誓词，于沧桑历史中探寻初心，宣示坚定政治信念。

"在1920年9月印刷出版的《共产党宣言》中文全译本展柜前，总书记久久凝视。"二十大代表、中共一大纪念馆宣传教育部主任杨宇当时参与讲解，记忆犹新。"正如总书记所说，我们党的全部历史都是从中共一大开启的，我们走得再远都不能忘记来时的路。"

一个政党有了远大理想和崇高追求，才会自信自立、坚强有力，才能经受一次次挫折而又一次次奋起。

井冈山革命烈士陵园，红军长征会师纪念碑，四平战役纪念馆……党的十八大以来，习近平总书记在红色地标砥砺信仰的场景撼动人心。

强调"坚定理想信念是终身课题"；指出"坚定的理想信念，必须建立在对马克思主义的深刻理解之上，建立在对历史规律的深刻把握之上"……习近平总书记把坚定理想信念放在突出位置，带领全党全国人民奋进新征程。

"习近平新时代中国特色社会主义思想充满对马克思主义的坚定信仰，

图为河北省阜平县骆驼湾村景色（2021年7月23日摄，无人机照片）。（新华社记者朱旭东摄）

充满对社会主义、共产主义的坚定信念，充满'革命理想高于天'的豪迈情怀。坚定的理想信念体现了这一思想的马克思主义理论底色，体现了共产党人的政治本色。"黄一兵代表认为。

"江山就是人民，人民就是江山。"现场聆听报告，二十大代表、河北省阜平县骆驼湾村党支部书记顾瑞利感触深切。

发展食用菌、高山林果等产业，打造民宿旅游……今天的骆驼湾村，百姓腰包鼓了，房子新了，山更绿了，水更清了，脱贫后迈向乡村振兴的道路更加通达豁亮。

"这次来参加大会，我带着乡亲们沉甸甸的嘱托，报告我们的好日子。"顾瑞利代表说。

时针拨回到2012年11月15日。面对中外记者，新当选的中共中央总书记习近平庄严宣示："人民对美好生活的向往，就是我们的奋斗目标。"

10年夙夜在公，以习近平同志为核心的党中央听民声、察民情、汇民智、解民忧,以实际行动践行对人民的承诺。

脱贫"一个都不能少",小康路上"一个都不能掉队",在发展中保障和改善民生,全方位改善人民生活;

完善人民当家作主的制度体系,健全为人民执政、靠人民执政各项制度,真正使人民成为国家主人;

以民心定义"最大的政治",铁腕惩腐,坚持"老虎""苍蝇"一起打,着力整治漠视侵害群众利益的问题……

"为民造福是立党为公、执政为民的本质要求",报告中的宣示,正是中国共产党人宗旨本色的集中写照。

"一切脱离人民的理论都是苍白无力的,一切不为人民造福的理论都是没有生命力的。"

二十大代表、上海交通大学医学院附属仁济医院呼吸科副主任医师查琼芳对报告中这句话共鸣强烈。曾在武汉战"疫"数十个日夜的她,亲身见证"从新生婴儿到百岁老人,每一个生命都得到全力护佑"。

"习近平总书记强调,把人民群众生命安全和身体健康放在第一位。我们从中深刻感受到,习近平新时代中国特色社会主义思想是书写在亿万人民心中的理论,是人民所喜爱、所认同、所拥有的理论。"查琼芳代表说。

"问题是时代的声音,回答并指导解决问题是理论的根本任务。"习近平总书记在报告中的重要论述发人深省。

面对党内一度存在的对坚持党的领导认识模糊、行动乏力,落实党的领导弱化、虚化、淡化等问题,提出坚持和加强党的全面领导,从理论和实践上鲜明回答;

基于对我国经济"三期叠加"的科学分析和准确判断,提出立足新发展阶段、贯彻新发展理念、构建新发展格局、推动高质量发展;

把脉经济发展与生态环境保护,以"绿水青山就是金山银山"理念,为建设美丽中国、转变经济发展方式、全面建设社会主义现代化国家提供有力思想指引……

新时代中国道路的每一步前行，中国大地上的每一处改变，都在深刻诠释着报告所提出的"中国的问题必须从中国基本国情出发，由中国人自己来解答"。

"十个明确""十四个坚持""十三个方面成就"，翻开习近平新时代中国特色社会主义思想的厚重篇章，无不是运用马克思主义立场观点方法分析新时代中国特色社会主义的智慧结晶，无不彰显党的基本理论和指导思想与时俱进。

每秒钟就有一个集装箱进出港口，年货物吞吐量超12亿吨，连续13年蝉联世界第一……二十大代表、宁波舟山港集团董事长毛剑宏带来了这份成绩单。

"疫情发生两年多来，宁波舟山港深入长江经济带，串起欧亚大陆桥，在构建新发展格局中展现新作为。"毛剑宏代表说。

两年多前，在宁波舟山港调研后不久，习近平总书记根据对新形势的思考，提出"构建以国内大循环为主体、国内国际双循环相互促进的新发展格局"。这一着眼全局的战略谋划，成为把握发展主动权的先手棋。

"创新才能把握时代、引领时代"。创新思维，是习近平总书记强调的重要能力之一。

正如恩格斯指出，马克思的整个世界观不是教义，而是方法。深刻领悟习近平新时代中国特色社会主义思想，一系列科学方法隽永深长：

坚持战略思维，统筹推进"五位一体"总体布局，协调推进"四个全面"战略布局；

坚持辩证思维，正确处理改革发展稳定的关系，确立稳中求进工作总基调，统筹发展和安全；

运用底线思维，"凡事从最坏处着眼、向最好处努力，打有准备、有把握之仗"，坚决守住不发生重大风险的底线；

……

科学的思想，历经时间洗礼和实践检验而愈显光辉。

| 学习贯彻党的二十大精神述评 |

指引伟大复兴新航程——以习近平新时代中国特色社会主义思想为根本遵循和行动指南，不断谱写马克思主义中国化时代化新篇章

马克思说，一切都取决于它所处的历史环境。

"不断谱写马克思主义中国化时代化新篇章，是当代中国共产党人的庄严历史责任。"二十大报告发出新的号召。

理论的先进，是最彻底的先进；思想的主动，是最大的主动。

"正如习近平总书记在报告中强调的，拥有马克思主义科学理论指导是我们党坚定信仰信念、把握历史主动的根本所在。"杨宇代表说，新征程上形势越复杂，任务越艰巨，越要坚持以习近平新时代中国特色社会主义思想为指南，赢得优势、赢得主动、赢得未来。

"中国特色社会主义是实现中华民族伟大复兴的必由之路"，报告鲜明指出。

广东深圳，目前正朝着中国特色社会主义先行示范区目标，以更大魄力、在更高起点上推进改革开放。

二十大代表、华大集团党委书记杜玉涛说，建设中国特色社会主义先行示范区，必须走更高水平的自力更生自主创新之路。"我们要抓住宝贵发展机遇，继续坚持理论和实践创新，以更好的发展成绩不断彰显中国特色社会主义制度优势。"

报告强调，坚持中国特色社会主义道路。既不走封闭僵化的老路，也不走改旗易帜的邪路，坚持把国家和民族发展放在自己力量的基点上，坚持把中国发展进步的命运牢牢掌握在自己手中。

"最根本的是要把我们自己的事情做好，这是坚定不移走自己的路、应对各种风险挑战的关键。"二十大代表、广西科学院广西生物科学与技术研究中心副主任王青艳说，要朝着习近平新时代中国特色社会主义思想指引的方向，为不断开创坚持和发展中国特色社会主义新局面作出贡献。

报告强调，从现在起，中国共产党的中心任务就是团结带领全国各族人

民全面建成社会主义现代化强国、实现第二个百年奋斗目标，以中国式现代化全面推进中华民族伟大复兴。

"报告关于中国式现代化的鲜明论断和战略部署，极大深化了全党对社会主义现代化建设规律的认识，是习近平新时代中国特色社会主义思想的最新发展，为新时代全面建设社会主义现代化国家指明了方向。"黄一兵代表说。

中国共产党领导的社会主义现代化，既有各国现代化的共同特征，更有基于自己国情的中国特色。

"共同富裕是个长期过程，既要久久为功也要时不我待。"二十大代表、浙江省宁波市奉化区萧王庙街道滕头村党委书记、村委会主任傅平均说，要探索各种发展方式，打造共同富裕示范区的样板，带动更多人富起来，"这是我们追求的目标"。

浙江探寻共富之路。图为2022年3月9日，在金华市婺城区竹马乡下张家村的一个展厅内，工作人员在整理展示的茶花。茶花种植是当地的传统特色产业，是当地农民致富的"金钥匙"。（新华社记者翁忻旸摄）

作为生态环境监测领域的代表参加党的二十大，北京市生态环境监测中心党委书记、主任刘保献倍感振奋："我国生态文明建设取得明显成效，人与自然和谐共生理念深入人心，充分昭示了中国式现代化道路之于中华民族永续发展的深远意义。"

全面建设社会主义现代化国家、全面推进中华民族伟大复兴，关键在党。

二十大代表、广东省佛山市禅城区古灶村党委书记、村委会主任陆秀兴对此深有体会：

近年来，古灶村确立"党建作统领，经济民生作两翼"思路，将一度组织涣散、矛盾重重的"问题村"变成集体收入过亿元的全省乡村治理示范村。

"要落实新时代党的建设总要求，持之以恒推进全面从严治党，始终保持党同人民群众的血肉联系，团结带领人民群众啃下发展路上一个又一个'硬骨头'。"陆秀兴代表说。

坚持和加强党中央集中统一领导、坚持不懈用习近平新时代中国特色社会主义思想凝心铸魂、完善党的自我革命制度规范体系……报告对新时代党的建设作出全面部署。

"全面加强党的领导，必须确保党中央权威和集中统一领导，确保党发挥总揽全局、协调各方的领导核心作用。"二十大代表、南京航空航天大学马克思主义学院党委书记徐川说，要自觉用习近平新时代中国特色社会主义思想武装头脑、指导实践，坚决捍卫"两个确立"，忠实践行"两个维护"，让我们党永葆生机活力、走好新的赶考之路。

（新华社北京 2022 年 10 月 18 日电　新华社记者邹伟、安蓓、张辛欣、高蕾、潘洁、叶前）

不断实现人民对美好生活的向往

——从二十大报告看人民生活新图景

习近平总书记在二十大报告中明确提出，必须坚持在发展中保障和改善民生，鼓励共同奋斗创造美好生活，不断实现人民对美好生活的向往。报告部署的民生新举措、描绘的民生新图景，引发与会代表热烈讨论和广大干部群众的热切期盼。

收入：增加低收入者收入，扩大中等收入群体

报告提出，坚持多劳多得，鼓励勤劳致富，促进机会公平，增加低收入者收入，扩大中等收入群体。规范收入分配秩序，规范财富积累机制，保护合法收入，调节过高收入，取缔非法收入。

"报告回应了百姓期待，说出了群众心声。完善收入分配制度，在城乡居民普遍增收的基础上，推动更多低收入群体跨入中等收入行列，将让更多人特别是普通劳动者觉得有盼头、有奔头。"圆通速递湖南省长沙市高桥分公司营运部经理马石光代表说。

我国政策惠民力度不断加大，千方百计促进居民增收，已经形成了4亿多人的中等收入群体。按照"十四五"规划和2035年远景目标纲要部署，我国将拓展居民收入增长渠道，以高校和职业院校毕业生、技能型劳动者、农民工等为重点，不断提高中等收入群体比重。

就业：完善重点群体就业支持体系

就业乃民生之本。报告部署实施就业优先战略，提出完善重点群体就业支持体系，加强困难群体就业兜底帮扶。统筹城乡就业政策体系，消除影响平等就业的不合理限制和就业歧视。

"这些举措瞄准了社会焦点、难点，抓住了稳就业的关键。"在吉林省白城市洮北区公共就业服务实训指导中心主任于砚华代表看来，就业不但关乎个人和家庭生活，也事关社会和谐稳定。我国每年新增1000多万就业人口，要不断扩大就业容量，提升就业质量，努力实现高质量充分就业。

近年来，依托互联网平台就业的灵活就业人员数量大幅增长。报告提出，支持和规范发展新就业形态，加强灵活就业和新就业形态劳动者权益保障。这将为相关就业人员提供更好的政策支持和保障。据了解，当前北京、海南等七省份及七家互联网平台企业，正在开展新就业形态就业人员职业伤害保障试点。

社保：健全多层次社会保障体系

报告提出，健全覆盖全民、统筹城乡、公平统一、安全规范、可持续的多层次社会保障体系。

专家观点

报告对社保体系建设提出安全规范的新要求，体现了底线意识、长远眼光。社保制度安全可靠、规范运行，才能为人民群众提供稳定预期和充分保障，才能实现可持续发展。

——中国社会保障学会会长郑功成

"报告对社保体系建设提出安全规范的新要求，体现了底线意识、长远眼光。社保制度安全可靠、规范运行，才能为人民群众提供稳定预期和充分保障，才能实现可持续发展。"中国社会保障学会会长郑功成说。

报告提出,实施渐进式延迟法定退休年龄;健全基本养老、基本医疗保险筹资和待遇调整机制,推动基本医疗保险、失业保险、工伤保险省级统筹;完善大病保险和医疗救助制度,落实异地就医结算。

郑功成表示,我国已建成世界上规模最大的社会保障体系,要把更多人纳入社会保障体系,进一步提高保障水平,织密社会保障安全网。

医药:促进优质医疗资源扩容和区域均衡布局

报告提出,深化医药卫生体制改革,促进医保、医疗、医药协同发展和治理,促进优质医疗资源扩容和区域均衡布局。

"这意味着,未来更多患者能在家附近享受优质医疗资源,不必动不动就往大城市、大医院跑。"湖南省人民医院急诊三部ICU护士长徐芙蓉代表说,当务之急,要提升基层医疗设施水平,大力加强人才队伍培养,增进百姓对基层医疗卫生服务机构的信任。

徐芙蓉说,2022年国家深化医药卫生体制改革重点工作任务,就包括加快构建有序的就医和诊疗新格局,发挥国家医学中心、国家区域医疗中心的引领辐射作用,发挥省级高水平医院的辐射带动作用,推动优质医疗资源向市县延伸。

"一老一小":推动实现全体老年人享有基本养老服务、建立生育支持政策体系

报告提出,推动实现全体老年人享有基本养老服务,建立生育支持政策体系,降低生育、养育、教育成本。

长期奔走在养老服务一线的江西省南丰县琴城镇琴台路社区党总支书记、居委会主任黄小娟代表说,空巢、孤寡老人是服务的重中之重。二十大

| 学习贯彻党的二十大精神述评 |

不断实现人民对美好生活的向往
——从二十大报告看人民生活新图景

报告精神的落地，将加快发展养老事业和养老产业，让更多老年人拥有幸福晚年。

四川省卫生健康委员会党组书记、主任敬静代表说，报告从优化人口发展战略高度，作出"建立生育支持政策体系"顶层设计，为做好新时代人口工作指明方向。要积极构建生育成本合理分担机制和生育友好的政策支持体系，打好政策"组合拳"，促进人口长期均衡发展。

教育：强化学前教育普惠发展、坚持高中阶段学校多样化发展

优化区域教育资源配置，强化学前教育、特殊教育普惠发展，坚持高中阶段学校多样化发展，完善覆盖全学段学生资助体系……报告作出系列部署。

不少代表认为，报告针对不同教育阶段、不同群体的现实关切，作出及时回应。应持续扩大普惠性学前教育资源供给。此外，推进高中阶段学校多样化发展，有利于促进学生全面而有个性地发展。

天津市和平区岳阳道小学校长褚新红代表说，群众对基础教育的诉求也有所变化，从"有学上"到"上好学"，应通过完善学校治理、健全教师研训体系等，全面落实报告对基础教育的目标要求。

住房：加快建立多主体供给、多渠道保障、租购并举制度

报告提出，坚持房子是用来住的、不是用来炒的定位，加快建立多主体供给、多渠道保障、租购并举的住房制度。

党的十八大以来，我国住房保障体系建设加快完善，建设各类保障性住房和棚户区改造安置住房 5900 多万套，低保、低收入住房困难家庭基本实现应保尽保，人民群众居住条件显著改善。

"国家大力加强保障性住房建设，让亿万百姓喜圆安居梦。"宁夏银川市公交公司 102 路公交车驾驶员杨彦锋代表说，"我有一位 50 多岁的同事，前几天刚刚成功申请了 80 多平方米的保障性住房，一家老小特别开心。希望相关制度能更好为百姓安居托底，让更多人住有所居。"

图为工人在华富村回迁安置房建设现场施工（2022 年 10 月 20 日摄）。（新华社记者刘大伟摄）

环境：基本消除重污染天气

基本消除重污染天气，基本消除城市黑臭水体，全面实行排污许可制，深入推进中央生态环境保护督察……报告对深入推进环境污染防治作出一系列部署。

党的十八大以来，我国地表水Ⅰ至Ⅲ类断面比例上升至84.9%；与2015年相比，2021年全国地级及以上城市PM2.5平均浓度下降34.8%，优良天数比例达到87.5%……我国生态环境保护发生历史性、转折性、全局性变化。

中国石化长岭炼化公司党委书记、董事长王妙云代表说，未来要坚持精准、科学、依法治污，聚焦百姓身边痛感强烈的污染问题开展专项和系统性治理，持续深入打好蓝天、碧水、净土保卫战。

（新华社北京2022年10月18日电　新华社记者姜琳、李延霞、谭谟晓、刘夏村、谢奔）

为全面建设社会主义现代化国家而团结奋斗

——从党的二十大看以中国式现代化全面推进中华民族伟大复兴

习近平总书记在党的二十大报告中庄严宣示："从现在起，中国共产党的中心任务就是团结带领全国各族人民全面建成社会主义现代化强国、实现第二个百年奋斗目标，以中国式现代化全面推进中华民族伟大复兴。"

大道之行，壮阔无垠。

回首来路，在新中国成立特别是改革开放以来长期探索和实践基础上，经过十八大以来在理论和实践上的创新突破，我们党成功推进和拓展了中国式现代化。

展望前路，牢牢把握新时代新征程的使命任务，自信自强、守正创新、踔厉奋发、勇毅前行，我们党一定能团结带领亿万人民不断夺取全面建设社会主义现代化国家新胜利！

成功推进和拓展了中国式现代化——壮阔征程擘画宏伟蓝图，中国式现代化道路的图景更加清晰

首场党代表通道上，英国《经济学人》杂志记者向代表提问："历史会怎么样记住今年的二十大？"

中央党校（国家行政学院）分管日常工作的副校（院）长谢春涛代表回

学习贯彻党的二十大精神述评

应说,党的二十大报告对中国未来五年以至更长时间的发展作出规划和部署。"一定会对中国未来发展起着重要引领、推动作用,一定能够使中国式现代化更稳、更快、更好地推进。"

奋斗目标,标注新的历史方位;

今日中国,开启新的逐梦征程。

翻开二十大报告,中国式现代化的美好前景令人向往——

全面建成社会主义现代化强国,总的战略安排是分两步走:

——从二〇二〇年到二〇三五年基本实现社会主义现代化;

——从二〇三五年到本世纪中叶把我国建成富强民主文明和谐美丽的社会主义现代化强国。

报告明确了到二〇三五年我国发展的总体目标:"经济实力、科技实力、综合国力大幅跃升""实现高水平科技自立自强,进入创新型国家前列""建

图为 2022 年 9 月 30 日在北京航天飞行控制中心拍摄的问天实验舱转位画面。这是问天实验舱与天和核心舱分离,采用平面转位方式进行转位。(2022 年 9 月 30 日摄)(新华社记者郭中正摄)

成现代化经济体系，形成新发展格局""全过程人民民主制度更加健全""人的全面发展、全体人民共同富裕取得更为明显的实质性进展"……

中国科学院院士、吉林大学化学学院教授于吉红代表说："党的十九大报告描绘了全面建设社会主义现代化国家宏伟蓝图，党的二十大报告对全面建成社会主义现代化强国作出进一步科学谋划，报告内容一脉相承又与时俱进。"

报告强调，未来五年是全面建设社会主义现代化国家开局起步的关键时期。

"开局起步至关重要，我们要心往一处想、劲往一处使，努力推动中国式现代化建设事业不断向前进。"中国建筑五局党委书记、董事长田卫国代表说。

宏伟擘画，映照初心如磐。

一百多年前，孙中山先生在《建国方略》中绘就了中国现代化第一份蓝图：建设160万公里公路、约16万公里铁路、3个世界级大海港、三峡大坝……

如今，铁路进青藏、公路密成网、高峡出平湖、港口连五洋、"天和"驻太空、"祝融"探火星……中国的现代化程度已远超孙中山先生当初的设想。

伟大变革，筑牢梦想之基。

历史性地解决了绝对贫困问题，经济总量稳居世界第二位，制造业规模、外汇储备稳居世界第一，进入创新型国家行列，货物贸易总额居世界第一，吸引外资和对外投资居世界前列，美丽中国建设迈出重大步伐……

党的十八大以来，以习近平同志为核心的党中央带领人民，采取一系列战略性举措，推进一系列变革性实践，实现一系列突破性进展，取得一系列标志性成果，推动党和国家事业取得历史性成就、发生历史性变革。

上海市松江区委书记程向民代表说，正是因为坚持创新在我国现代化建设全局中的核心地位，松江区从房地产占"半壁江山"的近郊区，跃升为长三角G60科创走廊的策源地，未来还将秉持新发展理念不动摇，唯实唯干、加快高质量发展。

习近平总书记在二十大报告中深刻阐释:"中国式现代化,是中国共产党领导的社会主义现代化,既有各国现代化的共同特征,更有基于自己国情的中国特色。"

二十大报告阐释了中国式现代化的特征:是人口规模巨大的现代化,是全体人民共同富裕的现代化,是物质文明和精神文明相协调的现代化,是人与自然和谐共生的现代化,是走和平发展道路的现代化。

报告明确提出中国式现代化的本质要求:坚持中国共产党领导,坚持中国特色社会主义,实现高质量发展,发展全过程人民民主,丰富人民精神世界,实现全体人民共同富裕,促进人与自然和谐共生,推动构建人类命运共同体,创造人类文明新形态。

中共中央党史和文献研究院原院务委员冯俊说,二十大报告更深入阐释了中国式现代化的特征,并首次提出了九个本质要求,这对于我们深刻理解和认识中国式现代化的科学内涵、旨归意义、目标任务、实现途径等,具有重要价值。

扎根中国大地,中国式现代化彰显中国特色社会主义制度的优越性,展现出光明前景和勃勃生机。

创造人类文明新形态——为人类实现现代化提供新的选择,中国式现代化道路越走越宽广

迄今为止,全球完成工业化的发达国家和地区人口总和不超过10亿人。中国14亿多人口整体迈入现代化社会,无先例可循,是人类历史上有深远影响的大事。

站在时代潮头,习近平总书记高瞻远瞩,擘画了以中国式现代化全面推进中华民族伟大复兴的大棋局——

党的十八大报告把"实现社会主义现代化和中华民族伟大复兴"作为建

设中国特色社会主义的总任务;

党的十九大报告作出分两步走到本世纪中叶建成社会主义现代化强国的战略安排;

党的二十大报告对全面建成社会主义现代化强国两步走战略安排进行宏观展望,重点部署未来五年的主要目标任务。

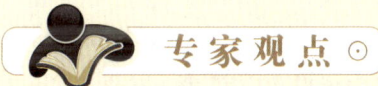

专家观点

中国式现代化是守正创新走出的新路,把握人类发展的规律,立足中国大地,为人类社会整体实现现代化开辟了新路。

——中央党校(国家行政学院)教授辛鸣

中央党校(国家行政学院)教授辛鸣表示,中国式现代化是守正创新走出的新路,把握人类发展的规律,立足中国大地,为人类社会整体实现现代化开辟了新路。

"人民生活品质高,很安全;生态环境很棒,山清水秀,这才是21世纪生活应该有的样子。"第二次参加中共党代会报道的埃塞俄比亚通讯社记者贝雷克特·西赛深有感触,"中国用几十年的时间走过了西方200多年的现代化道路,令人惊叹。"

中国式现代化,打破"现代化就是西方化"的路径依赖,蹚出了一条发展中国家走向现代化的新路。

"我们党领导人民不仅创造了世所罕见的经济快速发展和社会长期稳定两大奇迹,而且成功走出了中国式现代化道路,创造了人类文明新形态。" 2021年11月11日,在党的十九届六中全会第二次全体会议上,习近平总书记指出,这些前无古人的创举,破解了人类社会发展的诸多难题,摒弃了西方以资本为中心的现代化、两极分化的现代化、物质主义膨胀的现代化、对外扩张掠夺的现代化老路,拓展了发展中国家走向现代化的途径,为人类对更好社会制度的探索提供了中国方案。

"能在拥有十几亿人口的国家实现现代化,这无疑是对人类进步事业的巨大贡献。"肯尼亚国际问题学者卡文斯·阿德希尔表示,中国的成功实践为非洲国家在内的发展中国家作出表率,即各国应探索一条符合自身实际的现代化发展道路。

从采煤沉陷区数万居民搬进新居,到西露天矿的生态蝶变,辽宁抚顺不断以发展成果惠及百姓。抚顺市委书记来鹤代表说,中国式现代化始终坚持以人民为中心的发展思想,为广大人民群众带来了看得见、摸得着、既利当下又利长远的福祉。

当前,世界之变、时代之变、历史之变正以前所未有的方式展开。和平赤字、发展赤字、安全赤字、治理赤字加重,人类社会面临前所未有的挑战,世界又一次站在历史的十字路口。

当"世界怎么了、人类怎么办"的时代之问在全球回荡,二十大报告从人类发展大潮流、世界变化大格局的高度,进一步阐释"中国式现代化是走和平发展道路的现代化":

"我国不走一些国家通过战争、殖民、掠夺等方式实现现代化的老路";

"中国始终坚持维护世界和平、促进共同发展的外交政策宗旨,致力于推动构建人类命运共同体";

"不断以中国新发展为世界提供新机遇,推动建设开放型世界经济,更好惠及各国人民";

……

越走越宽广的中国式现代化道路,将更好发展自身、造福世界。

党代表通道上,年近八旬的菌草专家林占熺代表分享了菌草从中国走向世界,为全球减贫事业贡献中国力量的故事。

"菌草援外小而美、见效快、惠民生。"林占熺说,从南太岛国到非洲、拉美,许多人通过种菌草、种菇,摆脱了贫困,改变了命运。

英国学者马丁·雅克认为,中国提供了一种"新的可能",开辟了一条合作共赢、共建共享的文明发展新道路。这是前无古人的伟大创举,也是改变世界的伟大创造。

是历史的巧合，也是发展的必然。

北京八达岭长城脚下，两条铁路在此交会：一条是一百多年前詹天佑主持修建的京张铁路，一条是2022年北京冬奥会的配套工程京张高铁。

域外声音

中国提供了一种"新的可能"，开辟了一条合作共赢、共建共享的文明发展新道路。这是前无古人的伟大创举，也是改变世界的伟大创造。

——英国学者马丁·雅克

从打破"中国人不能自建铁路"断言的"争气路"，到引领智能高铁的"先行路"，从时速35公里到350公里，两条铁路见证着一个国家的发展，折射出中国式现代化的成功。

"历史会镌刻下这一笔，世界将对中国道路有全新的认识。"2022年新年伊始，习近平总书记考察北京冬奥筹备工作时说的话，意味深长。

撸起袖子加油干——走好必由之路，以中国式现代化推进中华民族伟大复兴

全面建设社会主义现代化国家，是一项伟大而艰巨的事业，前途光明，任重道远。

未来五年是全面建设社会主义现代化国家开局起步的关键时期，对于实现第二个百年奋斗目标至关重要。

翻开二十大报告，未来五年的主要目标任务跃然而出：

"经济高质量发展取得新突破""改革开放迈出新步伐""全过程人民民主制度化、规范化、程序化水平进一步提高""居民收入增长和经济增长基本同步""城乡人居环境明显改善"……

把蓝图变为现实，是一场新的长征。

在参加党的二十大广西代表团讨论时，习近平总书记指出："当前最重要的任务，就是撸起袖子加油干，一步一个脚印把党的二十大作出的重大决策部署付诸行动、见之于成效。"

二十大报告阐明了前进道路上必须牢牢把握的重大原则——坚持和加强党的全面领导，坚持中国特色社会主义道路，坚持以人民为中心的发展思想，坚持深化改革开放，坚持发扬斗争精神。

国务院发展研究中心研究员龙海波说，我们党提出的这些重大原则是对以前探索经验的总结，是对现代化理论的丰富和发展，全面开拓了中国式现代化理论新境界，指引我们今后面对各种风险挑战始终沿着正确方向前进，坚定不移在新时代新征程走中国式现代化道路。

谱写全面建设社会主义现代化国家新篇章，必须坚持和加强党的全面领导。

新时代十年创造的伟大成就、实现的伟大变革，最根本的原因在于有习近平总书记作为党中央的核心、全党的核心掌舵领航，在于有习近平新时代中国特色社会主义思想的科学指引。

二十大报告提出，坚决维护党中央权威和集中统一领导，把党的领导落实到党和国家事业各领域各方面各环节，使党始终成为风雨来袭时全体人民最可靠的主心骨，确保我国社会主义现代化建设正确方向，确保拥有团结奋斗的强大政治凝聚力、发展自信心，集聚起万众一心、共克时艰的磅礴力量。

"全面加强党的领导，必须确保党中央权威和集中统一领导，确保党发挥总揽全局、协调各方的领导核心作用。"南京航空航天大学马克思主义学院党委书记徐川代表说，要自觉用习近平新时代中国特色社会主义思想武装头脑、指导实践，坚决捍卫"两个确立"，忠实践行"两个维护"，让我们党永葆生机活力、走好新的赶考之路。

谱写全面建设社会主义现代化国家新篇章，必须坚持中国特色社会主义道路。

十年砥砺奋进。我们坚持和发展中国特色社会主义，推动物质文明、政治文明、精神文明、社会文明、生态文明协调发展，成功走出了中国式现代化道路，创造了人类文明新形态。

实践充分证明，中国特色社会主义是党和人民历经千辛万苦、付出巨大代价取得的根本成就，是创造人民美好生活、实现中华民族伟大复兴的康庄大道。

二十大报告提出，"坚持道不变、志不改，既不走封闭僵化的老路，也不走改旗易帜的邪路，坚持把国家和民族发展放在自己力量的基点上，坚持把中国发展进步的命运牢牢掌握在自己手中"。

"鞋子合不合脚，只有穿的人才知道。"湖南省郴州市委书记吴巨培代表说，十年来，在新发展理念指引下，当地坚持生态优先、绿色发展，绿水青山真正成了金山银山。实践证明，这条道路符合中国实际、反映中国人民意愿、适应时代发展要求，不仅走得对、走得通，而且也一定能够走得稳、走得好。

谱写全面建设社会主义现代化国家新篇章，必须坚持以人民为中心的发展思想。

二十大报告中，"人民"是贯穿其间的核心关键词之一。

"紧紧抓住人民最关心最直接最现实的利益问题""扎实推进共同富裕""促进高质量充分就业""完善基本养老保险全国统筹制度""把保障人民健康放在优先发展的战略位置"……报告亮出更多惠民生、暖民心举措，呼应人民对美好生活的向往。

中国共产党领导人民打江山、守江山，守的是人民的心。

"红船起航地"，浙江嘉兴南湖区。过去19年间，96345服务热线24小时"不打烊"，累计接听电话470多万次，群众满意率超过99%。

"红船，凝聚着共产党人的初心和信仰，初心和信仰体现在全心全意为人民服务中。"96345社区服务求助中心党支部书记骆叶青代表说。

谱写全面建设社会主义现代化国家新篇章，必须坚持深化改革开放。

改革开放，是前进道路上的不竭动力。二十大报告提出，深入推进改革创新，坚定不移扩大开放，着力破解深层次体制机制障碍，不断彰显中国特色社会主义制度优势。

报告提出的一系列新部署绘就未来发展的"施工图"——

在经济方面，明确"高质量发展是全面建设社会主义现代化国家的首要任务"；

在科教方面，提出"必须坚持科技是第一生产力、人才是第一资源、创新是第一动力"；

在法治方面，部署"在法治轨道上全面建设社会主义现代化国家"；

在生态方面，强调"必须牢固树立和践行绿水青山就是金山银山的理念，站在人与自然和谐共生的高度谋划发展"；

……

"顺应我国社会主要矛盾转化，关键要进一步解决不平衡不充分的发展问题。报告科学回答了复杂形势怎么看、高质量发展怎么办等问题，为中国式现代化发展之路指明方向。"辽宁省阜新市委书记胡涛代表说。

作为全国首个资源枯竭型城市经济转型试点市，阜新市经过20多年努力，风电、光伏等新能源产业已成为高质量发展新引擎。

反复研读报告，福建省晋江市委书记张文贤代表更加坚定信心："我们要立足新起点，深入推进改革创新，以开放姿态拥抱全球市场。"

谱写全面建设社会主义现代化国家新篇章，必须坚持发扬斗争精神。越

图为 2020 年 11 月 10 日，中国第 37 次南极科学考察队乘坐"雪龙 2"号极地科考破冰船从上海起航，奔赴南极执行科学考察任务。（新华社发　中国极地研究中心供图）

是接近胜利的彼岸，越要准备经受风高浪急甚至惊涛骇浪的重大考验。

面向未来，中国极地研究中心"雪龙 2"号船长赵炎平代表心潮澎湃："从'雪龙'号到'雪龙 2'号，'双龙探极'背后是我国科技创新能力的不断跃升。我们将以极地探索的热情和勇气，不断加大科研攻关力度，坚持发扬斗争精神，为推进中华民族伟大复兴攻坚克难、破冰前行！"

我们通过奋斗走出了一条光明大道，我们还要继续前行。

在以习近平同志为核心的党中央坚强领导下，在习近平新时代中国特色社会主义思想科学指引下，汇聚起 14 亿多中国人民的磅礴伟力，我们就一定能用新的伟大奋斗创造新的伟业！

（新华社北京 2022 年 10 月 20 日电　新华社记者韩洁、徐扬、樊曦、谢希瑶、高敬、叶昊鸣）

| 学习贯彻党的二十大精神述评 |

确保党始终成为中国特色社会主义事业的坚强领导核心

——从党的二十大看推进党的建设新的伟大工程

在党的二十大报告中，习近平总书记指出："全党同志务必不忘初心、牢记使命，务必谦虚谨慎、艰苦奋斗，务必敢于斗争、善于斗争，坚定历史自信，增强历史主动，谱写新时代中国特色社会主义更加绚丽的华章。"

踏上新时代新征程，时刻保持解决大党独有难题的清醒和坚定，继续深入推进党的建设新的伟大工程，坚定不移以伟大自我革命引领伟大社会革命，中国共产党一定能够带领亿万人民用新的伟大奋斗创造新的伟业。

中国共产党在革命性锻造中更加坚强有力

党的十八大以来，以习近平同志为核心的党中央统揽伟大斗争、伟大工程、伟大事业、伟大梦想，把全面从严治党纳入"四个全面"战略布局，把新时代党的建设新的伟大工程推进到新阶段。走过百年奋斗历程的中国共产党在革命性锻造中更加坚强有力。

党的二十大报告全面总结新时代十年的伟大变革，深刻总结了新时代全面推进党的建设新的伟大工程的重大成就。

全面加强党的领导——"确保党中央权威和集中统一领导，确保党发挥总揽全局、协调各方的领导核心作用，我们这个拥有九千六百多万名党员

图为2022年10月16日,中国共产党第二十次全国代表大会在北京人民大会堂开幕。(2022年10月16日摄)(新华社记者陈晔华摄)

的马克思主义政党更加团结统一。"

身处会场,聆听习近平总书记所作的二十大报告,贵州省盘州市淤泥乡岩博联村党委书记余留芬代表心潮澎湃、深有感慨。

这是余留芬第4次作为党代表出席党的全国代表大会。多年来,这位岩博联村发展的"主心骨",带领全村党员攻坚克难、苦干实干,让这个昔日穷村实现了美丽"蝶变"。

"村党组织处于脱贫攻坚最前线,每个贫困村的脱贫致富历程,都有村党组织带领乡亲们战天斗地的生动故事。"余留芬说,充分发挥基层党组织战斗堡垒作用和党员先锋模范作用,是广大乡村脱贫致富并继续全面推进乡村振兴的坚强保证。

淬火成钢,党旗高扬。

稳经济、促发展,战贫困、建小康,控疫情、抗大灾,应变局、化危机……党的十八大以来,正是因为坚持和加强党的全面领导,充分发挥全面从严治党的政治引领和政治保障作用，我们党才能带领人民创造了一个个令人刮目相看的人间奇迹。

深入推进全面从严治党——"自我净化、自我完善、自我革新、自我提高能力显著增强，管党治党宽松软状况得到根本扭转，风清气正的党内政治生态不断形成和发展"。

收看着二十大开幕会电视直播，江苏省镇江市丹徒区世业镇的老党员崔荣海情不自禁鼓起掌来。

2014年12月，习近平总书记在世业镇考察时，崔荣海挤到人群前面，紧握总书记的手说："您是腐败分子的克星，全国人民的福星！"

"作为一名老党员，我见证了党的十八大以来党中央惩治腐败的决心和国家发生的巨大变化。我们坚信，党会继续推进反腐败工作，不会停止！"崔荣海说。

"十年来，党的建设实现了新飞跃，党的执政能力全面提升。"清华大学廉政与治理研究中心主任过勇表示，经过革命性锻造，中国共产党赢得了保持同人民群众的血肉联系、人民衷心拥护的历史主动，赢得了全党高度团结统一、走在时代前列、带领人民实现中华民族伟大复兴的历史主动。

新时代十年创造的伟大成就、实现的伟大变革，最根本的原因在于有习近平总书记作为党中央的核心、全党的核心掌舵领航，在于有习近平新时代中国特色社会主义思想科学指引。

二十大代表、中央政策研究室副主任田培炎表示，"两个确立"的决定性意义已经体现在新时代十年的伟大变革中，刻印在全党全军全国各族人民的心坎上，也必将充分彰显在新时代新征程党和国家事业发展新的华彩篇章之中。

找到跳出治乱兴衰历史周期率的第二个答案

"经过不懈努力，党找到了自我革命这一跳出治乱兴衰历史周期率的第

图为2019年10月1日上午,庆祝中华人民共和国成立70周年大会在北京天安门广场隆重举行。这是群众游行中的"从严治党"方阵。(新华社记者兰红光摄)

二个答案,确保党永远不变质、不变色、不变味。"习近平总书记在作二十大报告时掷地有声的话语,引发人民大会堂内如潮的掌声。

十年磨一剑。以习近平同志为核心的党中央以前所未有的勇气和定力推进全面从严治党,打出一套自我革命的"组合拳",带领全党探索出一条长期执政条件下解决自身问题、跳出历史周期率的成功道路,进一步深入回答了建设什么样的长期执政的马克思主义政党、怎样建设长期执政的马克思主义政党的重大时代课题,丰富和发展了马克思主义建党学说。

继党的十九大报告提出"把党的政治建设摆在首位"后,党的二十大报告进一步明确"以党的政治建设统领党的建设各项工作",提出一系列明确要求:

严明政治纪律和政治规矩;提高各级党组织和党员干部政治判断力、政治领悟力、政治执行力;推进政治监督具体化、精准化、常态化;发挥政治巡视利剑作用……

"进入新时代，政治建设纲举目张，为自我革命锚定了根本政治方向。"二十大代表、贵州省铜仁市委书记李作勋表示，讲政治是具体的、实践的，只有督促党员领导干部旗帜鲜明讲政治，自觉对标对表、履职尽责，才能不折不扣抓好党中央精神贯彻落实。

10年来，以习近平同志为核心的党中央从制定和落实中央八项规定破题，以上率下抓作风建设。

从遏制"舌尖上的浪费"、刹住"车轮上的腐败"、整治"会所里的歪风"，到持续解决形式主义突出问题，深化拓展为基层减负工作，再到厉行节约、反对浪费……

"以钉钉子精神纠治'四风'，反对特权思想和特权现象，坚决整治群众身边的不正之风和腐败问题，刹住了一些长期没有刹住的歪风，纠治了一些多年未除的顽瘴痼疾。"二十大报告指出。

腐败是危害党的生命力和战斗力的最大毒瘤，反腐败是最彻底的自我革命。

党的十八大以来，以习近平同志为核心的党中央以"得罪千百人，不负十四亿"的使命担当推进史无前例的反腐败斗争，不敢腐、不能腐、不想腐一体推进，"打虎""拍蝇""猎狐"多管齐下，反腐败斗争取得压倒性胜利并全面巩固。

在二十大新闻中心记者招待会上，中央纪委国家监委负责同志通报的数据，直观诠释了反腐败斗争的重大战略成果：

党的十八大以来，全国纪检监察机关共立案464.8万余件，其中，立案审查调查中管干部553人，处分厅局级干部2.5万多人、县处级干部18.2万多人。

"以习近平同志为核心的党中央着力强化不敢腐的震慑、扎紧不能腐的笼子、构筑不想腐的堤坝，打通三者内在联系，同时发力、同向发力、综合发力，使系统施治、标本兼治的综合效益日益凸显。"广西壮族自治区纪委书记、自治区监察委员会主任房灵敏代表说。

图为党员干部在福建省福州市闽清县反腐倡廉警示教育中心参观（2019年12月17日摄）。（新华社记者贺灿铃摄）

治党务必从严，从严必依法度。制度治党、依规治党是全面从严治党的治本之策。

二十大报告鲜明提出"完善党的自我革命制度规范体系"，强调坚持制度治党、依规治党，以党章为根本，以民主集中制为核心，完善党内法规制度体系，增强党内法规权威性和执行力，形成坚持真理、修正错误，发现问题、纠正偏差的机制。

党的十八大以来，我们党高度重视党内法规制度建设，现行近4000部有效党内法规中，近十年新制定修订的占70%以上。

推进纪律监督、监察监督、派驻监督、巡视监督"四项监督"统筹衔接、全面覆盖；以党内监督为主导，推动各类监督有机贯通、相互协调……在以习近平同志为核心的党中央坚强领导下，党统一领导、全面覆盖、权威高效的监督体系不断完善，党的自我净化、自我完善、自我革新、自我提高能力显著增强。

全面从严治党永远在路上，党的自我革命永远在路上

全面建设社会主义现代化国家、全面推进中华民族伟大复兴，关键在党。

在二十大报告中，习近平总书记指出："我们党作为世界上最大的马克思主义执政党，要始终赢得人民拥护、巩固长期执政地位，必须时刻保持解决大党独有难题的清醒和坚定。"

赶考永远在路上，时代不断给出新的考题。

放眼全球，百年未有之大变局加速演进，世界进入新的动荡变革期；纵观国内，我国发展进入战略机遇和风险挑战并存、不确定难预料因素增多的时期；审视自身，党面临的"四大考验""四种危险"将长期存在。

习近平总书记指出："全党必须牢记，全面从严治党永远在路上，党的自我革命永远在路上，决不能有松劲歇脚、疲劳厌战的情绪，必须持之以恒推进全面从严治党，深入推进新时代党的建设新的伟大工程，以党的自我革命引领社会革命。"

二十大报告立足新时代新征程，从7个方面部署了深入推进新时代党的建设新的伟大工程的重大任务：

坚持和加强党中央集中统一领导；坚持不懈用习近平新时代中国特色社会主义思想凝心铸魂；完善党的自我革命制度规范体系；建设堪当民族复兴重任的高素质干部队伍；增强党组织政治功能和组织功能；坚持以严的基调强化正风肃纪；坚决打赢反腐败斗争攻坚战持久战。

开新局于伟大的社会革命，强体魄于伟大的自我革命。

"要旗帜鲜明讲政治，推动全党更加深刻领悟'两个确立'的决定性意义，进一步增强'四个意识'、坚定'四个自信'、做到'两个维护'，确保全党思想统一、行动统一、步调一致，全党全国各族人民在党的旗帜下团结成'一块坚硬的钢铁'，在新征程上砥砺奋进、阔步向前。"中央党史和文献研究院第三研究部副主任穆兆勇表示。

从在二十大报告中指出"反腐败斗争就一刻不能停，必须永远吹冲锋

号""全面从严治党是党永葆生机活力、走好新的赶考之路的必由之路",到参加广西代表团讨论时强调"牢牢把握以伟大自我革命引领伟大社会革命的重要要求"……习近平总书记明确宣示了持之以恒推进党的自我革命、一以贯之推进全面从严治党的如磐决心和坚定意志。

走好新的赶考之路,必须始终牢记党的根本宗旨,团结亿万人民创造新的历史伟业。

"江山就是人民,人民就是江山。中国共产党领导人民打江山、守江山,守的是人民的心。"10月16日上午,习近平总书记坚定而深情的话语赢得全场长时间的热烈掌声。

时代是出卷人,我们是答卷人,人民是阅卷人。

习近平总书记在二十大报告中再次告诫全党:"始终保持同人民群众的血肉联系,始终接受人民批评和监督,始终同人民同呼吸、共命运、心连心"。

云南省西畴县地处我国石漠化核心区,75.4%的土地石漠化。也是在西畴,蜿蜒曲折的一条条山间水泥路犹如刻在山野间的壮美诗行,这些路就包括蚌谷乡海子坝村的8公里通村公路。

蚌谷乡海子坝村民小组原组长谢成芬代表这些年来埋头苦干,带领群众治理被称为"地球癌症"的石漠化,让村里路通了、电通了、核桃挂果了。"我们的奋斗没有句号,乡村会更加振兴,群众的生活会更美好!"谢成芬说。

矢志不渝、笃行不怠,不负时代、不负人民。

在以习近平同志为核心的党中央坚强领导下,以永远在路上的坚定执着继续深入推进新时代党的建设新的伟大工程,中国共产党一定能在新的赶考之路上向历史和人民交出新的优异答卷。

(新华社北京2022年10月21日电 新华社记者朱基钗、吉哲鹏、丁小溪、孙少龙、张研)

| 学习贯彻党的二十大精神述评 |

深刻把握新时代十年的伟大变革

"十年来,我们经历了对党和人民事业具有重大现实意义和深远历史意义的三件大事:一是迎来中国共产党成立一百周年,二是中国特色社会主义进入新时代,三是完成脱贫攻坚、全面建成小康社会的历史任务,实现第一个百年奋斗目标。"

举世瞩目的中国共产党第二十次全国代表大会 16 日上午在人民大会堂开幕。习近平总书记代表第十九届中央委员会向大会作报告。报告全面总结党的十八大以来取得的伟大成就,深刻指出"三件大事"是中国共产党和中国人民团结奋斗赢得的历史性胜利,是彪炳中华民族发展史册的历史性胜利,也是对世界具有深远影响的历史性胜利。成就来之不易,启示弥足珍贵。我

们要从新时代十年的伟大变革中进一步坚定历史自信，增强历史主动，汲取奋进力量，奋力谱写新时代中国特色社会主义更加绚丽的华章。

事非经过不知难，成如容易却艰辛。十年来，以习近平同志为核心的党中央团结带领全党全军全国各族人民撸起袖子加油干、风雨无阻向前行，义无反顾进行具有许多新的历史特点的伟大斗争，采取一系列战略性举措，推进一系列变革性实践，实现一系列突破性进展，取得一系列标志性成果，经受住了来自政治、经济、意识形态、自然界等方面的风险挑战考验，党和国家事业取得历史性成就、发生历史性变革，推动我国迈上全面建设社会主义现代化国家新征程。

创立了习近平新时代中国特色社会主义思想，全面加强党的领导，实现了小康这个中华民族的千年梦想，对新时代党和国家事业发展作出科学完整的战略部署，提出并贯彻新发展理念，以巨大的政治勇气全面深化改革，实行更加积极主动的开放战略，坚持走中国特色社会主义政治发展道路，确立和坚持马克思主义在意识形态领域指导地位的根本制度，深入贯彻以人民为中心的发展思想，坚持绿水青山就是金山银山的理念，贯彻总体国家安全观，确立党在新时代的强军目标，全面准确推进"一国两制"实践，全面推进中国特色大国外交，深入推进全面从严治党……在以习近平同志为核心的党中央坚强领导下，全党全军全国各族人民团结奋斗、攻坚克难，以奋发有为的精神把新时代中国特色社会主义不断推向前进，为实现中华民族伟大复兴提供了更为完善的制度保证、更为坚实的物质基础、更为主动的精神力量。

今日之中国，江山壮丽、人民豪迈、前程远大。

域外声音

我看到了中国各地人民生活水平的提高、住房和教育条件的改善，看到引人注目的现代交通系统，也看到了中国人民充满自豪的表情。

——英国共产党总书记罗伯特·格里菲斯

走过百年奋斗历程的中国共产党在革命性锻造中更加坚强有力,在坚持和发展中国特色社会主义的历史进程中始终成为坚强领导核心。中国人民的前进动力更加强大、奋斗精神更加昂扬、必胜信念更加坚定,中国共产党和中国人民正信心百倍推进中华民族从站起来、富起来到强起来的伟大飞跃。改革开放和社会主义现代化建设深入推进,实现中华民族伟大复兴进入了不可逆转的历史进程。科学社会主义在二十一世纪的中国焕发出新的蓬勃生机,中国式现代化为人类实现现代化提供了新的选择,中国共产党和中国人民为解决人类面临的共同问题提供更多更好的中国智慧、中国方案、中国力量,为人类和平与发展崇高事业作出新的更大的贡献。历史和现实深刻昭示,新时代十年的伟大变革,在党史、新中国史、改革开放史、社会主义发展史、中华民族发展史上具有里程碑意义。

十年风雨兼程,十年砥砺奋进。新时代的伟大成就是党和人民一道拼出来、干出来、奋斗出来的。党和国家事业不断开创新局面、取得举世瞩目的重大成就,最根本的原因在于有习近平总书记作为党中央的核心、全党的核心掌舵领航,在于有习近平新时代中国特色社会主义思想科学指引。

党用伟大奋斗创造了百年伟业,也一定能用新的伟大奋斗创造新的伟业。新征程上,让我们高举中国特色社会主义伟大旗帜,更加紧密地团结在以习近平同志为核心的党中央周围,全面贯彻习近平新时代中国特色社会主义思想,弘扬伟大建党精神,自信自强、守正创新、踔厉奋发、勇毅前行,为全面建设社会主义现代化国家、全面推进中华民族伟大复兴而团结奋斗。

(新华社北京 2022 年 10 月 16 日电 新华社评论员)

牢牢把握党的创新理论的世界观和方法论

"牢牢把握新时代中国特色社会主义思想的世界观和方法论"。习近平总书记在参加党的二十大广西代表团讨论时强调，学习贯彻党的创新理论，要理解把握其世界观和方法论，坚持好、运用好贯穿其中的立场观点方法。这一重要要求，为我们学习贯彻党的二十大精神，在新时代伟大实践中不断开辟马克思主义中国化时代化新境界指明了方向。

中国共产党为什么能，中国特色社会主义为什么好，归根到底是马克思主义行，是中国化时代化的马克思主义行。党的十八大以来，面对国内外形势新变化和实践新要求，我们党勇于进行理论探索和创新，以全新的视野深化对共产党执政规律、社会主义建设规律、人类社会发展规律的认识，取得重大理论创新成果，集中体现为习近平新时代中国特色社会主义思想。习近平新时代中国特色社会主义思想为新时代党和国家事业发展提供了根本遵循，是当代中国马克思主义、二十一世纪马克思主义，是中华文化和中国精神的时代精华，实现了马克思主义中国化时代化新的飞跃，为党和国家事业取得历史性成就、发生历史性变革提供了科学指导，必须长期坚持并不断丰富发展。

党的二十大报告强调，必须坚持人民至上、必须坚持自信自立、必须坚持守正创新、必须坚持问题导向、必须坚持系统观念、必须坚持胸怀天下，系统阐明了习近平新时代中国特色社会主义思想的世界观和方法论。

必须坚持人民至上，就要站稳人民立场、把握人民愿望、尊重人民创造、集中人民智慧，形成为人民所喜爱、所认同、所拥有的理论；必须坚持自信自立，就要坚持中国的问题必须从中国基本国情出发，由中国人自己来解答，坚持对马克思主义的坚定信仰、对中国特色社会主义的坚定信念，坚定道路自信、理论自信、制度自信、文化自信，以更加积极的历史担当和创造精神为发展马克思主义作出新的贡献；必须坚持守正创新，就要以科学的态度对待科学、以真理的精神追求真理，坚持马克思主义基本原理不动摇，坚持党的全面领导不动摇，坚持中国特色社会主义不动摇，以满腔热忱对待一切新生事物，不断拓展认识的广度和深度，敢于说前人没有说过的新话，敢于干前人没有干过的事情，以新的理论指导新的实践；必须坚持问题导向，就要聚焦实践遇到的新问题、改革发展稳定存在的深层次问题、人民群众急难愁盼问题、国际变局中的重大问题、党的建设面临的突出问题，不断提出真正解决问题的新理念新思路新办法；必须坚持系统观念，就要不断提高战略思维、历史思维、辩证思维、系统思维、创新思维、法治思维、底线思维能力，为前瞻性思考、全局性谋划、整体性推进党和国家各项事业提供科学思想方法；必须坚持胸怀天下，就要拓展世界眼光，深刻洞察人类发展进步潮流，积极回应各国人民普遍关切，为解决人类面临的共同问题作出贡献，以海纳百川的宽阔胸襟借鉴吸收人类一切优秀文明成果，推动建设更加美好的世界。

"万物得其本者生，百事得其道者成。"对这6条，我们要在学习贯彻中认真领会，从而深入领会党的创新理论的道理学理哲理，做到知其言更知其义、知其然更知其所以然，切实把党的创新理论贯彻落实到党和国家工作各方面全过程。

实践没有止境，理论创新也没有止境。不断谱写马克思主义中国化时代化新篇章，是当代中国共产党人的庄严历史责任。在全面建设社会主义现代化国家新征程上，把握好习近平新时代中国特色社会主义思想的世界观和方法论，坚持好、运用好贯穿其中的立场观点方法，继续推进实践基础上的理论创新，我们就一定能够在新时代伟大实践中不断开辟马克思主义中国化时代化新境界。

（新华社北京2022年10月19日电　新华社评论员）

牢牢把握以中国式现代化推进中华民族伟大复兴的使命任务

习近平总书记在参加党的二十大广西代表团讨论时，要求"牢牢把握以中国式现代化推进中华民族伟大复兴的使命任务"，为全面建设社会主义现代化国家、全面推进中华民族伟大复兴注入强大思想和行动力量。

建成社会主义现代化强国、实现中华民族伟大复兴，是中国共产党和中国人民孜孜以求的伟大梦想，一代代人为之奋斗不息。在新中国成立特别是改革开放以来长期探索和实践基础上，经过十八大以来在理论和实践上的创新突破，我们党成功推进和拓展了中国式现代化。

中国式现代化，是中国共产党领导的社会主义现代化，既有各国现代化的共同特征，更有基于自己国情的中国特色。中国式现代化是人口规模巨大的现代化，是全体人民共同富裕的现代化，是物质文明和精神文明相协调的现代化，是人与自然和谐共生的现代化，是走和平发展道路的现代化。中国式现代化的本质要求是：坚持中国共产党领导，坚持中国特色社会主义，实现高质量发展，发展全过程人民民主，丰富人民精神世界，实现全体人民共同富裕，促进人与自然和谐共生，推动构建人类命运共同体，创造人类文明新形态。实践充分证明，中国式现代化既切合中国实际，体现了社会主义建设规律，也体现了人类社会发展规律。中国式现代化这条道路，不仅走得对、走得通，而且也一定能够走得稳、走得好。

习近平总书记在党的二十大报告中强调，从现在起，中国共产党的中心

| 学习贯彻党的二十大精神述评 |

 域外声音

一些西方国家的现代化建立在对他国剥削、压迫和殖民的基础上。中国的发展不是通过剥削他国,中国通过发展自己实现现代化,同时帮助他国发展。这是本质区别。

——英国48家集团俱乐部副主席基思·贝内特

任务就是团结带领全国各族人民全面建成社会主义现代化强国、实现第二个百年奋斗目标,以中国式现代化全面推进中华民族伟大复兴。

肩负起以中国式现代化推进中华民族伟大复兴的使命任务,必须坚持和加强党的全面领导,坚决维护党中央权威和集中统一领导,把党的领导落实到党和国家事业各领域各方面各环节,使党始终成为风雨来袭时全体人民最可靠的主心骨;坚持中国特色社会主义道路,既不走封闭僵化的老路,也不走改旗易帜的邪路,坚持把国家和民族发展放在自己力量的基点上,坚持把中国发展进步的命运牢牢掌握在自己手中;坚持以人民为中心的发展思想,不断实现发展为了人民、发展依靠人民、发展成果由人民共享,让现代化建设成果更多更公平惠及全体人民;坚持深化改革开放,不断彰显中国特色社会主义制度优势,不断增强社会主义现代化建设的动力和活力,把我国制度优势更好转化为国家治理效能;坚持发扬斗争精神,增强全党全国各族人民的志气、骨气、底气,不信邪、不怕鬼、不怕压,知难而进、迎难而上,统筹发展和安全,全力战胜前进道路上各种困难和挑战,依靠顽强斗争打开事业发展新天地。

今天,我们比历史上任何时期都更接近、更有信心和能力实现中华民族伟大复兴的目标,同时必须准备付出更为艰巨、更为艰苦的努力。前进道路上,只要我们坚定信心、锐意进取,主动识变应变求变,主动防范化解风险,就一定能不断夺取全面建设社会主义现代化国家新胜利。

(新华社北京2022年10月20日 新华社评论员)

牢牢把握以伟大自我革命引领伟大社会革命的重要要求

"全面从严治党永远在路上,党的自我革命永远在路上,我们要持之以恒推进党的自我革命,确保党永远不变质、不变色、不变味,使党始终成为中国特色社会主义事业的坚强领导核心。"习近平总书记在参加党的二十大广西代表团讨论时,提出牢牢把握以伟大自我革命引领伟大社会革命的重要要求,为继续深入推进新时代党的建设新的伟大工程指明了方向。

党的十八大以来,以习近平同志为核心的党中央,以"十年磨一剑"的定力推进全面从严治党,以"得罪千百人,不负十四亿"的使命担当推进史无前例的反腐败斗争,打出一套自我革命的"组合拳",反腐败斗争取得压倒性胜利并全面巩固,消除了党、国家、军队内部存在的严重隐患。十年淬火锻造,十年百炼成钢。经过不懈努力,党找到了自我革命这一跳出治乱兴衰历史周期率的第二个答案,自我净化、自我完善、自我革新、自我提高能力显著增强,管党治党宽松软状况得到根本扭转,风清气正的党内政治生态不断形成和发展。

经过党的十八大以来全面从严治党,我们解决了党内许多突出问题,党在革命性锻造中更加坚强有力。同时也要清醒意识到,党面临的执政考验、改革开放考验、市场经济考验、外部环境考验将长期存在,精神懈怠危险、能力不足危险、脱离群众危险、消极腐败危险将长期存在。只有以永远在路上的清醒和坚定,坚持不懈把全面从严治党向纵深推进,才能永葆党的先进性和纯洁性,确保党始终成为中国特色社会主义事业的坚强领导核心。

全面建设社会主义现代化国家、全面推进中华民族伟大复兴，关键在党。我们党作为世界上最大的马克思主义执政党，要始终赢得人民拥护、巩固长期执政地位，必须时刻保持解决大党独有难题的清醒和坚定。新征程上，以伟大自我革命引领伟大社会革命，要坚持和加强党中央集中统一领导，健全总揽全局、协调各方的党的领导制度体系，完善党中央重大决策部署落实机制，确保全党在政治立场、政治方向、政治原则、政治道路上同以习近平同志为核心的党中央保持高度一致，确保党的团结统一；坚持不懈用习近平新时代中国特色社会主义思想凝心铸魂，全面加强党的思想建设，加强理想信念教育，引导全党牢记党的宗旨，自觉做共产主义远大理想和中国特色社会主义共同理想的坚定信仰者和忠实实践者；完善党的自我革命制度规范体系，坚持制度治党、依规治党，健全党统一领导、全面覆盖、权威高效的监督体系，发挥政治巡视利剑作用，落实全面从严治党政治责任，用好问责利器；建设堪当民族复兴重任的高素质干部队伍，坚持德才兼备、以德为先、五湖四海、任人唯贤，树立选人用人正确导向，选拔忠诚干净担当的高素质专业化干部，选优配强各级领导班子，加强干部斗争精神和斗争本领养成，激励干部敢于担当、积极作为；增强党组织政治功能和组织功能，坚持大抓基层的鲜明导向，把基层党组织建设成为有效实现党的领导的坚强战斗堡垒，激励党员发挥先锋模范作用，保持党员队伍先进性和纯洁性；坚持以严的基调强化正风肃纪，锲而不舍落实中央八项规定精神，持续深化纠治"四风"，重点纠治形式主义、官僚主义，坚决破除特权思想和特权行为；坚决打赢反腐败斗争攻坚战持久战，坚持不敢腐、不能腐、不想腐一体推进，以零容忍态度反腐惩恶，决不姑息。

全面从严治党是党永葆生机活力、走好新的赶考之路的必由之路。在以习近平同志为核心的党中央坚强领导下，落实新时代党的建设总要求，坚定不移推进全面从严治党，强体魄于伟大的自我革命，开新局于伟大的社会革命，我们党就一定能够团结带领亿万人民奋力谱写全面建设社会主义现代化国家新篇章。

（新华社北京 2022 年 10 月 21 日电　新华社评论员）

牢牢把握团结奋斗的时代要求

"全党全国各族人民要在党的旗帜下团结成'一块坚硬的钢铁',心往一处想、劲往一处使,推动中华民族伟大复兴号巨轮乘风破浪、扬帆远航。"在参加党的二十大广西代表团讨论时,习近平总书记强调"牢牢把握团结奋斗的时代要求",汇聚起奋进新征程、建功新时代的磅礴力量。

百年来,我们党带领人民团结一致同心干、风雨无阻向前进,中华民族迎来从站起来、富起来到强起来的伟大飞跃,实现中华民族伟大复兴进入了不可逆转的历史进程。历史的启迪弥足珍贵:党和人民取得的一切成就都是团结奋斗的结果,团结奋斗是中国共产党和中国人民最显著的精神标识。

党的十八大以来,我们党紧紧依靠人民,稳经济、促发展,战贫困、建小康,控疫情、抗大灾,应变局、化危机,攻克了一个个看似不可攻克的难关险阻,创造了一个个令人刮目相看的人间奇迹。实践充分证明,新时代的伟大成就是党和人民一道拼出来、干出来、奋斗出来的。

习近平总书记在党的二十大报告中指出,团结奋斗是中国人民创造历史伟业的必由之路。今天,我们比历史上任何时期都更接近、更有信心和能力实现中华民族伟大复兴的目标。同时,中华民族伟大复兴绝不是轻轻松松、敲锣打鼓就能实现的,必须准备付出更为艰巨、更为艰苦的努力。全面建设社会主义现代化国家,是一项伟大而艰巨的事业,更加需要我们团结奋斗,集聚起勠力同心、共创伟业的奋斗力量。

我们靠团结奋斗创造了辉煌历史,还要靠团结奋斗开辟美好未来。新

| 学习贯彻党的二十大精神述评 |

征程上,必须毫不动摇坚持党的全面领导,坚决捍卫"两个确立",忠实践行"两个维护",把党的领导落实到党和国家事业各领域各方面各环节,使党始终成为风雨来袭时全体人民最可靠的主心骨,确保我国社会主义现代化建设正确方向,确保拥有团结奋斗的强大政治凝聚力、发展自信心;必须充分发挥亿万人民的创造伟力,坚持全心全意为人民服务的根本宗旨,树牢群众观点,贯彻群众路线,尊重人民首创精神,坚持一切为了人民、一切依靠人民,从群众中来、到群众中去,始终保持同人民群众的血肉联系,始终接受人民批评和监督,始终同人民同呼吸、共命运、心连心;必须不断巩固全国各族人民大团结,加强海内外中华儿女大团结,形成同心共圆中国梦的强大合力。

　　团结才能胜利,奋斗才会成功。当前最重要的任务,就是撸起袖子加油干,一步一个脚印把党的二十大作出的重大决策部署付诸行动、见之于成效。在以习近平同志为核心的党中央坚强领导下,在习近平新时代中国特色社会主义思想科学指引下,只要14亿多中国人民团结一心、众志成城,敢于斗争、善于斗争,就一定能够战胜前进道路上的一切困难挑战,创造令人刮目相看的新奇迹!

（新华社北京 2022 年 10 月 22 日电　新华社评论员）

肩负起新时代新征程党的使命任务

——一论学习贯彻党的二十大精神

凝心聚力擘画新蓝图，团结奋进谱写新篇章。日前胜利闭幕的中国共产党第二十次全国代表大会，是在全党全国各族人民迈上全面建设社会主义现代化国家新征程、向第二个百年奋斗目标进军的关键时刻召开的一次十分重要的大会，是一次高举旗帜、凝聚力量、团结奋进的大会，在党和国家发展进程中具有极其重大的历史意义。习近平总书记代表十九届中央委员会向大会作的报告，回顾总结了过去五年的工作和新时代十年的伟大变革，阐述了开辟马克思主义中国化时代化新境界、中国式现代化的中国特色和本质要求等重大问题，对全面建设社会主义现代化国家、全面推进中华民族伟大复兴进行了战略谋划，对统筹推进"五位一体"总体布局、协调推进"四个全面"战略布局作出了全面部署，为新时代新征程党和国家事业发展、实现第二个百年奋斗目标指明了前进方向、确立了行动指南。学习宣传和全面贯彻落实党的二十大精神和党中央决策部署，是当前和今后一个时期全党全国的首要政治任务。

"从现在起，中国共产党的中心任务就是团结带领全国各族人民全面建成社会主义现代化强国、实现第二个百年奋斗目标，以中国式现代化全面推进中华民族伟大复兴。"习近平总书记在党的二十大报告中阐明新时代新征程党的使命任务，发出了全面建设社会主义现代化国家、全面推进中华民族伟大复兴的动员令。学习贯彻党的二十大精神，就要深刻把握全面

> **媒体评论**
>
> 完成新时代新征程中国共产党的使命任务，全党必须时刻保持解决大党独有难题的清醒和坚定，必须以"赶考"的清醒和坚定来答卷。
>
> ——半月谈评论员

建成社会主义现代化强国总的战略安排和未来五年的主要目标任务，牢牢把握"坚持和加强党的全面领导""坚持中国特色社会主义道路""坚持以人民为中心的发展思想""坚持深化改革开放""坚持发扬斗争精神"的重大原则，埋头苦干、担当作为，不断推进社会主义现代化建设。

坚持和加强党的全面领导，必须坚决维护党中央权威和集中统一领导，把党的领导落实到党和国家事业各领域各方面各环节，使党始终成为风雨来袭时全体人民最可靠、最坚强的主心骨，确保我国社会主义现代化建设正确方向，确保拥有团结奋斗的强大政治凝聚力、发展自信心，集聚起万众一心、攻坚克难的磅礴力量。

方向决定道路，道路决定命运。坚持中国特色社会主义道路，既不走封闭僵化的老路，也不走改旗易帜的邪路，坚持把国家和民族发展放在自己力量的基点上，才能把中国发展进步的命运牢牢掌握在自己手中。

"人民对美好生活的向往，就是我们的奋斗目标。"坚持以人民为中心的发展思想，就要不断实现发展为了人民、发展依靠人民、发展成果由人民共享，让现代化建设成果更多更公平惠及全体人民，不断把人民对美好生活的向往变为现实。

改革开放是决定当代中国命运的关键抉择，是坚持和发展中国特色社会主义、实现中华民族伟大复兴的必由之路。坚持深化改革开放，必须深入推进改革创新，坚定不移扩大开放，不断彰显中国特色社会主义制度优势，不断增强社会主义现代化建设的动力和活力，把我国制度优势更好转化为国家治理效能。

坚持发扬斗争精神，必须增强忧患意识，坚持底线思维，增强全党全国各族人民的志气、骨气、底气，不信邪、不怕鬼、不怕压，知难而进、迎难而上，统筹发展和安全，全力战胜前进道路上各种困难和挑战，依靠顽强斗争打开事业发展新天地。

中国式现代化是中国共产党和中国人民长期实践探索的成果，是一项伟大而艰巨的事业。惟其艰巨，所以伟大；惟其艰巨，更显荣光。让我们更加紧密地团结在以习近平同志为核心的党中央周围，自信自强、守正创新，踔厉奋发、勇毅前行，以中国式现代化全面推进中华民族伟大复兴，不断夺取全面建设社会主义现代化国家新胜利。

（新华社北京2022年10月25日电　新华社评论员）

| 学习贯彻党的二十大精神述评 |

开辟马克思主义中国化时代化新境界

——二论学习贯彻党的二十大精神

"不断谱写马克思主义中国化时代化新篇章，是当代中国共产党人的庄严历史责任。"党的二十大对十八大以来的重大理论创新进行深刻总结，对坚持和发展马克思主义、继续推进实践基础上的理论创新作出全面部署。学习贯彻党的二十大精神，必须牢牢把握习近平新时代中国特色社会主义思想的世界观和方法论，坚持好、运用好贯穿其中的立场观点方法，在新时代伟大实践中不断开辟马克思主义中国化时代化新境界。

马克思主义理论不是教条而是行动指南，必须随着实践发展而发展。我们党的历史，就是一部不断推进理论创新、进行理论创造的历史。实践告诉我们，中国共产党为什么能，中国特色社会主义为什么好，归根到底是马克思主义行，是中国化时代化的马克思主义行。拥有马克思主义科学理论指导是我们党坚定信仰信念、把握历史主动的根本所在。

党的十八大以来，我们党勇于进行理论探索和创新，以全新的视野深化对共产党执政规律、社会主义建设规律、人类社会发展规律的认识，取得重大理论创新成果，集中体现为习近平新时代中国特色社会主义思想。习近平新时代中国特色社会主义思想是当代中国马克思主义、二十一世纪马克思主义，是中华文化和中国精神的时代精华，实现了马克思主义中国化时代化新的飞跃，为新时代党和国家事业发展提供了根本遵循。

"求木之长者，必固其根本；欲流之远者，必浚其泉源。"实践启示我们，只有把马克思主义基本原理同中国具体实际相结合、同中华优秀传统文化相结合，坚持运用辩证唯物主义和历史唯物主义，才能正确回答时代和实践提出的重大问题，才能始终保持马克思主义的蓬勃生机和旺盛活力。

域外声音

中华文明是世界上唯一没有中断且发展至今的古老文明，中国的文明和文化体现了如此多的人类智慧，中国传统文化中许多内容非常符合马克思主义基本原理，两者应该相互融合。

——英国48家集团俱乐部副主席基思·贝内特

在全面建设社会主义现代化国家新征程上，坚持解放思想、实事求是、与时俱进、求真务实，一切从实际出发，着眼解决新时代改革开放和社会主义现代化建设的实际问题，就能不断回答中国之问、世界之问、人民之问、时代之问，作出符合中国实际和时代要求的正确回答，得出符合客观规律的科学认识，形成与时俱进的理论成果，更好指导中国实践。"万物有所生，而独知守其根。"只有植根本国、本民族历史文化沃土，马克思主义真理之树才能根深叶茂。新征程上，坚定历史自信、文化自信，坚持古为今用、推陈出新，把马克思主义思想精髓同中华优秀传统文化精华贯通起来、同人民群众日用而不觉的共同价值观念融通起来，不断赋予科学理论鲜明的中国特色，才能不断夯实马克思主义中国化时代化的历史基础和群众基础，让马克思主义在中国牢牢扎根。

实践没有止境，理论创新也没有止境。继续推进实践基础上的理论创新，首先要把握好习近平新时代中国特色社会主义思想的世界观和方法论，坚持好、运用好贯穿其中的立场观点方法。党的二十大报告强调，必须坚持人民至上、必须坚持自信自立、必须坚持守正创新、必须坚持问题导向、必须坚持系统观念、必须坚持胸怀天下。"六个必须坚持"深刻揭示了习近平新时代中国特色社会主义思想的理论品格和鲜明特质，展现了习近平总书记的人民立场情怀、民族自信自尊、守正创新的勇气、强烈的问题意识、全面系统的观念和海纳百川的胸怀。对这6条，我们要在学习贯彻中认真领会，从而深入领会党的创新理论的道理学理哲理，做到知其言更知其义、知其然更知其所以然，切实把党的创新理论贯彻落实到党和国家工作各方面全过程。

时代是思想之母，实践是理论之源。新征程上，高举中国特色社会主义伟大旗帜，全面贯彻习近平新时代中国特色社会主义思想，继续推进马克思主义基本原理同中国具体实际相结合、同中华优秀传统文化相结合，与时俱进、开拓创新，我们就一定能不断开辟马克思主义中国化时代化新境界，让马克思主义在中国大地上展现出更强大、更有说服力的真理力量。

（新华社北京2022年10月26日电　新华社评论员）

牢牢把握高质量发展这个首要任务

——三论学习贯彻党的二十大精神

发展是党执政兴国的第一要务。没有坚实的物质技术基础，就不可能全面建成社会主义现代化强国。习近平总书记在党的二十大报告中强调，"高质量发展是全面建设社会主义现代化国家的首要任务"。学习贯彻党的二十大精神，就要深刻理解发展质量的全局和长远意义，把发展质量摆在更突出的位置，认真贯彻落实推动高质量发展的战略部署，不断开创经济社会发展新局面。

党的十八大以来，以习近平同志为核心的党中央提出并贯彻新发展理念，着力推进高质量发展，推动构建新发展格局，实施供给侧结构性改革，制定一系列具有全局性意义的区域重大战略，我国经济实力实现历史性跃升。我们加快推进科技自立自强，一些关键核心技术实现突破，战略性新兴产业发展壮大，我国进入创新型国家行列。同时也应看到，我国发展不平衡不充分问题仍然突出，推进高质量发展还有不少卡点瓶颈。全面建设社会主义现代化国家，必须坚持以人民为中心的发展思想，加快转变发展方式，更多依靠创新驱动，推动质量变革、效率变革、动力变革，着力提高发展的质量和水平。

贯彻新发展理念、推动高质量发展，是关系现代化建设全局的一场深刻变革。要坚持以推动高质量发展为主题，把实施扩大内需战略同深化供给侧结构性改革有机结合起来，增强国内大循环内生动力和可靠性，提升国际

| 学习贯彻党的二十大精神述评 |

循环质量和水平,加快建设现代化经济体系,着力提高全要素生产率,着力提升产业链供应链韧性和安全水平,着力推进城乡融合和区域协调发展,推动经济实现质的有效提升和量的合理增长。

构建高水平社会主义市场经济体制,建设现代化产业体系,全面推进乡村振兴,促进区域协调发展,推进高水平对外开放——党的二十大报告对推动高质量发展作出一系列战略部署。我们要锚定未来5年"经济高质量发展取得新突破,科技自立自强能力显著提升,构建新发展格局和建设现代化经济体系取得重大进展"等目标任务,深入学习领会、坚决贯彻落实党的二十大作出的战略部署,开拓进取、扎实工作,牢牢把握高质量发展这个首要任务,把高质量发展要求体现到各方面工作中。

善弈者谋势,善治者谋全局。高质量发展不只是一个经济要求,而是对经济社会发展方方面面的总要求;不是只对经济发达地区的要求,而是所有地区发展都必须贯彻的要求;不是一时一事的要求,而是必须长期坚持的要求。教育、科技、人才是全面建设社会主义现代化国家的基础性、战略性支撑。推动高质量发展,必须坚持科技是第一生产力、人才是第一资源、创新是第一动力。深入实施科教兴国战略、人才强国战略、创新驱动发展战略,坚持教育优先发展、科技自立自强、人才引领驱动,加快建设教育强国、科技强国、人才强国,才能开辟发展新领域新赛道,不断塑造发展新动能新优势。

发展永无止境,奋斗谱写新篇。完整、准确、全面贯彻新发展理念,坚持社会主义市场经济改革方向,坚持高水平对外开放,加快构建以国内大循环为主体、国内国际双循环相互促进的新发展格局,不断推动高质量发展,我们就一定能不断开拓发展新境界,在新时代新征程创造令世人刮目相看的发展新奇迹。

(新华社北京 2022 年 10 月 28 日电 新华社评论员)

发展全过程人民民主，推进法治中国建设

——四论学习贯彻党的二十大精神

"人民民主是社会主义的生命，是全面建设社会主义现代化国家的应有之义。""在法治轨道上全面建设社会主义现代化国家"。习近平总书记在党的二十大报告中对发展全过程人民民主、推进法治中国建设指明方向路径、作出战略部署。学习贯彻党的二十大精神，就要坚定不移走中国特色社会主义政治发展道路，坚持党的领导、人民当家作主、依法治国有机统一，切实推动全过程人民民主和法治中国建设不断取得新进展、新成效。

全过程人民民主是最广泛、最真实、最管用的民主。党的十八大以来，以习近平同志为核心的党中央全面发展全过程人民民主，社会主义民主政治制度化、规范化、程序化全面推进，社会主义协商民主广泛开展，人民当家作主更为扎实，基层民主活力增强，爱国统一战线巩固拓展，民族团结进步呈现新气象。在党中央坚强领导下，社会主义法治国家建设深入推进，全面依法治国总体格局基本形成，中国特色社会主义法治体系加快建设，司法体制改革取得重大进展，社会公平正义保障更为坚实，法治中国建设开创新局面。

国家一切权力属于人民。新时代新征程上，发展全过程人民民主，要健全人民当家作主制度体系，扩大人民有序政治参与，保证人民依法实行民主选举、民主协商、民主决策、民主管理、民主监督，发挥人民群众积极性、主动性、创造性，巩固和发展生动活泼、安定团结的政治局面。

图为 2022 年 10 月 9 日在"奋进新时代"主题成就展上拍摄的《法治中国建设规划（2020-2025 年）》《法治政府建设实施纲要（2021-2025 年）》《法治社会建设实施纲要（2020-2025 年）》。（新华社记者陈晔华摄）

小智治事，大智治制。发展全过程人民民主，要加强人民当家作主制度保障，坚持和完善我国根本政治制度、基本政治制度、重要政治制度，拓展民主渠道，丰富民主形式，确保人民依法通过各种途径和形式管理国家事务，管理经济和文化事业，管理社会事务。协商民主是实践全过程人民民主的重要形式。要全面发展协商民主，统筹推进政党协商、人大协商、政府协商、政协协商、人民团体协商、基层协商以及社会组织协商，健全各种制度化协商平台，推进协商民主广泛多层制度化发展，坚持和完善中国共产党领导的多党合作和政治协商制度。基层民主是全过程人民民主的重要体现。

| 学习贯彻党的二十大精神述评 |

要积极发展基层民主，健全基层党组织领导的基层群众自治机制，加强基层组织建设，完善基层直接民主制度体系和工作体系。人心是最大的政治，统一战线是凝聚人心、汇聚力量的强大法宝。要巩固和发展最广泛的爱国统一战线，完善大统战工作格局，坚持大团结大联合，动员全体中华儿女围绕实现中华民族伟大复兴中国梦一起来想、一起来干。

"法，国之权衡也，时之准绳也。"全面依法治国是国家治理的一场深刻革命，关系党执政兴国，关系人民幸福安康，关系党和国家长治久安。新时代新征程上，要坚持走中国特色社会主义法治道路，建设中国特色社会主义法治体系、建设社会主义法治国家，围绕保障和促进社会公平正义，坚持依法治国、依法执政、依法行政共同推进，坚持法治国家、法治政府、法治社会一体建设，全面推进科学立法、严格执法、公正司法、全民守法，全面推进国家各方面工作法治化。完善以宪法为核心的中国特色社会主义法律体系、扎实推进依法行政、严格公正司法、加快建设法治社会——我们要认真贯彻落实党的二十大作出的一系列战略部署，坚持全面依法治国，推进法治中国建设，更好发挥法治固根本、稳预期、利长远的保障作用，在法治轨道上全面建设社会主义现代化国家。

全过程人民民主是社会主义民主政治的本质属性，全面依法治国是坚持和发展中国特色社会主义的本质要求和重要保障。新征程上，坚持走中国特色社会主义政治发展道路，发展更加广泛、更加充分、更加健全的全过程人民民主，坚持全面依法治国，不断推进社会主义民主法治建设，社会主义现代化事业就一定能行稳致远，焕发出更加强大的生机活力。

（新华社北京 2022 年 10 月 30 日电　新华社评论员）

铸就社会主义文化新辉煌

——五论学习贯彻党的二十大精神

"全面建设社会主义现代化国家，必须坚持中国特色社会主义文化发展道路"。习近平总书记在党的二十大报告中强调，增强文化自信，围绕举旗帜、聚民心、育新人、兴文化、展形象建设社会主义文化强国。学习贯彻党的二十大精神，就要把思想和行动统一到党中央决策部署上来，推进文化自信自强，铸就社会主义文化新辉煌。

党的十八大以来，以习近平同志为核心的党中央确立和坚持马克思主义在意识形态领域指导地位的根本制度，习近平新时代中国特色社会主义思想深入人心，社会主义核心价值观广泛传播，中华优秀传统文化得到创造性转化、创新性发展，文化事业日益繁荣，网络生态持续向好，意识形态领域形势发生全局性、根本性转变，全党全国各族人民文化自信明显增强、精神面貌更加奋发昂扬，为实现中华民族伟大复兴注入了更为主动的精神力量。

文化兴则国家兴，文化强则民族强。新时代新征程上，必须坚持马克思主义在意识形态领域指导地位的根本制度，坚持为人民服务、为社会主义服务，坚持百花齐放、百家争鸣，坚持创造性转化、创新性发展，以社会主义核心价值观为引领，发展社会主义先进文化，弘扬革命文化，传承中华优秀传统文化，满足人民日益增长的精神文化需求，巩固全党全国各族人民团结奋斗的共同思想基础，不断提升国家文化软实力和中华文化影响力。

| 学习贯彻党的二十大精神述评 |

在新征程上铸就社会主义文化新辉煌，是一项系统工程，要按照党的二十大的决策部署，抓实抓好各方面工作。要深刻认识到意识形态工作是为国家立心、为民族立魂的工作，牢牢掌握党对意识形态工作领导权，全面落实意识形态工作责任制，巩固壮大奋进新时代的主流思想舆论，建设具有强大凝聚力和引领力的社会主义意识形态；要广泛践行社会主义核心价值观，弘扬以伟大建党精神为源头的中国共产党人精神谱系，深入开展社会主义核心价值观宣传教育，着力培养担当民族复兴大任的时代新人，更好地凝聚人心、汇聚民力；要提高全社会文明程度，实施公民道德建设工程，弘扬中华传统美德，加强家庭家教家风建设，加强和改进未成年人思想道德建设，推动明大德、守公德、严私德，提高人民道德水准和文明素养，在全社会弘扬劳动精神、奋斗精神、奉献精神、创造精神、勤俭节约精神，培育时代新风新貌；要繁荣发展文化事业和文化产业，坚持以人民为中心的创作导向，推出更多增强人民精神力量的优秀作品，健全现代公共文化服务体系，创新实施文化惠民工程，健全现代文化产业体系和市场体系，加大文物和文化遗产保护力度，广泛开展全民健身活动，加快建设体育强国；要增强中华文明传播力影响力，坚守中华文化立场，提炼展示中华文明的精神标识和文化精髓，加快构建中国话语和中国叙事体系，讲好中国故事、

传播好中国声音,展现可信、可爱、可敬的中国形象,加强国际传播能力建设,形成同我国综合国力和国际地位相匹配的国际话语权,在深化文明交流互鉴中推动中华文化更好走向世界。

一个国家、一个民族的强盛,总是以文化兴盛为支撑的,中华民族伟大复兴需要以中华文化发展繁荣为条件。在全面建设社会主义现代化国家新征程上,发展面向现代化、面向世界、面向未来的,民族的科学的大众的社会主义文化,激发全民族文化创新创造活力,我们必将谱写更加壮丽的社会主义文化发展新篇章,为实现中华民族伟大复兴提供更为强大的精神力量。

(新华社北京 2022 年 10 月 31 日电　新华社评论员)

| 学习贯彻党的二十大精神述评 |

不断实现人民对美好生活的向往

——六论学习贯彻党的二十大精神

"必须坚持在发展中保障和改善民生,鼓励共同奋斗创造美好生活,不断实现人民对美好生活的向往。"习近平总书记在党的二十大报告中着眼全面建设社会主义现代化国家的目标任务,对增进民生福祉、提高人民生活品质作出重要部署。学习贯彻党的二十大精神,就要坚持以人民为中心的发展思想,不断实现发展为了人民、发展依靠人民、发展成果由人民共享,让现代化建设成果更多更公平惠及全体人民。

治国有常,利民为本。为民造福是立党为公、执政为民的本质要求。党的十八大以来,以习近平同志为核心的党中央把人民对美好生活的向往作为奋斗目标,深入贯彻以人民为中心的发展思想,在幼有所育、学有所教、劳有所得、病有所医、老有所养、住有所居、弱有所扶上持续用力,人民生活全方位改善。从人均预期寿命增长到78.2岁,到居民人均可支配收入从16500元增加到35100元;从城镇新增就业年均1300万人以上,到建成世界上规模最大的教育体系、社会保障体系、医疗卫生体系,基本养老保险覆盖10.4亿人……10年来,人民群众获得感、幸福感、安全感更加充实、更有保障、更可持续,共同富裕取得新成效。

征程波澜壮阔,初心历久弥坚。全面建设社会主义现代化国家,是一项伟大而艰巨的事业,前途光明,任重道远。前进道路上,无论是风高浪急还是惊涛骇浪,人民永远是我们最坚实的依托、最强大的底气。新征程上,我们要始终坚持一切为了人民、一切依靠人民，与人民风雨同舟、与人民心心相印，想人民之所想，行人民之所嘱，不断把人民对美好生活的向往变为现实。

不断实现人民对美好生活的向往，关键在于实现好、维护好、发展好最广大人民根本利益，紧紧抓住人民最关心最直接最现实的利益问题，坚持尽力而为、量力而行，深入群众、深入基层，采取更多惠民生、暖民心举措，着力解决好人民群众急难愁盼问题，健全基本公共服务体系，提高公共服务水平，增强均衡性和可及性，扎实推进共同富裕。

为政贵在行，民生重在实。分配制度是促进共同富裕的基础性制度。要完善分配制度，坚持按劳分配为主体、多种分配方式并存，构建初次分配、再分配、第三次分配协调配套的制度体系。就业是最基本的民生。要实施就业优先战略，强化就业优先政策，健全就业促进机制，健全就业公共服务体系，完善重点群体就业支持体系，促进高质量充分就业，完善劳动者权益保障制度。社会保障体系是人民生活的安全网和社会运行的稳定器。要健全社会保障体系，健全覆盖全民、统筹城乡、公平统一、安全规范、可持续的多层次社会保障体系。人民健康是民族昌盛和国家强盛的重要标志。要推进健康中国建设，把保障人民健康放在优先发展的战略位置，完善人民健康促进政策。把以人民为中心的发展思想落实到各项工作之中，一件一件抓落实，一年接着一年干，我们就能让群众看到变化、得到实惠，不断把为民造福事业推向前进。

江山就是人民，人民就是江山。一路走来，我们党紧紧依靠人民交出了一份又一份载入史册的答卷。面向未来，只有依靠人民才能创造新的历史伟业。坚持把实现人民对美好生活的向往作为现代化建设的出发点和落脚点，着力维护和促进社会公平正义，着力促进全体人民共同富裕，让人民生活更加幸福美好，就一定能汇聚起14亿多人民心往一处想、劲往一处使的磅礴力量，共同创造更加灿烂的明天。

（新华社北京2022年11月1日电　新华社评论员）

推动绿色发展，建设美丽中国

——七论学习贯彻党的二十大精神

习近平总书记在党的二十大报告中强调："必须牢固树立和践行绿水青山就是金山银山的理念，站在人与自然和谐共生的高度谋划发展。"这是立足我国进入全面建设社会主义现代化国家、实现第二个百年奋斗目标的新发展阶段，对谋划经济社会发展提出的新要求。学习贯彻党的二十大精神，就要深刻把握生态文明建设这个关乎中华民族永续发展的根本大计，扎实推动绿色发展，促进人与自然和谐共生，共同建设美丽中国。

良好生态环境是最公平的公共产品，是最普惠的民生福祉。全国细颗粒物平均浓度降幅达34.8%，地级及以上城市优良天数比率增加到87.5%，单位国内生产总值能耗强度累计下降26.4%，万元工业增加值用水量下降55%……党的十八大以来，以习近平同志为核心的党中央坚定不移推进生态文明建设，全方位、全地域、全过程加强生态环境保护，经过不懈努力，生态文明制度体系更加健全，污染防治攻坚向纵深推进，绿色、循环、低碳发展迈出坚实步伐，生态环境保护发生历史性、转折性、全局性变化，我们的祖国天更蓝、山更绿、水更清，人民群众获得感、幸福感、安全感不断提升。

中国式现代化是人与自然和谐共生的现代化。尊重自然、顺应自然、保护自然，是全面建设社会主义现代化国家的内在要求。在全面建设社会主义现代化国家新征程上，我们要推进美丽中国建设，坚持山水林田湖草沙一体化保护和系统治理，统筹产业结构调整、污染治理、生态保护、应对气候变化，协同推进降碳、减污、扩绿、增长，推进生态优先、节约集约、绿色低碳发展。

建设美丽中国是全面建设社会主义现代化国家的应有之义，是人民群众对优美生态环境的热切期盼，也是生态文明建

从二十大报告看美丽中国新画卷

设成效的集中体现，必须锚定目标、攻坚克难、久久为功。推动经济社会发展绿色化、低碳化是实现高质量发展的关键环节。要加快发展方式绿色转型，加快推动产业结构、能源结构、交通运输结构等调整优化，实施全面节约战略，完善支持绿色发展的财税、金融、投资、价格政策和标准体系，健全资源环境要素市场化配置体系，加快节能降碳先进技术研发和推广应用，推动形成绿色低碳的生产方式和生活方式。环境就是民生，青山就是美丽，蓝天也是幸福。要深入推进环境污染防治，坚持精准治污、科学治污、依法治污，健全现代环境治理体系，持续深入打好蓝天、碧水、净土保卫战。要提升生态系统多样性、稳定性、持续性，以国家重点生态功能区、生态保护红线、自然保护地等为重点，加快实施重要生态系统保护和修复重大工程。实现碳达峰碳中和是一场广泛而深刻的经济社会系统性变革。要积极稳妥推进碳达峰碳中和，立足我国能源资源禀赋，坚持先立后破，有计划分步骤实施碳达峰行动，积极参与应对气候变化全球治理。

人不负青山，青山定不负人。新时代新征程上，人人都行动起来，像保护眼睛一样保护自然和生态环境，坚定不移走生产发展、生活富裕、生态良好的文明发展道路，我们就能不断开创生态文明建设新局面，建设人与自然和谐共生的现代化，为实现中华民族永续发展注入源源不竭的动力。

（新华社北京 2022 年 11 月 2 日电　新华社评论员）

携手开创人类更加美好的未来

——八论学习贯彻党的二十大精神

"中国始终坚持维护世界和平、促进共同发展的外交政策宗旨，致力于推动构建人类命运共同体。"在党的二十大报告中，习近平总书记深刻把握世界大势和时代潮流，宣示新时代中国促进世界和平与发展、推动构建人类命运共同体的坚定决心和大国担当，为共创人类更加美好的未来注入强大信心和力量。

中国共产党是为中国人民谋幸福、为中华民族谋复兴的党，也是为人类谋进步、为世界谋大同的党。党的十八大以来，以习近平同志为核心的党中央统筹中华民族伟大复兴战略全局和世界百年未有之大变局，全面推进中国特色大国外交，推动构建人类命运共同体，坚定维护国际公平正义，倡导践行真正的多边主义，旗帜鲜明反对一切霸权主义和强权政治，毫不动摇反对任何单边主义、保护主义、霸凌行径，推动构建新型国际关系，积极参与全球治理体系改革和建设，我国国际影响力、感召力、塑造力显著提升。

当前，世界之变、时代之变、历史之变正以前所未有的方式展开，人类社会面临前所未有的挑战。世界又一次站在历史的十字路口，何去何从取决于各国人民的抉择。促进人类和平与发展的崇高事业，是中国共产党矢志不渝的奋斗目标。新征程上，我们要坚持胸怀天下，拓展世界眼光，深刻洞察人类发展进步潮流，积极回应各国人民普遍关切，为解决人类面临的共同问题作出贡献，以海纳百川的宽阔胸襟借鉴吸收人类一切优秀文明

> **域外声音**
>
> 习近平主席提出的构建人类命运共同体理念是"非常出色的理论创新",这一理念汲取古老的中国智慧,倡导全人类不同文化间"和而不同"。
>
> ——英国社会科学院院士、著名社会学家马丁·阿尔布劳

成果,推动建设更加美好的世界。

中国式现代化是走和平发展道路的现代化。中国坚定奉行独立自主的和平外交政策,始终根据事情本身的是非曲直决定自己的立场和政策,维护国际关系基本准则,维护国际公平正义;坚持在和平共处五项原则基础上同各国发展友好合作,推动构建新型国际关系,深化拓展平等、开放、合作的全球伙伴关系,致力于扩大同各国利益的汇合点;坚持对外开放的基本国策,坚定奉行互利共赢的开放战略,不断以中国新发展为世界提供新机遇,推动建设开放型世界经济,更好惠及各国人民;积极参与全球治理体系改革和建设,践行共商共建共享的全球治理观,坚持真正的多边主义,推进国际关系民主化,推动全球治理朝着更加公正合理的方向发展。不管国际风云如何变幻,新时代中国坚定站在历史正确的一边、站在人类文明进步的一边,高举和平、发展、合作、共赢旗帜,在坚定维护世界和平与发展中谋求自身发展,又以自身发展更好维护世界和平与发展。

我们所处的是一个充满挑战的时代,也是一个充满希望的时代。构建人类命运共同体是世界各国人民前途所在。推动构建人类命运共同体,也是中国式现代化的本质要求之一。万物并育而不相害,道并行而不相悖。只有各国行天下之大道,和睦相处、合作共赢,繁荣才能持久,安全才有保障。大道之行,天下为公。中国提出全球发展倡议、全球安全倡议,愿同国际社会一道努力,推动建设一个持久和平、普遍安全、共同繁荣、开放包容、清洁美丽的世界。世界各国弘扬和平、发展、公平、正义、民主、自由的全人类共同价值,促进各国人民相知相亲,尊重世界文明多样性,才能以

文明交流超越文明隔阂、文明互鉴超越文明冲突、文明共存超越文明优越，共同应对各种全球性挑战。

党的二十大闭幕后，世界政党政要广泛、持续来电或来函，热烈祝贺习近平当选中国共产党第二十届中央委员会总书记，多国领导人到访或即将访问中国，再次体现了国际社会对中国发展的坚定信心，对构建人类命运共同体的共识与期待。构建人类命运共同体需要世界各国不懈努力。道阻且长，行则将至。只要我们锚定目标、行而不辍，就一定能汇聚起和平发展、合作共赢的伟力，战胜前进道路上的困难和挑战，携手开创人类更加美好的未来！

（新华社北京 2022 年 11 月 3 日电　新华社评论员）

| 学习贯彻党的二十大精神述评 |

深入推进新时代党的建设新的伟大工程

——九论学习贯彻党的二十大精神

"全面建设社会主义现代化国家、全面推进中华民族伟大复兴，关键在党。"习近平总书记在党的二十大报告中对过去十年党的建设和全面从严治党工作作出深刻总结，对深入推进新时代党的建设新的伟大工程作出全面部署。学习贯彻党的二十大精神，就要时刻保持解决大党独有难题的清醒和坚定，努力把党建设得更加坚强有力，不断以党的自我革命引领社会革命。

党的十八大以来，以习近平同志为核心的党中央把全面从严治党纳入"四个全面"战略布局，从制定和落实中央八项规定开局破题，持之以恒正风肃纪，开展史无前例的反腐败斗争，以"得罪千百人、不负十四亿"的使命担当祛疴治乱，刹住了一些长期没有刹住的歪风，纠治了一些多年未除的顽瘴痼疾，管党治党宽松软状况得到根本扭转，全面从严治党取得了历史性、开创性成就。经过不懈努力，党找到了自我革命这一跳出治乱兴衰历史周期率的第二个答案，风清气正的党内政治生态不断形成和发展，走过百年奋斗历程的中国共产党在革命性锻造中更加坚强有力。

全面从严治党永远在路上，党的自我革命永远在路上。新征程上，必须落实新时代党的建设总要求，健全全面从严治党体系，深入推进新时代党的建设新的伟大工程，全面推进党的自我净化、自我完善、自我革新、自我提高，使我们党始终成为中国特色社会主义事业的坚强领导核心。

全面从严治党，根本是加强党的领导。深入推进新时代党的建设新的伟大工程，要坚持和加强党中央集中统一领导，健全总揽全局、协调各方的党的领导制度体系，完善党中央重大决策部署落实机制，坚决维护习近平同志党中央的核心、全党的核心地位，坚决维护党中央权威和集中统一领导，确保全党在政治立场、政治方向、政治原则、政治道路上同以习近平同志为核心的党中央保持高度一致，确保党的团结统一。要加强党的政治建设，严明政治纪律和政治规矩，提高各级党组织和党员干部政治判断力、政治领悟力、政治执行力。要增强党组织政治功能和组织功能，各级党组织要履行党章赋予的各项职责，把党的路线方针政策和党中央决策部署贯彻落实好，把各领域广大群众组织凝聚好。

深入推进新时代党的建设新的伟大工程，要坚持思想建党和制度治党相结合。用党的创新理论武装全党是党的思想建设的根本任务。要坚持不懈用习近平新时代中国特色社会主义思想凝心铸魂，全面加强党的思想建设，加强理想信念教育，引导全党牢记党的宗旨，解决好世界观、人生观、价值观这个总开关问题。要完善党的自我革命制度规范体系，坚持制度治党、依规治党，以党章为根本，以民主集中制为核心，完善党内法规制度体系，增强党内法规权威性和执行力，形成坚持真理、修正错误，发现问题、纠正偏差的机制。健全党统一领导、全面覆盖、权威高效的监督体系，完善权力监督制约机制，让权力在阳光下运行。

深入推进新时代党的建设新的伟大工程，必须坚持以严的基调强化正风肃纪，坚决打赢反腐败斗争攻坚战持久战。党风问题关系执政党的生死存亡。要弘扬党的光荣传统和优良作风，锲而不舍落实中央八项规定精神，抓住"关键少数"以上率下，持续深化纠治"四风"，重点纠治形式主义、官僚主义，坚决破除特权思想和特权行为，推进作风建设常态化长效化。反腐败是最彻底的自我革命。要坚持不敢腐、不能腐、不想腐一体推进，同时发力、同向发力、综合发力，以零容忍态度反腐惩恶，更加有力遏制增量，更加有效清除存量，推进反腐败国家立法，加强新时代廉洁文化建设，使严厉惩治、规范权力、教育引导紧密结合、协调联动，不断取得更多制度性成果和更

| 学习贯彻党的二十大精神述评 |

大治理效能。

"为政之要,莫先于用人。"深入推进新时代党的建设新的伟大工程,要建设堪当民族复兴重任的高素质干部队伍,为全面建设社会主义现代化国家、全面推进中华民族伟大复兴提供有力的干部支撑。坚持党管干部原则,坚持德才兼备、以德为先、五湖四海、任人唯贤,坚持把政治标准放在首位,树立选人用人正确导向,选拔忠诚干净担当的高素质专业化干部,健全培养选拔优秀年轻干部常态化工作机制,加强干部斗争精神和斗争本领养成,激励干部敢于担当、积极作为,才能建设一支政治过硬、适应新时代要求、具备领导现代化建设能力的干部队伍。

使命重于泰山,奋斗未有穷期。让我们更加紧密地团结在以习近平同志为核心的党中央周围,坚定不移全面从严治党,深入推进新时代党的建设新的伟大工程,使我们党始终成为走在时代前列、人民衷心拥护、勇于自我革命、经得起各种风浪考验、朝气蓬勃的马克思主义执政党,团结带领亿万中国人民创造新的历史伟业。

(新华社北京2022年11月4日电　新华社评论员)

为全面建设社会主义现代化国家团结奋斗

——十论学习贯彻党的二十大精神

"团结就是力量，团结才能胜利。"习近平总书记在党的二十大报告中，立足新时代新征程的历史方位，深刻分析我国发展面临的形势和挑战，全面部署未来5年乃至更长时期党和国家事业发展的目标任务和大政方针，号召全党全军全国各族人民为全面建设社会主义现代化国家、全面推进中华民族伟大复兴而团结奋斗。我们要牢牢把握团结奋斗的时代要求，以更加紧密的团结、更加顽强的奋斗，坚定不移把党的二十大提出的目标任务落到实处，把民族复兴的历史伟业不断推向前进。

党的十八大以来，以习近平同志为核心的党中央团结带领全党全军全国各族人民，全面贯彻党的基本理论、基本路线、基本方略，采取一系列战略性举措，推进一系列变革性实践，实现一系列突破性进展，取得一系列标志性成果，经受住了来自政治、经济、意识形态、自然界等方面的风险挑战考验，党和国家事业取得历史性成就、发生历史性变革，推动我国迈上全面建设社会主义现代化国家新征程。新时代十年的伟大变革，是在以习近平同志为核心的党中央坚强领导下、在习近平新时代中国特色社会主义思想指引下全党全国各族人民团结奋斗取得的。

团结奋斗是中国人民创造历史伟业的必由之路。全面建设社会主义现代化国家，是一项伟大而艰巨的事业，前途光明，任重道远。新时代新征程上，需要全党全国各族人民团结奋斗的号角更加响亮、行动更加坚决、步调更

| 学习贯彻党的二十大精神述评 |

加一致、意志更加顽强，更加需要团结一切可以团结的力量、调动一切可以调动的积极因素，汇聚起心往一处想、劲往一处使的磅礴力量。

科学理论就像一面旗帜，旗帜立起来了，团结奋斗才有目标和方向。团结奋斗根本在于用习近平新时代中国特色社会主义思想统一意志和行动。全面贯彻习近平新时代中国特色社会主义思想，全党全国各族人民思想上行动上就有了根本遵循，团结奋斗就有了思想根基和正确方向，攻坚克难就有了强大思想武器。要深刻领会习近平新时代中国特色社会主义思想的核心要义、丰富内涵、实践要求，把握好这一重要思想的世界观方法论，坚持好、运用好贯穿其中的立场观点方法，自觉用以武装头脑、指导实践、推动工作，牢固树立对马克思主义的信仰、对共产主义和中国特色社会主义的信念、对中华民族伟大复兴的信心，不断巩固团结奋斗的共同思想基础。

中国共产党是领导我们事业的核心力量，党的领导是实现中华民族伟大复兴的根本保证。在团结奋斗中创造新的历史伟业，要坚决维护党中央权威和集中统一领导，深刻领悟"两个确立"的决定性意义，增强"四个意识"、坚定"四个自信"、做到"两个维护"，自觉在思想上政治上行动上同以习近平同志为核心的党中央保持高度一致。把党的领导落实到党和国家事业各领域各方面各环节，使党始终成为风雨来袭时全体人民最可靠的主心骨，才能确保我国社会主义现代化建设正确方向，确保拥有团结奋斗的强大政治凝聚力、发展自信心。

人民是历史的创造者，是真正的英雄。在团结奋斗中创造新的历史伟业，必须充分发挥亿万人民的创造伟力。"积力之所举，则无不胜也；众智之所为，则无不成也。"坚持全心全意为人民服务的根本宗旨，树牢群众观点，贯彻群众路线，尊重人民首创精神，坚持一切为了人民、一切依靠人民，从群众中来、到群众中去，始终保持同人民群众的血肉联系，始终接受人民批评和监督，始终同人民同呼吸、共命运、心连心，就能不断巩固全国各族人民大团结，加强海内外中华儿女大团结，形成同心共圆中国梦的强大合力。

围绕明确奋斗目标形成的团结才是最牢固的团结，依靠紧密团结进行的奋斗才是最有力的奋斗。我们靠团结奋斗创造了辉煌历史，还要靠团结奋斗开辟美好未来。让我们更加紧密地团结在以习近平同志为核心的党中央周围，全面贯彻习近平新时代中国特色社会主义思想，全面学习、全面把握、全面落实党的二十大精神，坚定信心、同心同德，埋头苦干、奋勇前进，奋力夺取全面建设社会主义现代化国家新胜利，谱写新时代中国特色社会主义更加绚丽的华章。

（新华社北京 2022 年 11 月 5 日电　新华社评论员）

| 学习贯彻党的二十大精神述评 |

为全面建设社会主义现代化国家而团结奋斗

——写在中国共产党第二十次全国代表大会胜利闭幕之际

2022年10月22日，举世瞩目的中国共产党第二十次全国代表大会，在北京胜利闭幕。

习近平总书记在闭幕大会上指出："百年成就无比辉煌，百年大党风华正茂。我们完全有信心有能力在新时代新征程创造令世人刮目相看的新的更大奇迹。"

新征程上旗帜高扬，中国共产党高举中国特色社会主义伟大旗帜，全面贯彻习近平新时代中国特色社会主义思想，谱写新时代中国特色社会主义更加绚丽的华章。

新征程上使命光荣，中国共产党团结带领全国各族人民向着全面建成社会主义现代化强国、实现第二个百年奋斗目标进军，以中国式现代化全面推进中华民族伟大复兴。

江山如画，大潮奔涌，中华民族伟大复兴号巨轮一往无前，驶向更加光辉灿烂的彼岸。

高举伟大旗帜——全面贯彻习近平新时代中国特色社会主义思想，开辟马克思主义中国化时代化新境界，谱写新时代中国特色社会主义更加绚丽的华章

新的历史节点，记录下新的伟大时间。

图为2022年10月22日,中国共产党第二十次全国代表大会在北京人民大会堂胜利闭幕。(新华社记者张玉薇摄)

22日上午，北京人民大会堂，万人大礼堂内灯光璀璨，掌声如潮。

热烈的掌声中，大会选举出由205名委员、171名候补委员组成的二十届中央委员会，选举出二十届中央纪律检查委员会委员133名。

热烈的掌声中，大会通过了关于十九届中央委员会报告的决议。大会批准习近平同志代表十九届中央委员会所作的报告。决议指出，大会通过的十九届中央委员会的报告，是党和人民智慧的结晶，是党团结带领全国各族人民夺取中国特色社会主义新胜利的政治宣言和行动纲领，是马克思主义的纲领性文献。

热烈的掌声中，大会通过了关于《中国共产党章程（修正案）》的决议。大会一致同意，把党的十九大以来习近平新时代中国特色社会主义思想新发展写入党章，以更好反映以习近平同志为核心的党中央推进党的理论创新、实践创新、制度创新成果。

掌声回荡，礼赞真理的光芒、信仰的力量。

站在新的起点，中国共产党郑重宣示——

高举中国特色社会主义伟大旗帜，全面贯彻习近平新时代中国特色社会主义思想，谱写新时代中国特色社会主义更加绚丽的华章。

旗帜高扬，大道向前。

习近平总书记指出："中国特色社会主义道路是符合中国实际、反映中国人民意愿、适应时代发展要求的，不仅走得对、走得通，而且走得稳、走得好。"

大会闭幕后走出会场，代表们意气风发、信心满怀。

"中国共产党领导是中国特色社会主义最本质的特征，是中国特色社会主义制度的最大优势。"广东省江门市委书记陈岸明代表说，"新时代的十年，正是在以习近平同志为核心的党中央坚强领导下，我们全面建成小康社会，迈上全面建设社会主义现代化国家新征程。"

十年砥砺奋进，时光镌刻不朽。

迎来中国共产党成立一百周年；中国特色社会主义进入新时代；完成脱

贫攻坚、全面建成小康社会的历史任务，实现第一个百年奋斗目标，具有重大现实意义和深远历史意义的三件大事彪炳史册，气贯长虹。

创立了习近平新时代中国特色社会主义思想，全面加强党的领导，提出并贯彻新发展理念，以巨大的政治勇气全面深化改革，深入贯彻以人民为中心的发展思想……十六个方面的伟大变革铸就丰碑，激荡人心。

四川省北川羌族自治县云珍羌绣专业合作社负责人陈云珍代表感慨万千："脱贫攻坚何其艰巨，党带领我们攻城拔寨，全面小康路上一个都不落、一个都不少，这是真正的人间奇迹！"

中国共产党为什么能，中国特色社会主义为什么好，归根到底是马克思主义行，是中国化时代化的马克思主义行。

"党的十八大以来党和国家事业取得历史性成就、发生历史性变革，最根本的原因在于有习近平总书记作为党中央的核心、全党的核心掌舵领航，在于有习近平新时代中国特色社会主义思想科学指引。"中央党史和文献研究院副院长黄一兵代表说。

大会期间，代表们带着深刻领悟，表达出共同意志、共同心声——

"十八洞村的脱贫故事，深深浸透着'精准扶贫'的思想力量。"湖南省花垣县十八洞村党支部书记施金通代表由衷地说。

"没有绿水青山就是金山银山的理念指引，就没有建设长江经济带中坚持'共抓大保护、不搞大开发'。"安徽省马鞍山市委书记张岳峰代表说，我们痛下决心实施滨江地区产业转型升级，让母亲河焕发生机。

查琼芳代表是上海交通大学医学院附属仁济医院呼吸科医生，曾在武汉战"疫"数十个日夜，亲身感悟到什么是把人民群众生命安全和身体健康放在第一位："习近平新时代中国特色社会主义思想是书写在亿万人民心中的理论。"

山东大学党委书记郭新立代表说："伟大实践充分证明，习近平新时代中国特色社会主义思想是当代中国马克思主义、二十一世纪马克思主义，实现了马克思主义中国化时代化新的飞跃。"

实践没有止境，理论创新也没有止境。

"开辟马克思主义中国化时代化新境界"——党的二十大报告充分彰显了中国共产党坚定的信仰信念、高度的理论自觉。

新时代的十年，中国共产党人坚持把马克思主义基本原理同中国具体实际相结合、同中华优秀传统文化相结合，让马克思主义在中华大地展现出蓬勃生机和旺盛活力。

3年多前，习近平总书记在敦煌考察时指出，敦煌文化展示了中华民族的文化自信，只有充满自信的文明才能在保持自己特色的同时包容、借鉴、吸收各种文明的优秀成果。

如今，敦煌研究院党委书记赵声良代表信心倍增："这几年，敦煌文化、莫高窟保护更加深入人心，我们要以时代精神激活中华优秀传统文化，夯实马克思主义中国化时代化的历史基础，让马克思主义在中国牢牢扎根。"

只有发展马克思主义，才能坚持马克思主义，这是历史的辩证法。

展望未来，中国共产党人凭着历史的积淀、理想的坚守、开拓的勇毅，将把马克思主义中国化时代化推向新的高度——坚持人民至上，坚持自信自立，坚持守正创新，坚持问题导向，坚持系统观念，坚持胸怀天下。

"继续推进实践基础上的理论创新，二十大报告以'六个坚持'明确要把握好习近平新时代中国特色社会主义思想的世界观和方法论，坚持好、运用好贯穿其中的立场观点方法。"南京航空航天大学马克思主义学院党委书记徐川代表说。

"'六个坚持'首要是坚持人民至上，这是习近平新时代中国特色社会主义思想的鲜明价值取向。"山东省兰陵县代村党委书记王传喜代表说，"我们将坚持用来自人民、为了人民的党的创新理论做好基层工作，不断造福人民。"

伟大思想，必将继续指引伟大实践。

擘画宏伟蓝图——明确新时代新征程中国共产党的中心任务，以中国式现代化全面推进中华民族伟大复兴，不断夺取全面建设社会主义现代化国家新胜利

习近平总书记在二十大报告中庄严宣告——

"从现在起，中国共产党的中心任务就是团结带领全国各族人民全面建成社会主义现代化强国、实现第二个百年奋斗目标，以中国式现代化全面推进中华民族伟大复兴。"

王振强代表是"毛泽东号"机车组第 13 任司机长。"从蒸汽机车到内燃机车再到电力机车，'毛泽东号'以越来越快的速度见证了大江南北的非凡巨变。如今，'复兴号'动车组列车跑出了现代化的加速度。"王振强说。

何菲代表是陕西咸阳纺织集团一分厂纺部车间赵梦桃小组第 13 任组长。她说，新中国成立之初，劳动模范赵梦桃刻苦攻关，不断提高生产效率，

图为复兴号列车行驶在西藏朗县境内（2022 年 4 月 14 日摄）。（新华社记者 觉果 摄）

憧憬现代化。现在，已是智能化纺车了。

习近平总书记深刻指出："我们的现代化既是最难的，也是最伟大的。"

在新中国成立特别是改革开放以来长期探索和实践基础上，经过党的十八大以来在理论和实践上的创新突破，我们党成功推进和拓展了中国式现代化。

"这是人口规模巨大的现代化，是全体人民共同富裕的现代化，是物质文明和精神文明相协调的现代化，是人与自然和谐共生的现代化，是走和平发展道路的现代化。"河南省济源市委书记史秉锐代表说，中国式现代化既有各国现代化的共同特征，更有基于自己国情的中国特色，归根到底是中国共产党领导的社会主义现代化。

冀望未来，大道宽广。

这是立志复兴伟业的使命担当：坚持中国共产党领导，坚持中国特色社会主义，实现高质量发展，发展全过程人民民主，丰富人民精神世界，实现全体人民共同富裕，促进人与自然和谐共生，推动构建人类命运共同体，创造人类文明新形态。

"二十大报告提出的中国式现代化九个方面本质要求，展现了我们党引领时代的大担当、不负人民的大情怀、兼济天下的大格局。"宁夏吴忠仪表有限责任公司董事长马玉山代表说。

报告还提出，前进道路上，必须牢牢把握五个方面重大原则：坚持和加强党的全面领导，坚持中国特色社会主义道路，坚持以人民为中心的发展思想，坚持深化改革开放，坚持发扬斗争精神。

这是擘画美好未来的宏阔视野：全面建设社会主义现代化国家，高质量发展是首要任务；教育、科技、人才是基础性、战略性支撑；人民民主是应有之义；尊重自然、顺应自然、保护自然是内在要求……

京东方集团董事长陈炎顺代表表示，报告把握时代大势、回答时代之问、应对时代之变、推动时代发展，一个个鲜明论断总揽全局、站位高远，给全党以方向和引领，给人民以信心和力量。

宏伟蓝图，催人奋进。党的二十大激发起全党全国各族人民奋进新征程、夺取新胜利的豪情壮志。

一系列新的思路深谋远虑——

二十大报告指出，必须坚持科技是第一生产力、人才是第一资源、创新是第一动力。

上海交通大学党委书记杨振斌代表说，三个"第一"共同为发展这个第一要务提供有效支撑，而落脚点是教育。"今后，高校要着力培养优秀人才，做好科研攻关，努力解决'卡脖子'问题，营造更好创新环境和人才成长环境。"

从科教兴国到全面依法治国，再到国家安全，二十大报告通过单列部分对事关长远发展的重大问题进行专门部署。

浙江省疾病预防控制中心微生物检验所所长张严峻代表表示，这体现了我们党坚持问题导向，聚焦实践遇到的新问题、改革发展稳定存在的深层次问题，提出了真正解决问题的新理念新思路新办法。

一系列新的战略高瞻远瞩——

翻开二十大报告，制造强国、质量强国、航天强国、交通强国、网络强国、数字中国等一系列强国战略映入眼帘，中国载人航天工程空间站系统总设计师杨宏代表激动不已。

"党的十八大以来，我国载人航天工程实现跨越式发展，突破了一系列关键技术，正由航天大国向航天强国迈进。"杨宏说，按计划，我国将在今年底完成空间站建造，这是航天强国建设的重要引领性工程。

放眼2035年，二十大报告还提出建成教育强国、科技强国、人才强国、文化强国、体育强国、健康中国的奋斗目标，令人心潮澎湃。

一系列新的举措求真务实——

"使人人都有通过勤奋劳动实现自身发展的机会"，报告中这句话深深打动了来自快递行业的"小蜜蜂"宋学文代表。

"得益于党和国家的好政策，我从农村走出来，又从一名普通快递员成长为基层管理者,如今跟家人在北京生活。"宋学文表示,要把党的二十大精神带回去和同事们一道学习,以此激励大家做好本职工作,在平凡岗位上发光发热。

探索多种渠道增加中低收入群众要素收入,消除影响平等就业的不合理限制和就业歧视,促进优质医疗资源扩容和区域均衡布局,基本消除重污染天气……报告部署的民生新举措、描绘的民生新图景,积极有效回应人民群众的新期盼。

大会期间,云南丽江华坪女子高级中学校长张桂梅代表第一时间和学校老师通话,告诉大家习近平总书记在报告里指出要加快义务教育优质均衡发展和城乡一体化,以后山乡的学校、学生一定会发展得更好。

行进在新时代新征程上的中国,天地广阔,前景壮丽。

图为云南丽江华坪女子高级中学校长张桂梅(中)在教室里检查学生上课情况(2020年12月1日摄)。(新华社记者陈欣波摄)

锻造领导力量——深入推进新时代党的建设新的伟大工程，以党的自我革命引领社会革命，确保党始终成为中国特色社会主义事业的坚强领导核心

全面建设社会主义现代化国家、全面推进中华民族伟大复兴，关键在党——

"谢谢总书记，党的好政策让我们吃上了'茶香饭'，走上了'幸福路'。有党的坚强领导，让我们对实现共同富裕充满了希望，鼓足了干劲。"10月17日，习近平总书记参加二十大广西代表团讨论，5位代表结合实际对报告发表了意见，祝雪兰代表朴实的话语道出大家的心声。

信任与信心，凝结为共同的意志。

代表们一致表示，党确立习近平同志党中央的核心、全党的核心地位，确立习近平新时代中国特色社会主义思想的指导地位，反映了全党全军全国各族人民共同心愿，对新时代党和国家事业发展、对推进中华民族伟大复兴历史进程具有决定性意义。

中央政策研究室副主任田培炎代表说，"两个确立"的决定性意义已经体现在新时代十年的伟大变革中，刻印在全党全军全国各族人民的心坎上，也必将充分彰显在新时代新征程党和国家事业发展新的华彩篇章之中。

重庆市涪陵区武陵山村党支部书记张映代表介绍，村两委一直坚持在习近平总书记重要讲话精神和党中央的决策部署中明方向、定思路、谋举措，引进龙头企业，种植蓝莓，打造创意民宿，多举措促进农文旅融合发展，激发乡村发展活力。

"我要把党的二十大精神带回村里，把党中央一系列惠民利民政策落地落实，把乡村产业发展得更好，把乡村建设得更美。"张映说。

向前进，必须永葆赶考的清醒和坚定。

在二十大报告中，习近平总书记对全党提出：务必不忘初心、牢记使命，务必谦虚谨慎、艰苦奋斗，务必敢于斗争、善于斗争。

我们党作为世界上最大的马克思主义执政党，要始终赢得人民拥护、巩固长期执政地位，必须时刻保持解决大党独有难题的清醒和坚定。

新的赶考路上，全面从严治党永远在路上。

2014年12月，习近平总书记在江苏考察时来到镇江市丹徒区世业镇，老党员崔荣海紧握总书记的手说："您是腐败分子的克星，全国人民的福星。"

习近平总书记在二十大报告中指出，坚决打赢反腐败斗争攻坚战持久战。收看二十大开幕会电视直播时，崔荣海情不自禁鼓起掌来。

"二十大报告强调只要存在腐败问题产生的土壤和条件，反腐败斗争就一刻不能停，必须永远吹冲锋号，体现了我们党持之以恒推进全面从严治党的坚定决心。"辽宁省鞍山市委书记余功斌代表说。

广西壮族自治区纪委书记、监委主任房灵敏代表表示，我们要坚持以严的基调强化正风肃纪，确保党永远不变质、不变色、不变味。

新的赶考路上，党的自我革命永远在路上。

经国序民，正其制度。从提出"完善党内法规制度体系，增强党内法规权威性和执行力"，到明确"推进政治监督具体化、精准化、常态化"，二十大报告对完善党的自我革命制度规范体系作出部署。

"从中央八项规定、关于新形势下党内政治生活的若干准则，到近期出台的推进领导干部能上能下规定，我们党的制度建设持续推进，不断深化系统施治、标本兼治的综合效应。"上海市第二中级人民法院立案庭副庭长乔蓓华代表说。

制度的生命力在于执行。乔蓓华表示，要把党内法规制度执行摆在更加突出的位置，坚决纠正有令不行、有禁不止行为，从而充分发挥党内法规的作用，真正彰显党内法规的治理效能。

只有勇于自我革命，才能赢得历史主动。

习近平总书记参加广西代表团讨论时指出："我们要有'永远在路上'的劲头。只有这样做了，我们共产党才能真正经得住考验，才能真正获得人民群众的拥护和支持。"

立志于中华民族千秋伟业，全面推进自我净化、自我完善、自我革新、自我提高的中国共产党，必将始终成为中国特色社会主义事业的坚强领导核心。

创造新的伟业——全党全国各族人民在党的旗帜下团结成"一块坚硬的钢铁"，心往一处想、劲往一处使，推动中华民族伟大复兴号巨轮乘风破浪、扬帆远航

日出东方，长风浩荡，中华民族伟大复兴号巨轮再启航。

"新时代的伟大成就是党和人民一道拼出来、干出来、奋斗出来的！"习近平总书记指出，全面建设社会主义现代化国家，必须充分发挥亿万人民的创造伟力。

团结就是力量，团结才能胜利。围绕共同奋斗目标形成的团结最牢固，依靠紧密团结进行的奋斗最有力。

团结来自共识的凝聚——

大会开幕这天，从东海之滨到西部边陲，从林海雪原到南国海岛……亿万人民通过广播、电视、互联网，聆听了习近平总书记在人民大会堂所作的报告。

"江山就是人民，人民就是江山。中国共产党领导人民打江山、守江山，守的是人民的心。"总书记铿锵有力的话语，传向千家万户，传遍天南海北。

"这些天，石灰村的村民们都感觉自己的心和首都的脉搏一起跃动。大家都说，人民大会堂离我们村子很近很近。"现场聆听报告后，云南省大关县玉碗镇石灰村党总支书记王荣代表带来了乡亲们朴素的心声。

千里之外的内蒙古达拉特旗，基层干部李电波听完报告后格外振奋。

2020年，李电波在互联网上写下发展"互助性养老"建议，被采纳吸收到党的十九届五中全会通过的"十四五"规划和2035年远景目标建议。今年，在党的二十大相关工作网络征求意见活动中，他又写下自己对生态

文明建设的思考。

中国城市规划设计研究院上海分院院长孙娟代表对二十大报告中提出的"人民城市为人民"格外有感触。代表团讨论现场，她讲述了上海普陀区曹杨新村改造项目带来的变化。

"老工人们住进新房后的欣喜表情，我永生难忘。"孙娟说，"人民城市人民建、人民城市为人民，以人民为中心，我在自己的工作实践中找到了鲜明印证。"

会场内外，党的意志、人民的意愿达到高度一致。

共识激发奋斗的力量——

全面建设社会主义现代化国家，是一项伟大而艰巨的事业，前途光明，任重道远。

当前，世界百年未有之大变局加速演进，全球性问题加剧，我国改革发展稳定面临不少深层次矛盾，战略机遇和风险挑战并存。

应对世界之变、经受重大考验、迎战惊涛骇浪，唯有奋斗不息。

67岁的中国工程院院士朱有勇代表，自称是中国工程院在云南省澜沧县驻村科技特派员。他60岁时投身脱贫攻坚，把实验室搬到田间地头，努力让农民人人都有技能，家家都能有收成。朱有勇说："我将继续扎根在乡村振兴的第一线，为广大农民群众的美好生活而努力奋斗。"

59岁的其美多吉代表从业30多年，一直驾驶邮车在雪线邮路上运送邮件，沿途需要翻越14座海拔4500米以上的大山，坚持把每一个邮件平安送到群众手中。隧道开通后，邮路通行时间缩短了，其美多吉和同事们将当地装满特产的包裹从山里带出来，为乡亲们开辟致富路。

"80后"航天员王亚平代表2013年首次飞天，一年前再次飞天。她说："心有翼，自飞云宇天际；梦无垠，当征星辰大海。我的心始终在星辰大海，我们始终准备为党出征，用实际行动书写对党和人民的无限忠诚。"

亿万中华儿女往前迈出的每一步，都将汇聚成中华民族昂扬奋进的历史洪流。

习近平总书记强调，当前最重要的任务，就是撸起袖子加油干，一步一个脚印把党的二十大作出的重大决策部署付诸行动、见之于成效。

湖南省韶山市韶山村党委书记毛春山代表表示，回去后要深入学习贯彻党的二十大精神，用好红色资源，赓续红色基因，走好新时代的长征路。

来自中国农村改革发源地的安徽省凤阳县小岗村党委书记周群之代表说："我们要以党的二十大精神为指引，改革创新、敢为人先，走在以改革促发展的前列。"

带着党的二十大精神，河北省阜平县骆驼湾村党支部书记顾瑞利代表信心百倍："向着新的奋斗目标前进，脱贫后迈向乡村振兴的道路更加通达了。"

浙江正在推动高质量发展建设共同富裕示范区。浙江省淳安县下姜村党总支书记姜丽娟代表说，我们将继续依靠党组织联合周边村抱团发展，走好共同富裕路。

新起点、再出发，中国共产党带领中国人民豪情满怀走好必由之路——

坚持党的全面领导是坚持和发展中国特色社会主义的必由之路，中国特色社会主义是实现中华民族伟大复兴的必由之路，团结奋斗是中国人民创造历史伟业的必由之路，贯彻新发展理念是新时代我国发展壮大的必由之路，全面从严治党是党永葆生机活力、走好新的赶考之路的必由之路。

号角嘹亮，步履铿锵。

党用伟大奋斗创造了百年伟业，也一定能用新的伟大奋斗创造新的伟业。

让我们紧密团结在以习近平同志为核心的党中央周围，坚定信心、同心同德，埋头苦干、奋勇前进，为全面建设社会主义现代化国家、全面推进中华民族伟大复兴而团结奋斗！

（新华社北京 2022 年 10 月 22 日电　新华社记者赵超、徐扬、杨依军、熊争艳、孙少龙、段美菊、姜琳、王思北、刘慧）

肩负光荣使命
勇担历史重任

2022年10月16日，庄严的人民大会堂内，雷鸣般的掌声中，历史又迎来了一个重要时刻——举世瞩目的中国共产党第二十次全国代表大会开幕。出席大会的党的二十大代表肩负着490多万个基层党组织、9600多万名党员的重托，承载着人民的期望，忠实履行神圣职责，凝聚共识和力量，为全面建设社会主义现代化国家、全面推进中华民族伟大复兴而团结奋斗。

| 学习贯彻党的二十大精神述评 |

成就彪炳史册　蓝图催人奋进
——党的二十大代表讨论二十大报告综述之一

习近平总书记16日在中国共产党第二十次全国代表大会作报告。代表们一致认为，这是一份全面阐述过去5年工作和新时代10年伟大变革求真务实的报告；这是一份闪耀着马克思主义真理光芒、具有深刻历史洞察力、重要理论引领力、强大实践指导力的报告；这是一份全面擘画未来、描绘中华民族伟大复兴光辉前景的报告，必将鼓舞和动员全党全国各族人民在以习近平同志为核心的党中央坚强领导下，踔厉奋发、勇毅前行，奋力谱写全面建设社会主义现代化国家崭新篇章。

新时代十年的伟大变革，在党史、新中国史、改革开放史、社会主义发展史、中华民族发展史上具有里程碑意义

国内生产总值从五十四万亿元增长到一百一十四万亿元、人均国内生产总值从三万九千八百元增加到八万一千元……报告中列举的一串串数字，让贵州省思南县塘头镇青杠坝村党支部书记冷朝刚代表心潮澎湃："党带领我们如期打赢脱贫攻坚战，全面小康真的一个都没有少！"

武陵山深处曾广泛流传"有女不嫁青杠坝"的说法。"这几年，有了精准扶贫的好政策，村里建起大蒜、辣椒加工厂，开设黄牛养殖场，发展乡村旅游，村民人均年收入从不足1200元增长到超1.6万元。"冷朝刚说。

一场人类历史上规模最大、力度最强的反贫困之战不胜不还，一座人民至上的新时代丰碑，矗立在民族复兴的壮阔道路上。

我们的祖国天更蓝、山更绿、水更清——党的二十大报告中的这句话，让河北省定州市委书记张涛代表深有感触。

"我们实施了农村居民'煤改电''煤改气'，清洁取暖走入寻常百姓家，蓝天白云渐成常态。几十万市民喝上了甘甜的长江水，一些曾经断流的河流重现碧波荡漾。"他说。

山河锦绣，百姓安康。以人民为中心的发展思想，彰显于幼有所育、学有所教、劳有所得、病有所医、老有所养、住有所居、弱有所扶上的持续用力。一个个村庄、社区的民生新变化，汇集成大江南北的历史性成就。

"老百姓'眼巴前儿'的事儿都越来越好！"吉林省长春市宽城区团山街道长山花园社区党委第一书记吴亚琴代表说，居民在社区卫生所就能开"平价药"，一出门就有小公园，老人还能享受就餐和送餐服务。

建成世界上规模最大的教育体系、社会保障体系、医疗卫生体系，来之不易；让人民群众的获得感、幸福感、安全感更加充实、更有保障、更可持续，一诺千金。

"传染病防控体系监测预警网络不断完善，对疾病的发现和处置速度越来越快，救治能力不断提升。"上海交通大学医学院附属仁济医院呼吸科副主任医师查琼芳代表说，以习近平同志为核心的党中央面对突如其来的新冠肺炎疫情，坚持人民至上、生命至上，坚持动态清零不动摇，开展抗击疫情人民战争、总体战、阻击战，最大限度保护了人民生命安全和身体健康。

撸起袖子加油干，风雨无阻向前行。对习近平

驻华大使看中共二十大

中国取得的巨大发展成就表明，中国共产党有能力科学制定长远战略目标，有能力建设好国家、服务好人民。

——伊拉克驻华大使舒尔什·赛义德

总书记在二十大报告中所说的"统筹疫情防控和经济社会发展取得重大积极成果",来自湖北的中国航天科工航天三江江北公司数控车工、特级技师阎敏代表感受深刻。

不久前,他和同事们打造的快舟一号甲固体运载火箭"一箭双星"成功发射,不断刷新中国商业航天发射的纪录。

"从载人航天到探月探火再到卫星导航,新时代的科技创新重大成果捷报频传,我们非常自豪能够参与其中,助力伟大祖国进入创新型国家行列!"阎敏说。

十载艰苦奋斗,十载春华秋实。正如习近平总书记在二十大报告中提出的:新时代的伟大成就是党和人民一道拼出来、干出来、奋斗出来的!

代表们一致认为,以习近平同志为核心的党中央团结带领全党全军全国各族人民有效应对严峻复杂的国际形势和接踵而至的巨大风险挑战,以奋发有为的精神把新时代中国特色社会主义不断推向前进,攻克了许多长期没有解决的难题,办成了许多事关长远的大事要事,推动党和国家事业取得举世瞩目的重大成就。

走过百年奋斗历程的中国共产党在革命性锻造中更加坚强有力,在坚持和发展中国特色社会主义的历史进程中始终成为坚强领导核心

"新时代十年的生动实践表明,'两个确立'是党的十八大以来最重要的政治成果,对推进中华民族伟大复兴历史进程具有决定性意义,是我们引领中国特色社会主义事业不断前进、赢得未来的根本保证。"安徽马鞍山市委书记张岳峰代表说。

作为一座因钢而兴的资源型城市,长江边的马鞍山市,生态曾频亮红灯。2020年8月,习近平总书记在安徽调研考察期间,对马鞍山提出了新的发展定位。

"没有习近平新时代中国特色社会主义思想的指引,就没有'共抓大

保护、不搞大开发'的长江经济带。"张岳峰说,马鞍山痛下决心对滨江地区产业进行转型升级,逐渐走出一条内涵式、集约型、绿色化的高质量发展之路,长江母亲河正焕发出新的生机。

从开辟马克思主义中国化时代化新境界到加快构建新发展格局,着力推动高质

量发展,福建省晋江市委书记张文贤代表逐字逐句地感受着报告所阐发的新时代气象。他说,"全党有了定盘星,人民就有主心骨,国家更添新动力。"

"心中装着百姓,手中握有真理,脚踏人间正道。"青海省西宁市城东区人民法院院长陈志秀代表说,法治中国建设迈出坚实步伐,我们党运用法治方式领导和治理国家的能力显著增强,这样的历史性成就、历史性变革,根本在于习近平总书记掌舵领航,在于习近平新时代中国特色社会主义思想科学指引。

察势者智,驭势者赢。党的十八大以来,党面临形势环境的复杂性和严峻性、肩负任务的繁重性和艰巨性世所罕见、史所罕见。习近平总书记在二十大报告中指出,我们以巨大的政治勇气全面深化改革,许多领域实现历史性变革、系统性重塑、整体性重构,新一轮党和国家机构改革全面完成,中国特色社会主义制度更加成熟更加定型,国家治理体系和治理能力现代化水平明显提高。

不为任何风险所惧，不为任何干扰所惑。实践充分证明，坚决维护党中央的核心、全党的核心是党在重大时刻凝聚共识、果断抉择的关键，是党团结统一、胜利前进的重要保证。

江西省纪委副书记、省监察委员会副主任魏晓奎代表说，以习近平同志为核心的党中央永葆"赶考"的清醒和坚定，在乱云飞渡中把牢正确方向，在风险挑战面前砥砺胆识，始终掌握新时代新征程党和国家事业发展的历史主动，找到了自我革命这一跳出治乱兴衰历史周期率的第二个答案，激发为实现中华民族伟大复兴而奋斗的信心和动力。

"关键核心技术是要不来、买不来、讨不来的"。党的十八大以来，习近平总书记反复强调的坚持把创新作为引领发展的第一动力，被广东新会美达锦纶有限公司首席工程师陈欣代表牢记在心。

"通过对关键技术的不断攻关，我们实现了从原料、工艺技术到核心装备的进口替代，培养了一支专业人才，未来还要根据党中央的部署，加速推动产业走向高端化、绿色化、智能化，提升行业的整体国际竞争力。"陈欣说。

总结新时代的十年，党的二十大报告掷地有声：全面加强党的领导，确保党中央权威和集中统一领导，确保党发挥总揽全局、协调各方的领导核心作用，我们这个拥有九千六百多万名党员的马克思主义政党更加团结统一。

展望新阶段新征程，党的二十大代表心声如一：只要我们紧密团结在以习近平同志为核心的党中央周围，就一定能够确保全党全国拥有团结奋斗的强大政治凝聚力、发展自信心，集聚起守正创新、共克时艰的强大力量，就一定能够战胜前进道路上的任何艰难险阻，办成我们想办的任何事情！

中国人民的前进动力更加强大、奋斗精神更加昂扬、必胜信念更加坚定

党的二十大报告提出：从现在起，中国共产党的中心任务就是团结带领全国各族人民全面建成社会主义现代化强国、实现第二个百年奋斗目标，以中国式现代化全面推进中华民族伟大复兴。

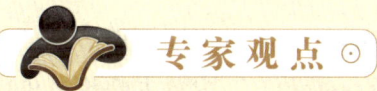

> **专家观点**
>
> 经过革命性锻造，中国共产党赢得了保持同人民群众的血肉联系、人民衷心拥护的历史主动，赢得了全党高度团结统一、走在时代前列、带领人民实现中华民族伟大复兴的历史主动。
>
> ——清华大学廉政与治理研究中心主任过勇

"一村富不是富，村村富才算真的富。我们正在建设的共同富裕就是中国式现代化的最好注解。"正在打造浙江高质量发展建设共同富裕示范区样板村的宁波市奉化区滕头村党委书记、村委会主任傅平均代表格外自豪。

滕头村是当地远近闻名的"明星村"，2021年村民人均纯收入达到7.5万元。"目前我们依托党建联建机制，与周边村庄党建共建、项目共抓、治理共管、抱团发展！"傅平均说。

二十大报告对未来5年乃至更长时期党和国家事业发展的目标任务和大政方针进行科学谋划，擘画了新时代中国特色社会主义的宏伟蓝图，激励着全党全军全国各族人民的团结奋斗。

"当前，新一轮科技革命和产业变革深入发展，我国发展面临新的战略机遇。"中国中铁党委书记、董事长陈云代表说，我们要聚焦国家重大需求，加快突破一批前沿技术，加快锻造一批长板技术，集中力量在解决"卡脖子"问题上实现突破，把中国发展进步的命运牢牢掌握在自己手中。

"未来五年是全面建设社会主义现代化国家开局起步的关键时期。"兰州大学党委书记马小洁代表说，我们要进一步找准国家所需、群众所盼、组织所能、党员所担的结合点，为西部大开发、振兴中西部高等教育、构筑西部生态安全屏障等作出贡献。

团结就是力量，团结才能胜利。全面建设社会主义现代化国家，必须充分发挥亿万人民的创造伟力。

"我们要团结一切可以团结的力量，心往一处想、劲往一处使，拧成一股绳、铆足一股劲。"内蒙古呼伦贝尔市莫力达瓦达斡尔族自治旗乌兰牧骑队员金克勒那日代表说，我们要永远做草原上的"红色文艺轻骑兵"，让党的好声音传遍大草原，促进多民族和谐共融发展，形成同心共圆中国梦的强大合力。

大足石刻这座经历了唐宋盛世的世界自然遗产，正在见证中华民族伟大复兴的新时代征程。

"民族的复兴需要强大的物质力量，也需要强大的精神力量。"大足石刻研究院保护工程中心主任陈卉丽代表说："我们不仅要把文物保护好，还要揭示蕴含其中的文化精神，为传承中华优秀传统文化、坚定文化自信注入新的时代风华。"

"同志们！时代呼唤着我们，人民期待着我们，唯有矢志不渝、笃行不息，方能不负时代、不负人民。"

聆听习近平同志语重心长的号召，代表们表示，新征程上，我们一定要深刻领悟"两个确立"的决定性意义，增强"四个意识"、坚定"四个自信"、做到"两个维护"，在历史前进的逻辑中前进，在时代发展的潮流中发展，保持"越是艰险越向前"的英雄气概和"敢教日月换新天"的昂扬斗志，用新的伟大奋斗创造新的伟业。

（新华社北京 2022 年 10 月 16 日电　新华社记者吴晶、高敬、魏玉坤、谭谟晓、于文静、叶昊鸣）

谱写新时代中国特色社会主义更加绚丽的华章

——党的二十大代表讨论二十大报告综述之二

"全党同志务必不忘初心、牢记使命,务必谦虚谨慎、艰苦奋斗,务必敢于斗争、善于斗争,坚定历史自信,增强历史主动,谱写新时代中国特色社会主义更加绚丽的华章。"习近平总书记在党的二十大报告中深刻总结了新时代十年极不平凡的成就和伟大变革,在向第二个百年奋斗目标进军的关键时刻,举旗定向,凝心聚力,在代表中引发强烈讨论。

代表们表示,新时代中国特色社会主义是我们党领导人民进行伟大社会革命的成果,也是我们党领导人民进行伟大社会革命的继续。这份报告蓝图宏伟,路径清晰,必将激励全党全国人民紧密团结在以习近平同志为核心的党中央周围,自信自强、守正创新,踔厉奋发、勇毅前行,为全面建设社会主义现代化国家、全面推进中华民族伟大复兴而团结奋斗!

新时代的伟大成就,充分彰显中国特色社会主义强大生机活力

金秋十月,蓬勃生长的河北雄安新区,机械轰鸣、塔吊林立。

设立五年来,雄安新区从"一张白纸"起笔,稳扎稳打,一座未来之城拔地而起。这一疏解北京非首都功能、推进京津冀协同发展的历史性工程,昭示出中国特色社会主义的强大生机活力。雄安新区党工委副书记、管委会常务副主任田金昌代表说:这让我们更加坚定信心,高质量高标准建设

| 学习贯彻党的二十大精神述评 |

图为 2022 年 8 月 26 日拍摄的雄安新区雄东片区（无人机照片）。（新华社记者朱旭东摄）

雄安新区，努力创造新时代高质量发展的标杆。

完成脱贫攻坚、全面建成小康社会的历史任务，实现第一个百年奋斗目标，迈上全面建设社会主义现代化国家新征程……

十年砥砺奋进，党和国家事业取得历史性成就、发生历史性变革，彰显中国特色社会主义强大的生机活力，中华民族伟大复兴有了更为完善的制度保证、更为坚实的物质基础、更为主动的精神力量。

习近平总书记在报告中总结了十六个方面的历史性成就、历史性变革，引起国家发展改革委农村经济司干部郑慧涛代表的强烈共鸣。这位曾在河北省灵寿县马家庄村担任驻村第一书记的"80后"博士，带领乡亲们一道发展特色农业、壮大集体经济、改善人居环境、丰富文化生活。

"亲眼见证马家庄村'脱贫摘帽'，亲身参与打赢脱贫攻坚战的宏大实践，最深切的感受是，新时代十年伟大成就的取得，根本在于党的全面领导能够凝聚起广大人民群众追求幸福生活的磅礴力量，这是我们奋进新征程最强大的底气所在。"郑慧涛代表说。

中国特色社会主义最本质的特征是中国共产党领导,中国特色社会主义制度的最大优势是中国共产党领导。

参加过泸定地震救援等多次灾害救援工作的四川省森林消防总队应急通信与车辆勤务大队队长助理母强代表说:"在救援现场,我们的工作是全力搜集灾情态势,第一时间回传相关信息,保障支撑救援行动有序开展,努力保护人民生命财产安全。在这些争分夺秒的特殊战场上,我深深感受到,中国共产党无比坚强的领导力,是风雨来袭时人民最可靠的主心骨。"

"鞋子合不合脚,只有穿的人才知道。"湖南省郴州市委书记吴巨培代表说,十年来,在新发展理念指引下,当地坚持生态优先、绿色发展,绿水青山真正成了金山银山。实践证明,这条道路符合中国实际、反映中国人民意愿、适应时代发展要求,不仅走得对、走得通,而且也一定能够走得稳、走得好。

高举伟大旗帜,以中国式现代化全面推进中华民族伟大复兴

旗帜决定方向,道路决定命运。党要在新的历史方位上实现新时代党的历史使命,最根本的就是要高举中国特色社会主义伟大旗帜。

"从现在起,中国共产党的中心任务就是团结带领全国各族人民全面建成社会主义现代化强国、实现第二个百年奋斗目标,以中国式现代化全面推进中华民族伟大复兴。"习近平总书记在报告中的这一重要宣示,在代表中引起广泛共鸣。

坚持农业农村优先发展、发展乡村特色产业、拓宽农民增收致富渠道……聆听了总书记的报告,福建省寿宁县下党乡党委书记项忠红代表第一时间通过视频电话向远在1800公里外的乡亲们分享感受。"怎么增加致富渠道,怎么让大家的口袋再鼓点儿,是眼下乡亲们最关心的事儿,这些事报告有部署。下党乡将继续充分挖掘绿水青山的生态资源,推进一二三

| 学习贯彻党的二十大精神述评 |

党代表通道 | 谢春涛：党的二十大一定会成为实现中华民族伟大复兴进程中的重要里程碑

产业融合发展，以生态为先，走好乡村振兴之路。"

推动县域高质量发展、对口帮扶欠发达地区……浙江嘉善县委书记江海洋代表深有感触："共同富裕要靠一代代人努力奋斗。我们将统筹推进城乡深度融合，让老百姓共享高质量发展的成果。"

人口规模巨大的现代化，全体人民共同富裕的现代化，物质文明和精神文明相协调的现代化，人与自然和谐共生的现代化，走和平发展道路的现代化……中国式现代化，是中国共产党领导的社会主义现代化，既有各国现代化的共同特征，更有基于自己国情的中国特色。

昔日脱贫攻坚主战场，今朝正奋力建设数字经济发展创新区，贵州省凭借大数据等科技赋能，努力"弯道超车"实现跨越式发展。

贵州东方世纪科技股份有限公司党支部书记李胜代表说，坚持把发展经济的着力点放在实体经济上，牢牢抓住加快建设数字中国的机遇期，持续提高"智慧防汛减灾"的精度、速度和广度，为西部大开发和全面推进乡村振兴战略提供更加安全的保障。

实践已经证明，也必将进一步证明：中国特色社会主义道路一定会越走越宽广。商务印书馆学术编辑中心副主任李婷婷代表说，现代化的道路不止一条，中国式现代化为发展中国家提供了一条具有重要借鉴意义的道路，也为世界现代化进程贡献了具有中国特色的智慧和方案，更为我们走好中国特色社会主义道路坚定信念、增强信心。

坚持必由之路，用伟大奋斗创造新的历史伟业

世界百年未有之大变局加速演进，世界之变、时代之变、历史之变的特征更加明显。我国发展面临新的战略机遇、新的战略任务、新的战略阶段、新的战略要求、新的战略环境，需要应对的风险和挑战、需要解决的矛盾和问题比以往更加错综复杂。

习近平总书记在二十大报告中，对全面建成社会主义现代化强国两步走战略安排和未来5年的战略任务作了进一步部署。代表们纷纷表示，这些部署目标明晰、前景可期，对坚定不移走中国特色社会主义道路，更加充满自信。

广东新会美达锦纶有限公司首席工程师陈欣代表说，近年来，公司成功进入化纤纺织和新材料一体的高新技术领域，顺利打开国内国际市场。"未来5年是全面建设社会主义现代化国家开局起步的关键时期。紧紧抓住解决不平衡不充分的发展问题，对于企业来说，就是要坚持不懈抓技术创新，攻坚克难，不断提升核心竞争力。"

汽笛长鸣，位于重庆沙坪坝区的国际物流枢纽园区一片繁忙。2011年3月，第一列中欧班列从这里驶出；如今，每天有10余列中欧班列（重庆）和西部陆海新通道铁海联运班列等从这里出发，成为联通国际国内、稳定全球产业链供应链的重要力量。

"习近平总书记强调'五个必由之路'，指出中国特色社会主义是实现中华民族伟大复兴的必由之路。"重庆市沙坪坝区委书记唐小平代表说，我国发展进入战略机遇和风险挑战并存、不确定难预料因素增多的时期。关键是要坚定信心，踏踏实实办好每一件事情，以正确的战略策略应变局、育新机、开新局，依靠顽强斗争打开事业发展新天地、把握发展主动权。

准备经受风高浪急甚至惊涛骇浪的重大考验，必须增强忧患意识，坚持底线思维。习近平总书记在报告中明确了"坚持和加强党的全面领导""坚持中国特色社会主义道路""坚持以人民为中心的发展思想""坚持深化

改革开放""坚持发扬斗争精神"的重大原则,在代表中引发热烈反响。

二十大代表刘源是长安汽车的一名技术工人,35年的职业生涯中,他自创了一套"看、听、析、查"维修"四步法",曾多次带领团队破解进口设备疑难杂症、突破国外湿式离合器等技术封锁,见证了中国汽车工业的长足进步。

"在新能源和智能网联汽车领域,我们已经逐渐可以平视全球,背后的秘诀就是创新。但要从汽车大国迈向汽车强国、从制造大国迈向制造强国,我们还必须励志竭精、持之以恒搞创新,努力推动实现高水平科技自立自强,把中国发展进步的命运牢牢掌握在自己手中。"刘源代表说。

党用伟大奋斗创造了百年伟业,也一定能用新的伟大奋斗创造新的伟业,从胜利走向新的胜利。

参加过12次南极科考、3次北极科考的中国极地研究中心"雪龙2"号船长赵炎平代表,认真研读报告后心潮澎湃。

他说:"从'雪龙'号到'雪龙2'号,'双龙探极'背后是我国科技创新能力的不断跃升。我们将增强需要科技创新的'活力'、不断前行的'毅力'、攻坚克难的'努力'、勇于攀登的'魄力'。以极地探索的热情和勇气,不断加大科研攻关力度,坚持发扬斗争精神,为推进中华民族伟大复兴攻坚克难、破冰前行!"

代表们表示,党的二十大报告进一步指明了党和国家事业的前进方向,是我们党团结带领全国各族人民在新时代新征程坚持和发展中国特色社会主义的政治宣言和行动纲领。在以习近平同志为核心的党中央领导下,坚定信心、奋勇前进,心往一处想、劲往一处使,就一定能够推动中华民族伟大复兴号巨轮乘风破浪、扬帆远航。

(新华社北京2022年10月17日电 新华社记者安蓓、施雨岑、叶昊鸣、何宗渝、于文静、白阳)

不断谱写马克思主义中国化时代化新篇章
——党的二十大代表讨论二十大报告综述之三

一个民族要走在时代前列,就一刻不能没有理论思维,一刻不能没有思想指引。

习近平总书记在党的二十大报告中指出,不断谱写马克思主义中国化时代化新篇章,是当代中国共产党人的庄严历史责任。

代表们在讨论中表示,习近平新时代中国特色社会主义思想是自觉坚持和发展马克思主义的典范,是当代中国马克思主义、二十一世纪马克思主义,实现了马克思主义中国化时代化新的飞跃。习近平新时代中国特色社会主义思想指引新时代十年党和国家事业不断向前发展,必将引领中华民族迈向更加辉煌的未来。

十年伟大变革证明,中国共产党为什么能,中国特色社会主义为什么好,归根到底是马克思主义行,是中国化时代化的马克思主义行

"新时代十年的伟大变革,在党史、新中国史、改革开放史、社会主义发展史、中华民族发展史上具有里程碑意义。"

习近平总书记所作的二十大报告,对新时代十年伟大变革作出凝练概括,让与会代表感同身受。

代表们认为,党的十八大以来,面对国内外形势新变化和实践新要求,

| 学习贯彻党的二十大精神述评 |

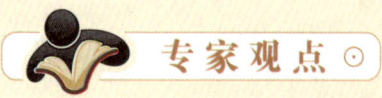

专家观点

新时代十年伟大变革再次证明，拥有马克思主义科学理论指导是我们党坚定信仰信念、把握历史主动的根本所在。

——中央党校（国家行政学院）教授张忠军

以习近平同志为核心的党中央，以巨大的政治智慧和理论勇气，从理论和实践的结合上深刻回答了新时代坚持和发展什么样的中国特色社会主义、怎样坚持和发展中国特色社会主义，建设什么样的社会主义现代化强国、怎样建设社会主义现代化强国，建设什么样的长期执政的马克思主义政党、怎样建设长期执政的马克思主义政党等重大时代课题，以一系列具有战略性、前瞻性、创造性的新理念新思想新战略，标注了马克思主义发展的新高度。

"新时代十年伟大变革再次证明，拥有马克思主义科学理论指导是我们党坚定信仰信念、把握历史主动的根本所在。"中央党校（国家行政学院）办公厅主任张忠军代表说，聆听习近平总书记所作的报告，更加深刻领悟到习近平新时代中国特色社会主义思想的强大真理力量和实践伟力。

张忠军表示，习近平总书记在领导党和人民应变局、育新机、开新局的伟大实践中，勇于进行理论探索和创新。习近平新时代中国特色社会主义思想，以全新视野深化了对共产党执政规律、社会主义建设规律、人类社会发展规律的认识，开辟了马克思主义中国化时代化新境界。

推进马克思主义中国化时代化是一个追求真理、揭示真理、笃行真理的过程。

在航班上为乘客讲述建党故事，开展"百物进百校，百讲证百年"活动，推出沉浸式情景党课……多年来，中共一大纪念馆宣传教育部主任杨宇代表和同事们致力于在党的诞生地讲好真理的故事，展现百年党史中闪耀着的思想光芒。

杨宇说，中国共产党从诞生之日起，就把马克思主义鲜明地写在自己的旗帜上，先进的思想、科学的理论始终与我们党非凡的事业彼此辉映。习近平新时代中国特色社会主义思想在当代中国、二十一世纪的世界擎起马克思主义的光辉旗帜，科学社会主义在二十一世纪的中国焕发出新的蓬勃生机。

在"世界屋脊"青藏高原，青海省西宁市林业科学研究所党支部书记、所长张锦梅代表的团队正在进行胡杨的繁育研究。海拔2200多米的高原温室内，一株株冒出嫩芽的胡杨苗茁壮成长。

"这些年，我们积极践行习近平生态文明思想，让天更蓝、山更绿、水更清、生态环境更美好，生态环境保护发生历史性、转折性、全局性变化。"张锦梅说。

代表们表示，新时代十年党和国家事业取得历史性成就、发生历史性变革，根本在于有以习近平同志为核心的党中央掌舵领航，在于有习近平新时代中国特色社会主义思想科学指引。

坚持把马克思主义基本原理同中国具体实际相结合、同中华优秀传统文化相结合，使马克思主义永葆生机活力

习近平总书记在二十大报告中指出，中国共产党人深刻认识到，只有把马克思主义基本原理同中国具体实际相结合、同中华优秀传统文化相结合，坚持运用辩证唯物主义和历史唯物主义，才能正确回答时代和实践提出的重大问题，才能始终保持马克思主义的蓬勃生机和旺盛活力。

现场聆听习近平总书记的报告，安徽师范大学马克思主义学院教授路丙辉代表提笔记下重点。他说："马克思主义之所以能在中国焕发盎然生机和活力，很重要的一点就是深深扎根中国大地，从中华优秀传统文化中汲取养分。"

坚持和发展马克思主义，必须立足中国国情，汲取中国经验。

"遵义会议在把马克思主义基本原理同中国具体实际相结合、坚持走独

立自主道路等方面留下了宝贵经验和重要启示。"贵州省委常委、遵义市委书记李睿代表说，习近平新时代中国特色社会主义思想坚持用马克思主义之"矢"去射新时代中国之"的"，使马克思主义中国化时代化呈现出更多中国特色、中国风格、中国气派。

李睿表示，作为革命老区的党员干部，要牢记习近平总书记殷殷嘱托，坚持解放思想、实事求是、与时俱进、求真务实，一切从实际出发，立足当地丰富红色文化资源，把遵义建设得更好，让人民生活更幸福。

坚持和发展马克思主义，必须增强文化自觉，坚定文化自信。

"中华优秀传统文化是中华文明的智慧结晶，是中华民族的根和魂，与马克思主义许多重大观点具有天然的、内在的契合性。"湖北省文物考古研究院院长、湖北省博物馆馆长方勤代表说。

他说，习近平新时代中国特色社会主义思想植根广袤中国大地和中华民族历史，把马克思主义的思想精髓同中华优秀传统文化的精神特质贯通起来，推动中华优秀传统文化创造性转化、创新性发展，不断夯实马克思主义中国化时代化的历史基础和群众基础。

代表们表示，当代中国正经历着我国历史上最为广泛而深刻的社会变革，也正在进行着人类历史上最为宏大而独特的实践创新，要更好理解"两个结合"的历史必然,脚踩中华大地、仰望历史星空,让中华优秀传统文化在马克思主义真理之光的淬炼下迸发出新的强大生命力,沿着中华民族伟大复兴之路砥砺前行。

续写马克思主义中国化时代化新篇章,让马克思主义在中国大地上展现出更强大更有说服力的真理力量

继续推进实践基础上的理论创新,首先要把握好习近平新时代中国特色社会主义思想的世界观和方法论,坚持好、运用好贯穿其中的立场观点方法。

二十大报告强调,必须"坚持人民至上""坚持自信自立""坚持守正创新""坚持问题导向""坚持系统观念""坚持胸怀天下",引发代表们热烈讨论。

"'六个坚持'的第一条就是坚持人民至上。"山东省临沂市兰陵县代村党委书记王传喜代表说,"我们要站稳人民立场,老百姓盼的就是我们要干的,在工作中尊重群众创造、集中群众智慧,不断提高群众的'幸福指数',用奋斗绘就乡村振兴美丽画卷。"

创新才能把握时代、引领时代。

这段时间,辽宁省大连船舶重工集团有限公司副总工程师关英华代表正与团队合力攻坚"绿色生态示范船"科研项目,着力在船型开发等方面实现创新。

作为中国民用船舶设计学科带头人,关英华一

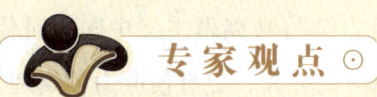 专家观点

作为科研工作者,我们要学懂弄通做实习近平新时代中国特色社会主义思想,以科学的态度对待科学,以真理的精神追求真理,坚持自立自强,走自主创新之路,努力以更多核心技术突破赢得竞争、赢得未来。

——中国民用船舶设计学科带头人 关英华

直深耕在船舶研发和设计建造技术第一线。"作为科研工作者，我们要学懂弄通做实习近平新时代中国特色社会主义思想，以科学的态度对待科学，以真理的精神追求真理，坚持自立自强，走自主创新之路，努力以更多核心技术突破赢得竞争、赢得未来。"

"七一勋章"获得者、福建省福州市军门社区党委书记林丹代表扎根社区工作数十载，创新设立居民恳谈会，不断探索丰富社区治理方式方法。

翻开林丹的社区工作日志，小到一家一户的生活难题，大到社区治安、基础设施的改造，林丹展开扎实调研、找到工作思路，巧妙解决老百姓的急难愁盼。

"我们坚持不懈用习近平新时代中国特色社会主义思想武装头脑、指导实践、推动工作，必须认真领会'六个坚持'，做到知其言更知其义、知其然更知其所以然，不断提高科学思维能力，把握事物发展规律，更好用党的创新理论指导社区工作、破解治理难点。"林丹说。

奋进新征程，奋斗正当时。

代表们表示，踏上向第二个百年奋斗目标进军的新征程，要深刻领悟"两个确立"的决定性意义，增强"四个意识"、坚定"四个自信"、做到"两个维护"，自觉做习近平新时代中国特色社会主义思想的坚定信仰者、忠实实践者，努力续写马克思主义中国化时代化新篇章，让马克思主义在中国大地上展现出更强大、更有说服力的真理力量。

（新华社北京2022年10月18日电　新华社记者丁小溪、张研、李惊亚、郭敬丹、李宁、刘美子、喻珮、杨文、丁非白、王成）

始终同人民同呼吸、共命运、心连心

——党的二十大代表讨论二十大报告综述之四

习近平总书记在党的二十大报告中指出，"团结就是力量，团结才能胜利。全面建设社会主义现代化国家，必须充分发挥亿万人民的创造伟力""始终同人民同呼吸、共命运、心连心"。

代表们一致认为，人民是党执政兴国的最大底气。坚持一切为了人民、一切依靠人民，赢得人民信任，得到人民支持，党就能够克服任何困难，就能够一往无前、无往不胜，就必将形成同心共圆中国梦的强大合力。

坚持人民至上："深入贯彻以人民为中心的发展思想"

河南省辉县市张村乡裴寨村党支部书记裴春亮代表手中的二十大报告上，一句句围绕人民的阐述，一项项增进人民福祉的部署，被画上了一道道着重线。

"'人民'作为报告的关键词、高频词，充分彰显我们说的人民立场、人民情怀。"裴春亮深有感触地说，坚持以人民为中心，是新时代坚持和发展中国特色社会主义的一条基本方略，也是贯穿习近平新时代中国特色社会主义思想的一条主线，推动着造福人民的伟大事业不断向前。

"面对突如其来的新冠肺炎疫情，我们坚持人民至上、生命至上，坚持动态清零不动摇，开展抗击疫情人民战争、总体战、阻击战，最大限度保

| 学习贯彻党的二十大精神述评 |

护了人民生命安全和身体健康";

"经过接续奋斗,实现了小康这个中华民族的千年梦想,打赢了人类历史上规模最大的脱贫攻坚战";

"深入贯彻以人民为中心的发展思想,在幼有所育、学有所教、劳有所得、病有所医、老有所养、住有所居、弱有所扶上持续用力,人民生活全方位改善"……

10年非凡成就,书写在物阜民丰、万家灯火里,每一位代表都体会真切。

宁夏固原,曾被外国专家认为"不具备人类生存基本条件"的苦瘠之地,如今变为山绿、民富的宜居之城。

"一路走来,愈发感悟思想的伟力,愈发坚定让人民生活幸福就是'国之大者'。"固原市委书记冼国义代表说,全面推进乡村振兴的深度、广度、难度都不亚于脱贫攻坚,决不能有任何喘口气、歇歇脚的想法。

"江山就是人民,人民就是江山。中国共产党领导人民打江山、守江山,守的是人民的心。"

图为2022年7月3日,宁夏固原市原州区炭山乡炭山村村民操作小型割晒机收割冬小麦(无人机照片)。(新华社记者冯开华摄)

"人心是最大的政治。谁把人民放在心上,人民就会把谁放在心上。"湖南党史陈列馆副馆长陈艳代表常常向人们讲述"半条被子"的故事。在她看来,这段温暖人心的历史中藏着中国共产党历久弥新的精神"密码"。

"正是因为坚守'为了人民'这一崇高理念,党才赢得了人民群众的信任、拥护和支持,才得以冲破重重险阻发展壮大,才取得了新时代十年的辉煌成就。"陈艳说,前进道路上还会经受风高浪急甚至惊涛骇浪,始终把人民放在心中最高位置,把人民幸福镌刻在发展答卷中,就能走好新时代的长征路。

鉴往知来,砥行致远。

"与人民同呼吸、共命运、心连心,是共产党人的初心,永远不会改变。"驻村近4年,重庆市司法局人民参与和促进法治处处长杨懿代表对"人民"二字的理解更加深入,"党团结带领人民进行革命、建设、改革,根本目的就是为了让人民过上好日子,无论面临多大挑战和压力,无论付出多大牺牲和代价,这一点都始终不渝、毫不动摇。"

不断造福人民:"坚持在发展中保障和改善民生"

民之所盼,政之所向。

习近平总书记在报告中鲜明指出:"为民造福是立党为公、执政为民的本质要求。必须坚持在发展中保障和改善民生,鼓励共同奋斗创造美好生活,不断实现人民对美好生活的向往。"

从收入到就业、从教育到医疗、从养老到社会保障……报告聚焦人民群众的操心事、烦心事、揪心事,部署一系列新举措,着力增进民生福祉、回应人民期盼,代表们表示倍增信心、倍添干劲。

"报告把保障人民健康放在优先发展的战略位置,体现了对人民生命健康的高度重视。"甘肃省庆阳市人民医院重症监护室护士长脱亚莉代表说,自己所在医院的同事们已第一时间在网上关注到相关内容,感到很振奋。

|学习贯彻党的二十大精神述评|

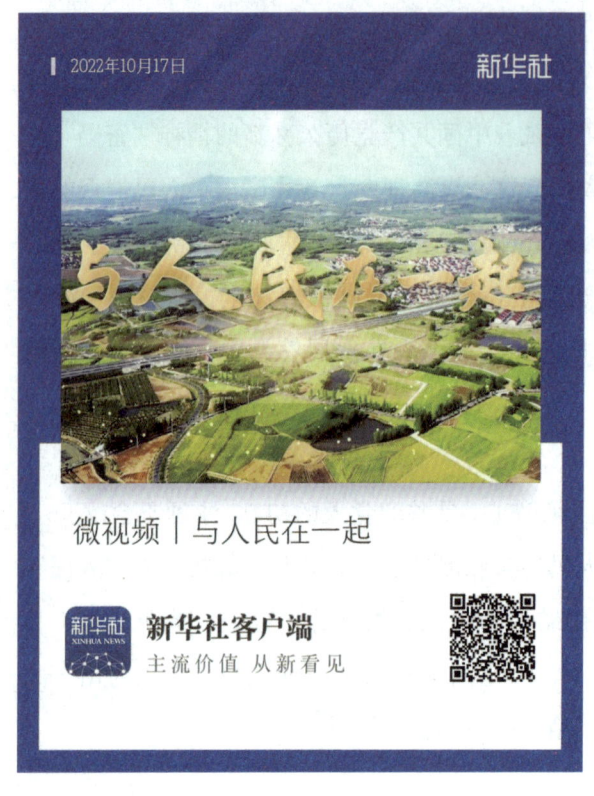

脱亚莉说,从"有没有"到"好不好",党中央顺应民生需求的新变化,提出促进优质医疗资源扩容和区域均衡布局,坚持预防为主,加强重大慢性病健康管理等要求,将推动我国医疗卫生事业由"以治病为中心"向"以人民健康为中心"转变。

为求职者"一对一"推荐岗位,实地走访用人单位,在抖音上直播带岗……这是来京之前,吉林省白城市洮北区公共就业服务实训指导中心主任于砚华代表的日常工作。

"就业是民生之本,牵动着千家万户。"于砚华说,报告对重点群体就业、消除就业歧视、加强灵活就业和新就业形态劳动者权益保障等作出部署,将助推更多劳动者高质量充分就业,过上更好日子。

贵州省望谟县实验高中副校长刘秀祥代表,对报告中"办好人民满意的教育"相关内容反复研读。

"过去10年,我们发起的'助学走乡村行动'帮助4200多名贫困学生顺利完成了学业,相信在政策有力支持下,我们的办学条件和师资水平会越来越好,山里的孩子们能享受到更加优质的教育。"刘秀祥说。

"我们要实现好、维护好、发展好最广大人民根本利益,紧紧抓住人民最关心最直接最现实的利益问题,坚持尽力而为、量力而行,深入群众、深入基层,采取更多惠民生、暖民心举措,着力解决好人民群众急难愁盼问题,健全基本公共服务体系,提高公共服务水平,增强均衡性和可及性,扎实推进共同富裕。"放眼未来,报告指明奋进的方向。

江西省上犹县安和乡富湾村党支部书记康宽军代表,对"奋进新时代"主题成就展中一张张充满笑脸的照片印象最深刻:"这是实实在在的幸福感和获得感,是最生动的民生答卷。"

"时代是出卷人,我们是答卷人,人民是阅卷人。"康宽军表示,"报告激励我们始终把人民安居乐业、安危冷暖放在心上,用心用情用力解决群众关心的实际问题,一件一件抓落实,一年接着一年干,努力让群众看到变化、得到实惠。"

紧紧依靠人民:"充分发挥亿万人民的创造伟力"

全面建设社会主义现代化国家,必须充分发挥亿万人民的创造伟力。

习近平总书记在报告中强调,"全党要坚持全心全意为人民服务的根本宗旨,树牢群众观点,贯彻群众路线,尊重人民首创精神,坚持一切为了人民、一切依靠人民,从群众中来、到群众中去",引发代表们广泛共鸣。

山东省烟台市芝罘区毓璜顶街道,"壹家生活社区厨房"火热开张。这个便利老人的社区食堂,房子由小区居民提供,服务人员是志愿者,建设投入来自社区红色先锋公益基金。

"人民群众蕴藏无限智慧和力量。我们社区工作既服务群众,也依靠群众,二者彼此交融、相互推进。"毓璜顶街道大海阳社区党委书记冷晓燕代表说,将以人民为师,向群众问策,共建共治共享美好社区生活。

党的根基在人民、血脉在人民、力量在人民。

参军 160 万人,民工 313 万人,担架 20 万副……辽宁锦州,辽沈战役纪念馆支前馆的一组"东北解放战争人民支前统计",让许多参观者驻足深思。

"我们党为人民而生、因人民而兴。"锦州市委书记靳国卫代表表示,群众路线的法宝不可丢。必须坚持问计于民、问需于民，把握群众所思所想所盼，凝聚民心民智民力，努力开拓发展新局面。

人民是中国共产党领导和执政的力量源泉，是决定党和国家前途命运的根本力量。

2020年，新冠肺炎疫情汹汹来袭。武汉上万名建设工人夜以继日轮班施工，近千台设备、车辆彻夜运行，创下了10天建成火神山医院的中国速度。

"紧紧依靠人民，我们党跨过了一道又一道沟坎，取得了一个又一个胜利。"作为亲历者与建设者，回忆起这一幕，中国建筑三局电气工程师肖帅代表说。

"站在新起点上，我们紧紧依靠人民、不断造福人民、牢牢根植人民，把政治智慧的增长、执政本领的增强深深扎根于人民的创造性实践，力争继续在全面深化改革、推进乡村振兴中再立新功。"安徽凤阳县小岗村党委书记周群之代表说。

代表们表示，在以习近平同志为核心的党中央坚强领导下，始终同人民同呼吸、共命运、心连心，必将凝聚起团结奋斗的磅礴力量，谱写新时代中国特色社会主义更加绚丽的华章。

（新华社北京2022年10月19日电　新华社记者姜琳、谭谟晓、叶昊鸣、魏玉坤、于文静、白阳）

以党的自我革命引领社会革命

——党的二十大代表谈坚持全面从严治党综述

勇于自我革命,是我们党最鲜明的品格,也是我们党最大的优势。

党的二十大代表在审议十九届中央纪委工作报告时表示,10年来,以习近平同志为核心的党中央坚持以伟大自我革命引领伟大社会革命、以伟大社会革命促进伟大自我革命,全面从严治党取得了历史性、开创性成就,产生了全方位、深层次影响。经过不懈努力,党找到了自我革命这一跳出治乱兴衰历史周期率的第二个答案,确保党永远不变质、不变色、不变味。

开辟百年大党自我革命新境界

餐饮住宿节俭朴素,会议安排紧凑高效,讨论发言简洁务实……二十大朴实的会风、严明的会纪,令许多代表印象深刻。

"会风折射作风,作风事关党风。"党的十八大以来,作风建设从中央八项规定破题,持之以恒正风肃纪,让上海市黄浦区卢湾一中心小学校长吴蓉瑾代表由衷"点赞"。

"扭住加强作风建设的关键节点不放、寸步不让,曾经困扰家长和教师的节日送礼现象得到整治,学校聚精会神办学、教师安安心心育人。"吴蓉瑾说。

从遏制"舌尖上的浪费"、刹住"车轮上的腐败"、整治"会所里的歪风",到多措并举遏制"天价月饼""天价烟酒",再到厉行节约、反对浪费……二十大报告指出,以钉钉子精神纠治"四风",刹住了一些长期没有刹住的歪风,纠治了一些多年未除的顽瘴痼疾。

"以'严'的主基调持续纠'四风'、树新风,管出习惯、化风成俗。"吉林化纤集团有限责任公司董事长宋德武代表深有感触,"十年来,着力构建亲清新型政商关系,我们切身感受到政府和企业沟通更高效,为企业专注创新发展创造了良好环境。"

作风关系党的形象,腐败侵蚀党的肌体。

党的十八大以来,反腐败斗争取得压倒性胜利并全面巩固。正如二十大报告鲜明指出:"开展了史无前例的反腐败斗争,以'得罪千百人、不负十四亿'的使命担当祛疴治乱"。

中央纪委副书记、国家监委副主任肖培 17 日在二十大新闻中心记者招待会上介绍,党的十八大以来,全国纪检监察机关共立案 464.8 万余件,其中,立案审查调查中管干部 553 人,处分厅局级干部 2.5 万多人、县处级干部 18.2 万多人。

"通过权力换来的钱,害人害己。作为一名共产党员,不管身份职务如何变化,初心和使命不能变。"西藏高争建材股份有限公司副总经理旦增顿珠代表说,党风廉政建设和反腐败斗争深入推进,揪出了群众身边的"蝇贪""鼠害""蛀虫",极大增强了人民群众获得感、幸福感、安全感,厚植党的执政基础和群众基础。

代表们一致认为,全面从严治党是新时代党的自我革命的伟大实践,开辟了百年大党自我革命的新境界。全党坚定理想信念、严密组织体系、严明纪律规矩,党在革命性锻造中更加坚强有力,必将在前进道路上不断创造令人刮目相看的伟大奇迹。

以党的政治建设统领党的建设各项工作

政治建设是党的根本性建设,决定党的建设方向和效果。

严明政治纪律和政治规矩;提高各级党组织和党员干部政治判断力、政治领悟力、政治执行力……二十大报告中,党的政治建设纲举目张,为党的建设锚定方向。

"政治方向是第一位的问题,政治方向出现偏差,就可能差之毫厘、谬以千里。"南京航空航天大学马克思主义学院党委书记徐川代表说,前进道路上,必须深刻领悟"两个确立"的决定性意义,不断增强"四个意识"、坚定"四个自信"、做到"两个维护",不断提高政治判断力、政治领悟力、政治执行力,筑牢全面从严治党的政治基础、思想基础、组织基础。

习近平总书记在二十大报告中指出,"增强党组织政治功能和组织功能""抓住'关键少数'以上率下"。

村里修了路、有了产业,年轻人在家门口有了工作,老百姓的日子越过越红火……这些年水乡儿女生活的巨大变化,让贵州省三都水族自治县九阡镇"90后"党委副书记韦子涵代表深刻认识到,一个坚强有力的党组织、一支作风过硬的党员干部队伍的重要性。

"要突出抓好'关键少数',高标准做到知敬畏、存戒惧、守底线,切实做到挺纪在前、警钟长鸣。"韦子涵说,作为青年干部,要坚守初心本色,以先进党员为榜样要求自己,扣好廉洁从政的"第一粒扣子",自觉接受党组织的教育管理监督,树立正确的世界观、人生观、价值观。

强有力的政治监督,是确保党中央重大决策部

专家观点

政治方向是第一位的问题,政治方向出现偏差,就可能差之毫厘、谬以千里。
——南京航空航天大学马克思主义学院党委书记徐川

署贯彻落实到位的重要保障。

"全面从严治党首先要从政治上看、从政治上想、从政治上办。"宁夏回族自治区纪委副书记、自治区监察委员会副主任马文娟代表说，纪检监察机关作为党内监督和国家监察专责机关，更应自觉担起"两个维护"的特殊使命和重大责任，坚持党中央重大决策部署到哪里、监督检查就跟进到哪里。

代表们认为，要把旗帜鲜明讲政治体现在坚决贯彻党中央决策部署的行动上，体现在履职尽责、做好本职工作的实效上，做到对"国之大者"了然于胸，深刻领悟党中央重大决策部署的精神实质和政治内涵，做到知责于心、担责于身、履责于行。

时刻保持解决大党独有难题的清醒和坚定

二十大报告鲜明指出，我们党作为世界上最大的马克思主义执政党，要始终赢得人民拥护、巩固长期执政地位，必须时刻保持解决大党独有难题的清醒和坚定。

"正如习近平总书记在二十大报告中指出，只要存在腐败问题产生的土壤和条件，反腐败斗争就一刻不能停。"仔细审议中纪委工作报告的各项部署，辽宁省沈阳市苏家屯区解放街道党工委副书记、办事处主任吴书香代表感触颇深。

吴书香说："近年来基层存在的一些作风问题得到大力整治，已经取得了明显效果，但这不是一劳永逸的。我们要完善群众参与的评价体系，畅通群众投诉建议渠道，以零容忍态度反腐惩恶。"

治党务必从严，从严必依法度。

进入新时代，党内法规制定力度之大、出台数量之多、制度权威之高、治理效能之好都前所未有，党的制度建设取得历史性成就。

"从中央八项规定、关于新形势下党内政治生活的若干准则，到近期出台的《推进领导干部能上能下规定》，制度建设持续推进，不断深化系统施治、标本兼治的综合效应。"上海市第二中级人民法院立案庭副庭长乔蓓华代表说。

乔蓓华表示,制度的生命力在于执行,要把党内法规制度执行摆在更加突出的位置,坚决纠正有令不行、有禁不止行为,从而充分发挥党内法规的作用,真正彰显党内法规的治理效能。

从作风建设十年如一日,一个毛病一个毛病地纠治、一个问题一个问题地突破;到重拳出击,不敢腐、不能腐、不想腐一体推进,"打虎""拍蝇""猎狐"多管齐下……

"二十大报告提出持续深化纠治'四风',重点纠治形式主义、官僚主义,坚决破除特权思想和特权行为,为我们继续狠抓作风建设指明了方向。"广西南宁百会药业集团有限公司党委副书记、纪委书记李华代表说,"我们将在经营管理中持续强化监督和廉政风险防控,推进企业廉洁文化建设纵深发展,建设忠诚干净担当的干部队伍。"

代表们表示,踏上新征程、迎接新挑战,必须永葆"赶考"的清醒和坚定,落实新时代党的建设总要求,健全全面从严治党体系,全面推进党的自我净化、自我完善、自我革新、自我提高,使我们党坚守初心使命,始终成为中国特色社会主义事业的坚强领导核心。

(新华社北京 2022 年 10 月 20 日电 新华社记者罗沙、孙少龙、熊丰、白阳、姜琳、兰天鸣)

| 学习贯彻党的二十大精神述评 |

顺应时代要求　体现全党意志

——党的二十大代表审议《中国共产党章程（修正案）》综述

党章是党的总章程，对坚持党的全面领导、推进全面从严治党、加强党的建设具有根本性的规范和指导作用。对党章进行修改，是党的二十大的一项重要任务。党的二十大代表在审议《中国共产党章程（修正案）》时表示，党章修改顺应时代要求、体现全党意志、反映人民心愿。要自觉学习党章、遵守党章、贯彻党章、维护党章，进一步凝聚党心民心、在全面建设社会主义现代化国家的新征程上夺取新胜利。

这次党章修改，要把党的二十大报告确立的重大理论观点和重大战略思想写入党章，使党章充分体现马克思主义中国化时代化最新成果，充分体现党的十九大以来党中央提出的治国理政新理念新思想新战略，充分体现党的工作和党的建设的新鲜经验，以适应新形势新任务对党的工作和党的建设提出的新要求。

"我们在基层做党的工作，最基本的就是认真学习党章、忠实贯彻党章。党的二十大根据新形势新任务对党章进行修改，能够使我们更好地落实党中央决策部署，我坚决拥护、完全赞成。"二十大代表、吉林省敦化市大石头镇三道河子村党支部书记、村委会主任谷凤杰说。

苏州大学党委书记江涌代表说，与时俱进是中国共产党作为马克思主义政党的鲜明政治品格。党的全国代表大会根据党的理论创新和实践发展需要对党章进行修改,是我们党的一个惯例。党的十三大以来的历次党的全国代表大会都对党章作了适当修改。党的十九大把习近平新时代中国特色社会主义思想确立为党必须长期坚持的指导思想并写入党章。实践证明,及时把党的理论创新和实践发展重大成果写入党章,有利于更好地推进党和国家事业。

"5年来,正是在习近平新时代中国特色社会主义思想指引下,我们攻坚克难、砥砺前行,全面建成小康社会,开启了全面建设社会主义现代化国家新征程。"河南兰考县委书记李明俊代表说,这几年,世情国情党情发生新的变化,党的创新理论也在实践中不断丰富发展。党章修改充分体现党的十九大以来党中央提出的治国理政新理念新思想新战略,将使党的总章程更加完善,在推进党的事业和党的建设中更好发挥根本性规范和指导作用。

代表们表示,习近平总书记所作的二十大报告,科学回答中国之问、世界之问、人民之问、时代之问,深入阐释党的创新理论的世界观和方法论,明确党的中心任务,作出以中国式现代化全面推进中华民族伟大复兴的战略安排,是党团结带领人民在新时代新征程坚持和发展中国特色社会主义的政治宣言和行动纲领。把报告确立的重大理论观点和重大战略思想写入党章,有利于全党深入贯彻党的二十大精神,把美好蓝图一步步变为生动现实。

"作为一名来自革命老区的基层党员干部,能见证并参与修改党章,深感使命光荣、责任重大。"陕西省延安市黄陵县双龙镇党委副书记柯小海代表说,党章修正案充分体现党的二十大精神,体现新时代党的工作和党的建设的新鲜经验,对我们很有指导意义。我们要紧密结合实际认真贯彻落实,进一步建强基层党组织战斗堡垒,更好地为人民服务。

西藏自治区那曲市特殊教育学校校长次仁拉姆代表表示,党章修改展现了我们党团结带领人民创造新的历史伟业的勇毅担当,镌刻着我们党不变的初心。作为基层教育工作者,要勇担筑梦育人使命,把党章的精神和要求内化于心、外化于行,兢兢业业工作,为每一个孩子都能享有良好的教育而努力。

中共一大纪念馆宣传教育部主任杨宇代表从事党的故事宣讲工作已有 22 年。她说:"作为一名党的故事讲述者,我要在学党章、用党章上走在前列,更加生动地讲好党的故事、党章修改的故事,为推动党章成为党员的自觉遵循贡献力量。"

不忘初心担使命,踔厉奋发启新程。

代表们纷纷表示,新征程上,我们要在以习近平同志为核心的党中央领导下,以习近平新时代中国特色社会主义思想为指引,认真学习党章、严格遵守党章,为全面建设社会主义现代化国家、全面推进中华民族伟大复兴团结奋斗。

(新华社北京 2022 年 10 月 21 日电 新华社记者杨依军、罗沙、白阳、董瑞丰、王思北、魏玉坤、姜琳、郭敬丹、段续、李键、朱丽莉、刘夏村)

创造令人刮目相看的人间奇迹

——党的二十大代表谈新时代十年的伟大变革

这是踔厉奋发的非凡答卷——

十年来,以习近平同志为核心的党中央团结带领人民,采取一系列战略性举措,推进一系列变革性实践,实现一系列突破性进展,取得一系列标志性成果,党和国家事业取得历史性成就、发生历史性变革。

这是彪炳史册的历史性胜利——

十年来,三件大事对党和人民事业具有重大现实意义和深远历史意义:迎来中国共产党成立一百周年;中国特色社会主义进入新时代;完成脱贫攻坚、全面建成小康社会的历史任务,实现第一个百年奋斗目标。

习近平总书记在党的二十大报告中指出:"新时代十年的伟大变革,在党史、新中国史、改革开放史、社会主义发展史、中华民族发展史上具有里程碑意义。"

事非经过不知难,成如容易却艰辛。

连日来,二十大代表

域外声音

中国取得的辉煌成就令全球为之惊叹,令海外华侨华人深感自豪。海外华侨华人与祖国心连心,将紧跟祖国发展步伐,为实现中华民族伟大复兴贡献自己的力量。

——美国南加州华人华侨联合总会会长蔡成华

在讨论二十大报告中纷纷表示，新时代十年创造的伟大成就、实现的伟大变革，最根本的原因在于有习近平总书记作为党中央的核心、全党的核心掌舵领航，在于有习近平新时代中国特色社会主义思想科学指引。新起点新征程上，我们一定能用新的伟大奋斗创造新的伟业。

党在革命性锻造中更加坚强

习近平总书记在二十大报告中指出："全面加强党的领导，确保党中央权威和集中统一领导，确保党发挥总揽全局、协调各方的领导核心作用，我们这个拥有九千六百多万名党员的马克思主义政党更加团结统一。"

二十大代表、河南新乡市裴寨村党支部书记裴春亮仔细研读报告，对"以党建作引领"的工作思路更加清晰。正是靠着把党小组建在农、工、商等产业上，以党员的先进性引领产业高质量发展，昔日贫穷落后的裴寨村变成了远近闻名的"致富村""全国文明村"。

"火车跑得快，全靠车头带。"裴春亮感慨地说，前进道路上，党的领导是我们战胜风险挑战、不断夺取新胜利的根本保障。

办好中国的事情，关键在党。

明确中国特色社会主义最本质的特征是中国共产党领导，中国特色社会主义制度的最大优势是中国共产党领导，中国共产党是最高政治领导力量，坚持党中央集中统一领导是最高政治原则，系统完善党的领导制度体系……十年来，一系列基础性、创制性、战略性举措相继出台，党的领导制度体系不断完善，党的领导方式更加科学。

从举全党全国全社会之力抗击新冠肺炎疫情，到尽锐出战、打赢人类历史上规模最大的脱贫攻坚战，再到践行大国之诺，如期举办北京冬奥会、冬残奥会……

一个又一个事实雄辩地证明："中国共产党所具有的无比坚强的领导力，是风雨来袭时中国人民最可靠的主心骨。"

图为党员在上海中共一大纪念馆里重温入党誓词（2021年6月3日摄）。（新华社记者刘颖摄）

全党有核心，党中央才有权威，党才有力量。

2021年11月，党的十九届六中全会通过的党的第三个历史决议作出重大政治论断——

"党确立习近平同志党中央的核心、全党的核心地位，确立习近平新时代中国特色社会主义思想的指导地位，反映了全党全军全国各族人民共同心愿，对新时代党和国家事业发展、对推进中华民族伟大复兴历史进程具有决定性意义。"

"两个确立"是党在新时代取得的最重大的政治成果、最重要的历史经验，也是中国共产党、中国人民、中华民族走向更加辉煌未来的根本保证。

打最硬的铁，须是铁打的人。走过百年奋斗历程的中国共产党在革命性锻造中更加坚强有力。

"党的十八大以来，全国纪检监察机关立案审查调查中管干部553人，处分厅局级干部2.5万多人、县处级干部18.2万多人。"10月17日，党的二十大新闻中心记者招待会上公布的一组数据引起社会广泛关注。

"重拳'打虎''拍蝇''猎狐',猛药去疴、刮骨疗毒,这是新时代全面从严治党生动的写照。"二十大代表、广西南宁百会药业集团有限公司党委副书记、纪委书记李华说。

"刹住了一些长期没有刹住的歪风,纠治了一些多年未除的顽瘴痼疾""反腐败斗争取得压倒性胜利并全面巩固""消除了党、国家、军队内部存在的严重隐患"……二十大报告中,全面从严治党成就振奋人心。

十年淬火锻造,十年百炼成钢。

习近平总书记在报告中指出:"经过不懈努力,党找到了自我革命这一跳出治乱兴衰历史周期率的第二个答案,自我净化、自我完善、自我革新、自我提高能力显著增强,管党治党宽松软状况得到根本扭转,风清气正的党内政治生态不断形成和发展,确保党永远不变质、不变色、不变味。"

经济发展方式实现根本性转变

国内生产总值从 54 万亿元增长到 114 万亿元,人均国内生产总值从 3.98 万元增加到 8.1 万元;制造业规模、外汇储备稳居世界第一;近 1 亿农村贫困人口实现脱贫,历史性地解决了绝对贫困问题;建成世界上规模最大的教育体系、社会保障体系、医疗卫生体系……

一个细节,更能感受这份非凡答卷的日新月异。

今年 9 月 27 日开幕的"奋进新时代"主题成就展上,一叶叶"成就"风帆拼成的中国经济"奇迹号"巨轮模型,引人关注。

风帆上,映射 2012 年到 2021 年中国发展变化的数据中,就有全球创新指数排名从 34 位升至 12 位这一变化。开展两天后,世界知识产权组织最新发布:2022 年中国这一排名升至第 11 位。

时间回溯到 2012 年,经过改革开放后几十年的高速增长,中国经济面临着增速放缓、污染频发等"发展起来以后的问题"。

从明确"五位一体"总体布局和"四个全面"战略布局，到明确社会主要矛盾发生历史性变化，再到判断我国经济已由高速增长阶段转向高质量发展阶段；从创造性提出新发展理念到作出加快构建新发展格局的重大战略决策……

以习近平同志为核心的党中央对新时代党和国家事业发展作出科学完整的战略部署，引领中国经济迈上更高质量、更有效率、更加公平、更可持续、更为安全的发展之路。

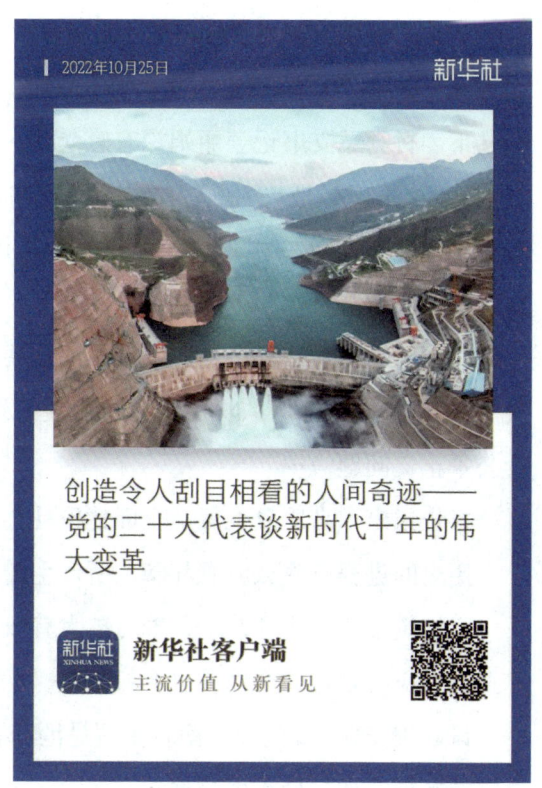

完整、准确、全面贯彻新发展理念，一场关系发展全局的深刻变革全面开启。

创新，成为发展的第一动力。

2018年9月，习近平总书记在中国一重集团有限公司考察时强调："中国要发展，最终要靠自己"。

二十大代表、中国一重水压机锻造厂副厂长刘伯鸣带领团队攻克90多项锻造工艺难关，努力推动超大型锻件国产化。"创新，意味着要突破国外技术封锁。"刘伯鸣深刻感悟到，"核心技术、关键技术要不来、买不来，得靠我们自己干出来。"

十年来，我国加快推进科技自立自强，载人航天、探月探火、深海深地探测、超级计算机、量子信息、大飞机制造等取得重大成果，进入创新型国家行列。

绿色，成为高质量发展的鲜明底色。

"生态环境保护发生历史性、转折性、全局性变化,我们的祖国天更蓝、山更绿、水更清。"二十大报告作出的这一判断,让二十大代表、浙江淳安县下姜村党总支书记姜丽娟深有感受。

曾经,下姜村是"穷脏差"的贫困村,如今践行"绿水青山就是金山银山"理念,下姜村绘就一幅现代版的富春山居图。"我们要把下姜村建设成为共同富裕的示范村。"姜丽娟说。

以创新驱动重塑发展动力,以协调发展解决不平衡问题,以绿色发展解决人与自然和谐问题,以开放发展解决内外联动问题,以共享发展解决社会公平正义问题……

报告指出,高质量发展是全面建设社会主义现代化国家的首要任务。

历史的进程有多么波澜壮阔,所产生的影响就有多么广泛深远——

实施供给侧结构性改革,着力扩大有效需求,切实保障粮食能源安全和产业链供应链稳定,全面推进乡村振兴;

设立雄安新区,建设海南自由贸易港,谋定长江、黄河、京津冀、长三角、粤港澳区域协调发展重大战略;

扩大高水平开放,开创性举办进博会、服贸会、消博会,高质量共建"一带一路";

……

贯彻新发展理念,着力推进高质量发展,推动构建新发展格局,习近平经济思想引领中国经济成功转入高质量发展新航道,为中华民族伟大复兴奠定更为坚实的物质基础,在把握发展主动中迈向更加光明的前景。

实现治理体系和治理能力现代化跃升

经国序民,正其制度。

二十大报告指出,"我们以巨大的政治勇气全面深化改革""许多领域实现历史性变革、系统性重塑、整体性重构""中国特色社会主义制度更加成熟更加定型,国家治理体系和治理能力现代化水平明显提高"。

对新时代的"中国之治",二十大代表、辽宁省鞍山市委书记余功斌感受深刻:"通过打通基层治理'最后一公里',原来听不到的声音现在听到了,原来下不去的政策现在插到底了。"

在钢都鞍山,有700多名机关干部下沉到社区,为群众解难事、办实事。"民有所呼,党有所应。"余功斌说,十年来,基层治理打出了'组合拳',基层党组织的政治优势、组织优势不断转化为治理效能,人民群众的获得感和幸福感更加充实。

强基固本,本固邦宁。小到一个社区、大到一座城市,"中国之治"不断书写着新的时代华章。

国之兴衰系于制,民之安乐皆由治。党的十八大以来,以习近平同志为核心的党中央从"制度优势是一个国家的最大优势,制度竞争是国家间最根本的竞争"的高度来定位制度,把制度建设摆到更加突出的位置。

夯基垒台,立柱架梁——

从十八届三中全会对全面深化改革进行顶层设计,到十八届四中全会对全面依法治国作出明确部署,再到十九届四中全会专门研究坚持和完善中国特色社会主义制度、推进国家治理体系和治理能力现代化并作出决定……

十年来,习近平总书记带领全党筑牢根本制度、完善基本制度、创新重要制度,使中国特色社会主义制度更加成熟更加定型,推进国家治理体系和治理能力现代化实现新的跃升。

守正创新,全面推进——

从完善坚定维护党中央权威和集中统一领导的各项制度,到通过宪法修正案,实施民法典;从充分发挥市场在资源配置中的决定性作用,到实行最严格的生态环境保护制度……

制度好不好,关键看实效;治理怎么样,主要看成效。

"攻克了许多长期没有解决的难题,办成了许多事关长远的大事要事""经受住了来自政治、经济、意识形态、自然界等方面的风险挑战考验"……

对报告中的这些论述,二十大代表、中国石油辽河油田党委书记李忠兴感慨良多。

"大事难事看担当。"李忠兴说,新时代十年,中国"制"与"治"优势不断凸显。

成就振奋鼓舞人心,未来更需接力奋斗。

来自沂蒙革命老区的二十大代表、山东临沂市委书记任刚说,党的二十大发出了全面建成社会主义现代化强国的动员令。我们要在新征程上发扬沂蒙精神,充分释放"制"的优势,做好"治"的文章,打开事业发展新天地。

人民军队实现整体性革命性重塑

强国必须强军,军强才能国安。

"人民军队体制一新、结构一新、格局一新、面貌一新,现代化水平和实战能力显著提升,中国特色强军之路越走越宽广。"二十大报告指出。

党的十八大以来,习近平总书记站在统筹"两个大局"的战略高度,确立党在新时代的强军目标,贯彻新时代党的强军思想,贯彻新时代军事战略方针,坚持党对人民军队的绝对领导,重构人民军队领导指挥体制、现代军事力量体系、军事政策制度,大力度推进国防和军队现代化建设,为实现中华民族伟大复兴提供了坚强有力的战略支撑。

"在理论与实践对接、当前和未来贯通中,联系十年来习主席擘画强军伟业、领航强军征程取得的辉煌成就,我们深切地感受着习近平强军思想的真理力量和实践力量。"二十大代表、陆军工程大学教授俞红说。

2013年3月,在十二届全国人大一次会议解放军代表团全体会议上,习主席指出:"建设一支听党指挥、能打胜仗、作风优良的人民军队,是党在新形势下的强军目标。"

2014年,闽西古田。习主席亲自决策、亲自领导召开古田全军政治工作会议,对新时代政治建军作出部署,强调"坚持党对军队绝对领导是强军之魂,铸牢军魂是我军政治工作的核心任务,任何时候都不能动摇"。

习主席扭住全面从严治党、全面从严治军不放松,推动人民军队政治生态根本好转。

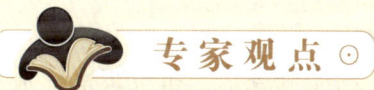

专家观点

在理论与实践对接、当前和未来贯通中,联系十年来习主席擘画强军伟业、领航强军征程取得的辉煌成就,我们深切地感受着习近平强军思想的真理力量和实践力量。

——二十大代表、陆军工程大学教授俞红

2015年11月,中央军委改革工作会议召开。习主席庄严宣告,全面实施改革强军战略,坚定不移走中国特色强军之路。这是新中国成立以来最为广泛、最为深刻的国防和军队改革。

2017年7月30日,建军90周年之际,朱日和,1.2万名官兵沙场受阅。人民军队改革重塑后第一次全新亮相。

经过5年努力,人民军队实现了政治生态重塑、组织形态重塑、力量体系重塑、作风形象重塑,重整行装再出发,在中国特色强军之路上迈出了坚实步伐。

这年秋天,党的十九大就国防和军队现代化作了新的战略筹划和安排——

同国家现代化进程相一致,全面推进军事理论现代化、军队组织形态现代化、军事人员现代化、武器装备现代化,力争到2035年基本实现国防和军队现代化,到本世纪中叶把人民军队全面建成世界一流军队。

2020年,党的十九届五中全会通过的"十四五"规划建议,明确提出"确保2027年实现建军百年奋斗目标"。

2021年11月,国防和军队现代化新"三步走"战略,写入党的第三个历史决议。谋篇布局2027,前瞻运筹2035,深远经略2050……人民军队按下了迈向世界一流的"快进键"。

"我有幸成为强军征程上的追梦人,见证了改革强军的加速推进。"二十大代表、空军某基地一级飞行员陈浏,具备歼-20、歼-16、歼-10C三型战机通飞能力,谈及十年"追梦"征途,他倍感自豪。

强军征程上,能打胜仗是核心,反映军队的根本职能和军队建设的根本指向。

从2018年至2022年,习主席连续5年向全军发布开训动员令,聚焦的都是练兵备战,指向的都是能打仗、打胜仗。

"实现建军一百年奋斗目标,开创国防和军队现代化新局面。"新的历史起点上,二十大报告对国防和军队建设的崭新擘画催人奋进。

基层是部队全部工作和战斗力的基础。身为一名逐梦远海大洋的基层带兵人,二十大代表、海军某潜艇艇长张晓鹏表示:"万里航程党指引。我将继续和艇员一起砺剑大洋。"

焕发出更为强烈的历史自觉和主动精神

"中国人民的前进动力更加强大、奋斗精神更加昂扬、必胜信念更加坚定,焕发出更为强烈的历史自觉和主动精神,中国共产党和中国人民正信心百倍推进中华民族从站起来、富起来到强起来的伟大飞跃。"

报告中的这句话,将二十大代表、上海交通大学党委书记杨振斌的思绪,带回一年多前那难忘的一幕——

2021年全国两会,习近平总书记在政协医药卫生界、教育界委员联组会上说:"中国的70后、80后、90后、00后走出国门,已经可以平视这个世界了,这就是自信"。

当时在现场聆听这番话的杨振斌感受深刻:"这些年,我在与青年学生的交流中,确实能感觉到同学们具有了更强烈的文化自信、更大的精神动力。"

今日中国,江山壮丽、人民豪迈。

作为党的十八大以来最重要的成就、最宝贵的财富,习近平新时代中国特色社会主义思想是当代中国马克思主义、二十一世纪马克思主义,是中华文化和中国精神的时代精华,为我们提供了认识世界、改造世界的强大思想武器,让中华民族伟大复兴获得了前所未有的历史主动、精神主动。

从上海的石库门到北京的天安门,从讲述党代会到参加党代会,二十大代表、中共一大纪念馆宣传教育部主任杨宇深感自己一直奋战在宣传红色文化第一线的责任重大:"更鲜活地讲好党的故事,更生动地诠释伟大建党精神。希望红色文化不断有新传承、新表达和新活力。"

岁月奔涌。从伟大建党精神到伟大脱贫攻坚精神、伟大抗疫精神……精神谱系始终绵延闪耀、传承不绝,一座座精神丰碑指引着亿万人民奋勇前进。

十年来,从广泛开展中国特色社会主义和中国梦宣传教育、推动理想信念教育常态化制度化、完善思想政治工作体系,到建立健全党和国家功勋荣誉表彰制度、设立烈士纪念日,再到深化群众性精神文明创建、建设新时代文明实践中心、推动学习大国建设……以社会主义核心价值观引领文化建设,人们的精神世界更加充盈饱满,理想信念的根基更加牢固。

十年来,《复兴文库》《中华传统文化百部经典》编纂、出版,熔古铸今、激活经典;中国国家版本馆正式开馆,充分体现着我们党传承发展中华文化的高度自觉、汲取历史智慧更好走向未来的历史主动……中华优秀传统文化得到创造性转化、创新性发展,文化事业日益繁荣。

伟大事业砥砺伟大精神,伟大精神引领伟大事业。

在以习近平同志为核心的党中央坚强领导下,在习近平新时代中国特色社会主义思想科学指引下,全党全军全国各族人民团结一心、阔步向前,在实现中华民族伟大复兴不可逆转的历史进程中必将创造新的更大奇迹!

(新华社北京 2022 年 10 月 17 日电 新华社记者张旭东、韩洁、黄明、徐扬、施雨岑、孙少龙、叶前)

| 学习贯彻党的二十大精神述评 |

人间正道　必由之路

——党的二十大代表谈坚定不移走中国特色社会主义道路

这是站在新的历史起点上的庄严宣示——

"既不走封闭僵化的老路,也不走改旗易帜的邪路,坚持把国家和民族发展放在自己力量的基点上,坚持把中国发展进步的命运牢牢掌握在自己手中";

这是意气风发迈上新征程的伟大动员——

"从现在起,中国共产党的中心任务就是团结带领全国各族人民全面建成社会主义现代化强国、实现第二个百年奋斗目标,以中国式现代化全面推进中华民族伟大复兴"!

在向第二个百年奋斗目标进军的关键时刻,习近平总书记在党的二十大报告中举旗定向、凝心聚力,号召全党同志不忘初心、牢记使命,谱写新时代中国特色社会主义更加绚丽的华章。

中国特色社会主义道路不仅走得对、走得通,而且走得稳、走得好

方向决定道路,道路决定命运。

17日,习近平总书记在参加广西代表团讨论时深刻指出,实践证明,党的十八大以来党中央的大政方针和工作部署是完全正确的,中国特色社会主义道路是符合中国实际、反映中国人民意愿、适应时代发展要求的,不仅走得对、走得通,而且走得稳、走得好。

这条路,造福亿万人民——

用上 5G 信号、打通公路隧道、接入南方大电网……云南独龙江偏僻山乡的发展巨变,让独龙族脱贫"带头人"高德荣代表感慨不已:"进入新时代,独龙族整族脱贫,实现了与全国其他兄弟民族一道过上小康生活的美好梦想!'直过民族'一步越千年!"

独龙江峡谷屏风九叠,滔滔江水如野马奔腾隔开两岸。这片"险远之地"曾是与世隔绝的"孤岛"。

"以前我出门到州里读书,滑着溜索,花了三天三夜才走出独龙江。"高德荣说,"正是中国特色社会主义道路,让独龙江的道路更加通畅便捷。"

党的十八大以来,以习近平同志为核心的党中央不断深化对社会主义建设规律的认识,带领全国各族人民攻坚克难、开拓进取,打赢了人类历史上最大规模脱贫攻坚战,在中华大地上全面建成小康社会。党和国家事业取得历史性成就、发生历史性变革,推动我国迈上全面建设社会主义现代化国家新征程。

中国特色社会主义在中国取得巨大成功,焕发出蓬勃生机活力。

这条路,扎根中华大地——

刚刚过去的国庆假期,"奋进新时代"主题成就展成为热门打卡地。

深切感受祖国腾飞的巨变,有参观者在留言簿上写道:"我们所走的中国特色社会主义道路,是一条光明之路、希望之路,是'人间正道'。"

中国特色社会主义不是从天上掉下来的,而是党和人民历经千辛万苦、

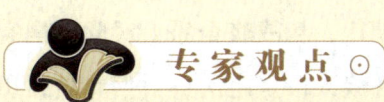

专家观点

中国有着独特的文化传统、历史命运、现实国情,这注定了中国必然要走适合自己特点的发展道路。

——二十大代表、中共中央党史和文献研究院院长曲青山

付出各种代价取得的宝贵成果。得到这个成果极不容易。

"中国有着独特的文化传统、历史命运、现实国情，这注定了中国必然要走适合自己特点的发展道路。"二十大代表、中共中央党史和文献研究院院长曲青山认为，我们的道路自信、理论自信、制度自信、文化自信，来源于实践、来源于人民、来源于真理。

"历史和实践证明，中国特色社会主义是根植于中国大地、反映中国人民意愿、适应中国和时代发展进步要求的科学社会主义。"二十大代表、安徽师范大学马克思主义学院教授路丙辉说。

这条路，通往伟大复兴——

当前，世界百年未有之大变局加速演进，中华民族伟大复兴进入关键时期，我们比历史上任何时期都更接近、更有信心和能力实现中华民族伟大复兴的目标，同时也必须准备付出更为艰巨、更为艰苦的努力。

"未来五年是全面建设社会主义现代化国家开局起步的关键时期。"

我国发展进入战略机遇和风险挑战并存、不确定难预料因素增多的时期，各种"黑天鹅"、"灰犀牛"事件随时可能发生。我们必须增强忧患意识，坚持底线思维，做到居安思危、未雨绸缪，准备经受风高浪急甚至惊涛骇浪的重大考验。

二十大报告科学审视当今世界和当代中国发展大势，科学把握我们面临的战略机遇和风险挑战，全面把握新时代新征程党和国家事业发展新要求、人民群众新期待，从战略全局上对党和国家事业作出规划和部署，指引全党全军全国各族人民坚定历史自信、增强历史主动，奋力开创中国特色社会主义新局面，坚定不移推进中华民族伟大复兴历史进程。

二十大代表，雄安新区党工委副书记、管委会常务副主任田金昌说："中国特色社会主义是中国共产党和中国人民团结的旗帜、奋进的旗帜、胜利的旗帜。我们必须牢牢坚持中国特色社会主义道路，坚定道路自信，咬定青山不放松，努力开创雄安新区高标准高质量建设发展新局面。"

一路披荆斩棘，一路凯歌行进。

我们走自己的路，具有无比广阔的舞台，具有无比深厚的历史底蕴，具有无比强大的前进定力。

中国特色社会主义是实现中华民族伟大复兴的必由之路

习近平总书记在二十大报告中明确提出中国式现代化的本质要求，其中第二条就是"坚持中国特色社会主义"。

党的十八大以来，以习近平同志为核心的党中央带领全党全国各族人民坚定"四个自信"、把握大势全局，为坚持和发展中国特色社会主义举旗定向，牢牢把命运掌握在自己手中。

"爷爷辈造蒸汽机车，父辈造绿皮火车，我造高速动车组列车。"二十大代表、中车青岛四方机车车辆股份有限公司钳工首席技师郭锐一家三代都是铁路人。

作为中国第一代高铁工人，郭锐和他所在的团队为1600多列高速动车组装配转向架。如今，这些列车已经安全运行超过40亿公里。

"交通之变，折射的是一个国家和民族史诗般的巨变。"郭锐说，"铁路网越织越密，高铁的速度更是不断提升，这让我真切感受到了华夏大地澎湃着持续发展的活力与激情。"

路走对了，就不怕水远山高。新时代绘就出波澜壮阔的时代画卷：经济实力、科技实力、综合国力和人民生活水平跃上新的台阶，稳居世界第二大经济体；"嫦娥"落月、"天问"探火、神舟飞天，一个个重大工程体现我国雄厚实力……

正是沿着中国特色社会主义道路砥砺奋进，中国人民创造了世所罕见的经济快速发展和社会长期稳定两大奇迹。实践充分证明，中国特色社会主义是实现中华民族伟大复兴的唯一正确道路。

"从事了30多年的菌草研究，我的菌草梦说到底就是脱贫梦、生态梦。"二十大代表、福建农林大学教授林占熺说，"'绿水青山就是金山银山'

图为 2021 年 5 月 15 日 7 时 18 分，天问一号着陆巡视器成功着陆于火星乌托邦平原南部预选着陆区，我国首次火星探测任务着陆火星成功。这是航天科研人员在北京航天飞行控制中心指挥大厅庆祝。（新华社记者金立旺摄）

的理念已经成为全社会共识，绿色成为美丽中国更加亮丽厚重的底色。"

立足时代之基、回答时代之问、引领时代之变，我们党深刻总结并充分运用党成立以来的历史经验，从新的实际出发，创立了习近平新时代中国特色社会主义思想，实现了马克思主义中国化时代化新的飞跃。

新时代万象更新、日新月异，党和国家事业之所以能够取得历史性成就、发生历史性变革，根本在于习近平总书记掌舵领航，在于习近平新时代中国特色社会主义思想科学指引。

北京冬奥会、冬残奥会成功举办，兑现了我们对国际社会的庄严承诺。二十大代表、国际奥委会委员张虹感触很深："北京冬奥会、冬残奥会令世界惊叹。共同参与、群策群力，正是集中力量办大事的制度优势。"

从党的十八届三中全会作出全面深化改革的顶层设计，到党的十八届四中全会部署全面依法治国，再到党的十九届四中全会作出 13 方面制度安排，

图为中华人民共和国国旗在北京第二十四届冬季奥林匹克运动会开幕式上入场（2022年2月4日摄）。（新华社记者陈益宸摄）

系统描绘中国特色社会主义制度图谱……

支撑中国特色社会主义制度的根本制度不断筑牢、基本制度更加完善、重要制度不断创新，各领域基础性制度框架基本确立，系统完备、科学规范、运行有效的制度体系日渐成型，为实现中华民族伟大复兴提供了更为完善的制度保证。

二十大报告指出，坚持和发展马克思主义，必须同中华优秀传统文化相结合。只有植根本国、本民族历史文化沃土，马克思主义真理之树才能根深叶茂。

"中华文明博大精深、源远流长。把中华优秀传统文化传承好，把莫高窟保护好，这是我们应尽的责任和义务。"二十大代表、敦煌研究院党委书记赵声良说，"我们要以时代精神激活中华优秀传统文化的生命力，为民族复兴征程积蓄更为强大的精神力量。"

源自于源远流长的中华优秀传统文化，熔铸于党领导人民创造的革命文化和社会主义先进文化，植根于中国特色社会主义伟大实践……中国特色社会主义文化已经融入中国共产党的精神血脉，形塑着亿万中国人的精神气质。

复兴路上，精神如炬，信念如磐。

以奋发有为的精神把新时代中国特色社会主义不断推向前进

新征程上，坚持以习近平新时代中国特色社会主义思想为指导，坚定不移贯彻、与时俱进拓展中国特色社会主义，这条正确之路、必由之路必将越走越宽广。

山西省忻州市代县峪口镇段家湾村，这个曾经远近闻名的贫困村，如今已成为十里八乡数得上的美丽乡村。

"大伙儿都说，村里这些年的巨变，离不开党的坚强领导，离不开党中央的好政策。段家湾要永远跟党走。"二十大代表、段家湾村党支部书记刘桂珍说。

二十大报告指出，坚持党的全面领导是坚持和发展中国特色社会主义的必由之路。

"在多年对外宣传介绍中国共产党的过程中，外国人问得最多的问题就是'中国共产党为什么能'。"二十大代表、中央党校（国家行政学院）分管日常工作的副校（院）长谢春涛认为，中国共产党领导，是中国特色社会主义最本质的特征，是中国特色社会主义制度的最大优势。

二十大新闻中心内，摆放着多语种版《习近平谈治国理政》，成为深受外媒记者欢迎的热门图书。

国际社会认为，这部权威著作为世界读懂中国打开了重要的"思想之窗"。

习近平新时代中国特色社会主义思想书写了坚持和发展中国特色社会主义的崭新篇章，让中国特色社会主义不断彰显巨大优越性和强大生命力。

实践发展永无止境，理论创新永无止境。

坚持和发展中国特色社会主义是一篇大文章。习近平总书记强调，我们这一代共产党人的任务，就是继续把这篇大文章写下去。

继续推进实践基础上的理论创新，首先要把握好习近平新时代中国特色社会主义思想的世界观和方法论，坚持好、运用好贯穿其中的立场观点方法。二十大报告鲜明提出六个坚持——坚持人民至上、坚持自信自立、坚持守正创新、坚持问题导向、坚持系统观念、坚持胸怀天下。

"中国共产党为什么能，中国特色社会主义为什么好，归根到底是马克思主义行，是中国化时代化的马克思主义行……"二十大代表、郑州大学思政课教师周荣方的笔记本里，写下聆听报告的收获感悟：作为一名思政教育工作者，将继续深入基层，以"行走的思政课"推动党的创新理论"飞入寻常百姓家"。

"党的好政策让我们吃上了'茶香饭'，走上了'幸福路'。我们对实现共同富裕充满了希望，鼓足了干劲！"来自广西苍梧县山坪村的祝雪兰代表，谈起边远瑶寨发展茶产业带来的巨大变化，激动之情溢于言表。

二十大报告强调，坚持以人民为中心的发展思想。不断实现发展为了人民、发展依靠人民、发展成果由人民共享，让现代化建设成果更多更公平惠及全体人民。

报告描绘了全面建设社会主义现代化国家、实现第二个百年奋斗目标的宏伟蓝图。新征程的美好明天，鼓舞砥砺奋进的信心。

二十大代表、福州市鼓楼区军门社区党委书记林丹充满信心："我们心往一处想、劲往一处使，撸起袖子加油干，一定会开创更加美好的未来！"

在以习近平同志为核心的党中央坚强领导下，亿万人民沿着中国特色社会主义大道奋勇前进，必将在新时代新征程上赢得更加伟大的胜利和荣光！

（新华社北京 2022 年 10 月 20 日电　新华社记者林晖、史竞男、胡浩、王鹏、康淼）

新蓝图鼓舞人心
谋新篇踔厉前行

当前，广大干部群众以各种形式深入学习贯彻党的二十大精神，畅谈新时代党和国家事业取得的伟大成就，认真领悟党的二十大提出的中心任务和战略部署，结合实践谋划落实措施。大家一致表示，要更加紧密地团结在以习近平同志为核心的党中央周围，把思想和行动统一到党的二十大精神上来，把智慧和力量凝聚到落实党的二十大提出的各项部署上来，以奋发有为的精神把新时代中国特色社会主义不断推向前进。

开辟马克思主义中国化时代化新境界

——各地干部群众掀起学习贯彻党的二十大精神热潮

连日来,各地干部群众以多种形式,全面学习习近平总书记在中国共产党第二十次全国代表大会上所作的报告,认真领悟党的二十大提出的新思想新论断、作出的新部署新要求,结合自身工作实际交流学习体会,制定贯彻落实的具体举措。

大家一致表示,不断谱写马克思主义中国化时代化新篇章,是当代中国共产党人的庄严历史责任。在全面建设社会主义现代化国家新征程上,一定要把握好习近平新时代中国特色社会主义思想的世界观和方法论,坚持好、运用好贯穿其中的立场观点方法,在新时代伟大实践中不断开辟马克思主义中国化时代化新境界。

催人奋进:伟大成就昭示真理之光

青石板上晒满火红的辣椒,屋檐下挂着金灿灿的玉米……湖南省花垣县十八洞村梨子寨一派丰收景象。从北京返回没几天,二十大代表、十八洞村党支部书记、村委会主任施金通一直忙着给村民们传达党的二十大精神,将会上的声音带给父老乡亲。

"习近平总书记在报告中高度评价十年来我们经历的对党和人民事业具有重大现实意义和深远历史意义的三件大事,让人无比自豪。"施金通说,

"从十八洞村的山乡巨变，到中华大地上全面建成了小康社会，这些成就的取得，正是因为有习近平总书记的掌舵领航，有习近平新时代中国特色社会主义思想的科学指引。"

"提出并贯彻新发展理念""实行更加积极主动的开放战略"……学习党的二十大报告，横琴粤澳深度合作区执委会副主任符永革倍感振奋："横琴科学城、澳门新街坊等一批重大项目加快建设，商事登记跨境通办、跨境

执业资格认定等一批改革措施加速落地……粤港澳大湾区高质量发展，彰显习近平新时代中国特色社会主义思想的真理之光，彰显中国特色社会主义制度的优势和活力。"

事非经过不知难，成如容易却艰辛。这10年，有涉滩之险，有爬坡之艰，有闯关之难。

对此，河北省张家口市副市长、市冬奥办副主任刘海峰深有感触："回望近7年筹办举办历程，我们在以习近平同志为核心的党中央坚强领导下，克服建设任务艰巨、基础条件薄弱、办赛经验不足等诸多困难挑战，成功举办了北京冬奥会、冬残奥会，赢得全世界的高度赞誉，生动诠释出集中力量办大事的制度优势。"

党的十八大以来，以习近平同志为核心的党中央审时度势、果敢抉择，

| 学习贯彻党的二十大精神述评 |

图为洱海生态廊道（无人机照片，2022年9月27日摄）。（新华社记者陈欣波摄）

锐意进取、攻坚克难，攻克了许多长期没有解决的难题，办成了许多事关长远的大事要事。

"这些年，我一直在做和洱海保护密切相关的工作，也见证洱海水质不断提升。"云南省大理白族自治州洱海管理局党组书记、局长赵国龙说，"推进美丽中国建设，我们责无旁贷。接下来，我们将切实把思想和行动统一到党的二十大精神上来，统筹推进洱海流域山水林田湖草沙一体化保护和系统治理。"

"我们深入贯彻以人民为中心的发展思想""人民群众获得感、幸福感、安全感更加充实、更有保障、更可持续"……习近平总书记在报告中的重要阐述，让新疆乌鲁木齐市天山区固原巷社区居民迪丽努尔·吐尔孙感到浓浓暖意："社区住房翻修了，道路拓宽了，路灯也变得更亮了……在这样一个伟大的时代，我们获得了许多看得见、摸得着的实惠，社区居民的幸福感大幅提升。"

指引方向：不断谱写马克思主义中国化时代化新篇章

习近平总书记在党的二十大报告中指出，继续推进实践基础上的理论创新，首先要把握好新时代中国特色社会主义思想的世界观和方法论，坚持好、运用好贯穿其中的立场观点方法。

"报告提出的'必须坚持人民至上'，体现了习近平新时代中国特色社会主义思想是为了人民、造福人民的科学理论。"辽宁省抚顺市委书记来鹤说，"抚顺市高度重视'老有所养'，大力推进为老服务设施建设。新征程上，我们要站稳人民立场、把握人民愿望、尊重人民创造、集中人民智慧，让人民群众看到学习贯彻党的二十大精神的实际成效。"

中国的问题，必须从中国基本国情出发，由中国人自己来解答。

福建省文旅厅副厅长傅柒生表示，党的十八大以来，福建积极传承历史文脉、矢志培根铸魂。"习近平总书记强调必须坚持自信自立，启示我们要不断增强志气、骨气、底气，为新时代新征程凝心聚力。"他说。

以古人之规矩，开自己之生面。四川大学马克思主义学院教授李兵对党的二十大报告中提出的"必须坚持守正创新"深有感触："我们要坚持守正创新的世界观和方法论，用马克思主义之'矢'去射新时代中国之'的'，不断拓展认识的广度和深度，以新的理论指导新的实践。"

土黑亮，粮满仓。东北大地上，秋收已接近尾声。

"黑土地怎么保护？'中国饭碗'怎样端牢？这些重大问题，令我们充满奋斗创新的动能。"黑龙江省哈尔滨市宾县县委书记李莹认为，坚持问题导向是马克思主义的鲜明特点。只有更好地发现问

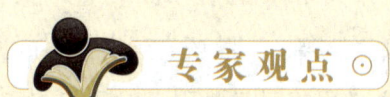

专家观点

我们要坚持守正创新的世界观和方法论，用马克思主义之"矢"去射新时代中国之"的"，不断拓展认识的广度和深度，以新的理论指导新的实践。

——四川大学马克思主义学院教授李兵

题、把握问题、解决问题，才能赢得发展的先机和主动、赢得群众的拥护和支持。

地处九曲黄河最后一道弯，河南兰考见证黄河治理从"单打独斗"到系统推进的深刻转变。

兰考县委副书记、县长丁向东说："党的十八大以来，习近平总书记站在中华民族永续发展的战略高度，提出'节水优先、空间均衡、系统治理、两手发力'治水思路，推动黄河流域生态保护和高质量发展。实践证明，我们必须始终坚持系统观念，做到既为一域增光、又为全局添彩。"

大江入海，奔向世界，第五届中国国际进口博览会即将在上海开幕。

"过去几年，进博会越办越好，成为党的二十大报告中'为人类谋进步、为世界谋大同'的鲜活例证。"国家会展中心（上海）进口博览会展览部总经理周伶彦表示，"必须坚持胸怀天下，中国共产党人将借鉴吸收人类一切优秀文明成果，推动建设更加美好的世界。"

奋勇前进：用新的伟大奋斗创造新的伟业

巍巍宝塔山，滚滚延河水。延安用五谷杂粮滋养了中国共产党发展壮大，支持了中国革命走向胜利。十年来，革命圣地的贫困县全部"摘帽"，乡村振兴新歌正在山峁间奏响。

"党的二十大闭幕不到一周，习近平总书记就来到我们这里考察调研，让陕北儿女备受鼓舞。"陕西省延安市副市长魏延安说，在习近平新时代中国特色社会主义思想科学指引下，我们将继续弘扬延安精神，高质量巩固脱贫攻坚成果，持续强化动态监测帮扶，全力做大做强苹果全产业链，因地制宜发展小杂粮、畜牧业、设施农业等特色产业，拓宽农民增收致富渠道，全面推进乡村振兴。

习近平总书记在二十届中共中央政治局第一次集体学习时强调，新时代以来，党的理论创新和实践创新是十分生动的，我们的学习也应该是生动的，不能仅停留在记住一些概念和提法。

反复研读报告、认真准备宣讲材料……连日来，安徽省委讲师团团长张彪与同事们加班加点、挑灯夜战，积极筹备党的二十大精神学习宣讲活动。他说，我们要用内容丰富、形式多样的宣讲活动，让人民群众听得懂、能领会、可落实，为推动党的二十大精神走进基层、走进群众贡献力量。

深秋，江苏扬州，运河三湾风景如画，千年运河水蜿蜒流淌，滋养百姓、传承文脉。

"坚持和发展马克思主义，必须同中华优秀传统文化相结合。"报告中的这一重要论断，让扬州市世界遗产保护管理办公室党组书记刘光明深感自己的工作责任重大："未来，我们将继续阐释好、弘扬好大运河文化的精神特质，将大运河文化因子融入社会实践和创造，不断夯实马克思主义中国化时代化的历史基础和群众基础。"

楼宇林立、精英荟萃，位于北京西北部的中关村国家自主创新示范区核心区（海淀园）正在加快落实新一轮先行先试改革措施。

"党的二十大报告提出，坚持创新在我国现代化建设全局中的核心地位。"北京市科委、中关村管委会党组书记张继红说，我们要把学习宣传贯彻党的二十大精神的成果，转化为新时代新征程中推进北京科技创新发展的强大动力，进一步聚焦国际科技创新中心、世界领先科技园区和国家战略科技力量建设"三条主线"，持续深化科技体制改革，营造具有全球竞争力的开放创新生态，以高水平科技自立自强为全面建设社会主义现代化国家提供有力支撑。

新征程的美好蓝图，砥砺奋进的信心。内蒙古苏尼特右旗乌兰牧骑副队长哈斯塔娜深感振奋："作为草原上的'红色文艺轻骑兵'一员，我将继续深入到人民群众中开展采风，用群众喜闻乐见的好作品，宣传党的二十大精神，展现习近平新时代中国特色社会主义思想的实践力量，鼓舞大家以奋发有为的精神状态投身到全面建设社会主义现代化国家的新征程。"

（新华社北京 2022 年 10 月 30 日电）

| 学习贯彻党的二十大精神述评 |

以奋发有为的精神把新时代中国特色社会主义不断推向前进

——各地干部群众掀起学习贯彻党的二十大精神热潮

连日来,各地干部群众以各种形式深入学习贯彻党的二十大精神,畅谈新时代党和国家事业取得的伟大成就,认真领悟党的二十大提出的中心任务和战略部署,结合实践谋划落实措施。

大家一致表示,要更加紧密地团结在以习近平同志为核心的党中央周围,把思想和行动统一到党的二十大精神上来,把智慧和力量凝聚到落实党的二十大提出的各项部署上来,以奋发有为的精神把新时代中国特色社会主义不断推向前进。

畅谈伟大变革

时下,广西百色一片丰收景象,一批批农产品通过便捷的交通网络发往四面八方。

2020年底实现脱贫;过去十年农村居民可支配收入年均增长11.3%……谈到百色的山乡巨变,入村宣讲党的二十大精神的百色市乡村振兴局副局长杨杰兴感慨:"以习近平同志为核心的党中央带领我们如期打赢脱贫攻坚战,这是彪炳中华民族发展史册的历史性胜利。这十年,习近平总书记带领亿万人民撸起袖子加油干、风雨无阻向前行,非凡成就带给我们巨大信心和力量。"

东海之滨，港阔水深、船来货往，一片忙碌的宁波舟山港梅山港区见证中国经济持续涌动的活力。

"把握新发展阶段、贯彻新发展理念、构建新发展格局、推动高质量发展，我国经济实力实现历史性跃升。"宁波梅东集装箱码头有限公司董事长阮立新表示，宁波舟山港深入长江经济带，串起欧亚大陆桥，年货物吞吐量连续13年位居全球第一，就是加快构建新发展格局的生动缩影。港口的成功实践，充分显示了习近平新时代中国特色社会主义思想的实践伟力，展现了中国特色社会主义制度的优势和活力。

认真学习二十大报告，甘肃武威国家农业科技园区管委会干部高静涛对"生态环境保护发生历史性、转折性、全局性变化"共鸣强烈："近年来，我们开展沙漠无土栽培等工作，沙漠种植经济林果和生态防护林变为现实。实践充分证明，坚持绿水青山就是金山银山理念，我们正走出一条生产发展、生活富裕、生态良好的文明发展道路。"

十年来，深居内陆腹地的重庆已拥有长江黄金水道、西部陆海新通道等物流大通道，汽车、电子等产业拔节生长。

重庆市政府口岸和物流办公室主任巴川江说，正如报告指出，改革开放和社会主义现代化建设深入推进，书写了经济快速发展和社会长期稳定两大奇迹新篇章。"习近平总书记号召我们为实现党的二十大确定的目标任务而奋斗，我们要加快建设西部陆海新通道，持续做好通道带物流、物流带经贸、经贸带产业文章。"

新时代十年的伟大变革，在党史、新中国史、改革开放史、社会主义发展史、中华民族发展史上具有里程碑意义。

"党的十八大以来，党和国家事业取得历史性成就、发生历史性变革，最根本在于有习近平总书记作为党中央的核心、全党的核心掌舵领航，在于有习近平新时代中国特色社会主义思想科学指引。"贵州省黔西南布依族苗族自治州州委书记陈昌旭说，要始终在党的旗帜下团结成"一块坚硬的钢铁",将党的二十大精神转化为推动高质量发展、创造高品质生活的生动实践,紧扣乡村振兴,以产业兴旺为抓手,奋力开创民族地区各项事业发展新局面。

感悟思想伟力

"中国共产党为什么能,中国特色社会主义为什么好,归根到底是马克思主义行,是中国化时代化的马克思主义行。"习近平总书记在二十大报告中的精辟论断,成为广大干部群众的深刻共识。

"习近平新时代中国特色社会主义思想是推动新时代党和国家事业不断向前发展的科学指南。"中国地质大学(武汉)党委书记黄晓玫说,踏上新征程,我们要坚持用党的创新理论凝心铸魂,多种形式推动党的二十大精神进校园进课堂,更好地为党育人、为国育才。

盖起蔬菜大棚、建起苗木基地、引进食品加工企业……近年来,山西省岢岚县宋家沟村"一年一个变"。

"村里乡亲们的生活越来越好,这就是习近平总书记强调的'坚持人民至上'的生动体现。"亲历山乡蝶变的村党支部书记游存明感慨地说,"基层党组织要在乡村振兴一线带领乡亲们团结一心加油干,不断把乡亲们对美好生活的向往变为现实。"

返回工作岗位后,党的二十大代表、国网山东省电力公司超高压公司变电检修中心电气试验班副班长冯新岩马不停蹄地宣讲大会精神。他表示,要更加全面系统深入领悟党的创新理论,在本职工作中自觉运用指导实践,立足岗位推进能源清洁低碳安全高效利用。

"只有植根本国、本民族历史文化沃土,马克思主义真理之树才能根深叶茂。"新疆生产建设兵团第三师图木舒克市党委宣传部常务副部长王建波表示,党的十八大以来,新疆深入开展文化润疆,增进文化认同。"新疆是文化艺术创作的富矿,我们要深入贯彻落实党的二十大精神,充分利用新疆历史文化遗产，丰富各族群众文化生活，让精彩的新疆故事走出新疆、走遍全国、走向世界，增强中华文化的传播力和影响力。"

拥有科学理论的政党，才拥有真理的力量；科学理论指导的事业，才拥有光明前途。

"不断谱写马克思主义中国化时代化新篇章，是当代中国共产党人的庄严历史

责任。"国家税务总局西藏自治区税务局党委副书记、局长曹杰锋表示，要深刻领会党的创新理论的道理学理哲理，在税务系统防控风险、优化服务等方面坚持问题导向、持续守正创新，切实把习近平新时代中国特色社会主义思想贯彻落实到工作的各方面全过程。

蓝图催人奋进

从二〇二〇年到二〇三五年基本实现社会主义现代化；从二〇三五年到本世纪中叶把我国建成富强民主文明和谐美丽的社会主义现代化强国……报告绘就的现代化蓝图催人奋进。

土地勘察平整、工程水电保障、项目设备准备……海南洋浦港正在加快

开展封关项目建设,奋力提升港口现代化水平。

"海南自由贸易港建设是中国式现代化的生动实践。"儋州市市长、洋浦管委会主任邹广说,要深入学习贯彻党的二十大精神,将深化儋州洋浦一体化发展置于落实中国式现代化重大部署中思考和行动,在区域协调发展格局中发挥示范引领作用。

"经济实力、科技实力、综合国力大幅跃升""实现高水平科技自立自强,进入创新型国家前列"……报告中提及二〇三五年我国发展的总体目标中,"科技"是关键词。

江西省定南县委书记龙小东体会深切:"未来我们要通过推动战略性新兴产业融合集群发展,持续壮大光伏、生物医药等产业,构建一批新的增长引擎,推动定南县高质量发展。"

同样感受深刻的还有"全国五一劳动奖章"获得者、中车长春轨道客车股份有限公司转向架制造中心焊接产线组工人王善更。"报告提出坚持尊重劳动、尊重知识、尊重人才、尊重创造,给技能人才成长指明了方向。"他表示,要把握时代机遇,进行更多岗位技能创新,把"中国制造"金名片擦得更亮。

宁夏,曾经的生态环境脆弱之地变成了游客络绎不绝的风景区。宁夏银川市生态环境局副局长李佳说,党的二十大对促进人与自然和谐共生作出重大部署。作为生态环境领域的基层干部,要把二十大精神带到工作一线,坚定不移推进美丽中国建设、推动绿色发展。

"增进民生福祉,提高人民生活品质""着力促进全体人民共同富裕"……3万多字的报告,"人民"贯穿始终。反复研读报告,天津市西青区人民政府政务服务办公室投资项目审批科科长高博表示,要用具体行动让党的二十大精神在基层生根,充分倾听群众的声音,通过为民办实事托起百姓的幸福生活。

学习报告后,党的二十大代表、场地自行车奥运冠军钟天使说:"作为一名体育人,我要积极传播运动健康理念,为建设健康中国、提高全民身体素质贡献自己的力量。"

新蓝图鼓舞人心，谋新篇踔厉前行。

深秋，乐化高速公路工程项目像一条长龙蜿蜒而来，一头扎进群山中。在这里，青海首座高速公路螺旋曲线桥右幅最近实现顺利合龙，我国西部地区公路建设取得进一步进展。"总书记强调，新征程上，我们要始终保持昂扬奋进的精神状态。"青海省交通建设管理有限公司乐化高速项目办主任沈建青说，我们要牢记习近平总书记的殷殷嘱托，努力攻克工程技术难关，扎实推进公路基础设施建设，用一砖一瓦绘就更美好的明天！

（新华社北京 2022 年 10 月 31 日电）

| 学习贯彻党的二十大精神述评 |

谱写新时代中国特色社会主义更加绚丽的华章

——中央和国家机关、人民团体认真学习、深刻领会党的二十大精神

党的二十大召开期间和闭幕后，中央和国家机关、各人民团体组织党员干部认真收听收看大会实况，召开党组（党委）会议、全体党员干部大会，及时传达会议精神、开展交流讨论，迅速掀起学习热潮。

广大党员干部表示，习近平总书记要求学习贯彻党的二十大精神要做到五个"牢牢把握"，为全面学习把握落实二十大精神提供了根本遵循。要密切结合本职工作，把思想和行动统一到党的二十大精神上来，坚定不移把党的二十大提出的目标任务落到实处，奋力夺取全面建设社会主义现代化国家新胜利。

伟大变革彪炳史册

党的十八大以来，以习近平同志为核心的党中央统筹中华民族伟大复兴战略全局和世界百年未有之大变局，采取一系列战略性举措，推进一系列变革性实践，实现一系列突破性进展，取得一系列标志性成果，党和国家事业取得历史性成就、发生历史性变革。

通过学习研讨，中央和国家机关工委、国家民委、商务部、退役军人事务部党员干部表示，过去五年和新时代以来的十年，在党和国家发展进程

中极不寻常、极不平凡。在以习近平同志为核心的党中央坚强领导下，我们攻克了许多长期没有解决的难题，办成了许多事关长远的大事要事，创造了新时代中国特色社会主义的伟大成就，在党史、新中国史、改革开放史、社会主义发展史、中华民族发展史上具有里程碑意义。

回顾十年非凡历程，国家发展和改革委员会、公安部、财政部、交通运输部党员干部倍感振奋、深受鼓舞。大家表示，迎来中国共产党成立一百周年，中国特色社会主义进入新时代和完成脱贫攻坚、全面建成小康社会的历史任务，实现第一个百年奋斗目标，这三件大事是中国共产党和中国人民团结奋斗赢得的历史性胜利，是彪炳中华民族发展史册的历史性胜利，也是对世界具有深远影响的历史性胜利。

应急管理部、中国人民银行、审计署、共青团中央党员干部表示，党的十八大以来，中国共产党在革命性锻造中更加坚强有力，中国人民焕发出更为强烈的历史自觉和主动精神，实现中华民族伟大复兴进入了不可逆转的历史进程，科学社会主义在二十一世纪的中国焕发出新的蓬勃生机。要全面把握这十年伟大变革的深刻内涵和重大意义，深刻感悟这些伟大变革对党、对中国人民、对社会主义现代化建设、对科学社会主义在二十一世纪中国的发展的深远影响。

万山磅礴，必有主峰。

中央和国家机关、人民团体广大党员干部表示，十年伟大变革充分证明，党确立习近平同志党中央的核心、全党的核心地位，确立习近平新时代中国特色社会主义思想的指导地位，对新时代党和国家事业发展、对推进中华民族伟大复兴历史进程具有决定性意义。"两个确立"已成为全党全军全国各族人民的高度共识和共同意志，是党应对一切不确定性的最大确定性、最大底气、最大保证。有习近平总书记掌舵领航，有习近平新时代中国特色社会主义思想科学指引，党和国家事业必将铸就更大辉煌。

科学部署擘画蓝图

习近平总书记在中共中央政治局第一次集体学习时强调,党的二十大在政治上、理论上、实践上取得了一系列重大成果,就新时代新征程党和国家事业发展制定了大政方针和战略部署,是我们党团结带领人民全面建设社会主义现代化国家、全面推进中华民族伟大复兴的政治宣言和行动纲领。

全国人大机关、全国政协机关、最高人民检察院、全国妇联党员干部表示,要从战略和全局高度完整、准确、全面理解把握党的二十大精神,深刻领悟党的二十大关于党和国家事业发展大政方针和战略部署的历史逻辑、理论逻辑、实践逻辑,紧密联系我国发展面临的新的战略机遇、新的战略任务、新的战略阶段、新的战略要求、新的战略环境,坚持新时代党的创新理论和战略布局、战略举措不动摇,坚定战略自信、把握战略主动,向着新的伟大目标奋勇前进。

思想之旗领航向,人间正道开新篇。

中央宣传部、中央党校(国家行政学院)、外交部、文化和旅游部党员干部表示,党的二十大报告就开辟马克思主义中国化时代化新境界提出一系列新思想新观点新要求。要以坚定的信仰信念、高度的理论自觉,深刻领会"两个结合""六个坚持",正确认识把握习近平新时代中国特色社会主义思想的精神实质,更好把这一思想转化为党员干部的政治修养、理论素养、道德修养和履职尽责的本领,自觉用党的创新理论武装头脑、指导实践、推动工作。

党的二十大报告阐释了中国式现代化的中国特色和本质要求,进一步部署了全面建成社会主义现代化强国两步走的战略安排,提出了未来五年的主要目标任务,明确了前进道路上必须牢牢把握的重大原则。

来自中联部、中央政法委、最高人民法院、住房和城乡建设部的党员干部认为,未来五年是全面建设社会主义现代化国家开局起步的关键时期,要深刻认识实现全面建设社会主义现代化国家各项目标任务的艰巨性和复杂性，深入学习领悟以中国式现代化全面推进中华民族伟大复兴的使命任务，更加主动围绕中心、服务大局，努力在新征程上开创党和国家事业发展新局面。

"必须进一步深化对中国式现代化的规律性认识，更好抓关键、补短板、防风险。"教育部、科技部、国家安全部、司法部党员干部表示，要认真落实党的二十大精神，深入实施科教兴国战略、人才强国战略、创新驱动发展战略，深入推进全面依法治国，维护国家安全和社会稳定，着力办好发展和安全两件大事，坚定不移走中国式现代化道路。

团结奋斗再创伟业

新征程是充满光荣和梦想的远征。用伟大奋斗创造了百年伟业的中国共产党，一定能用新的伟大奋斗创造新的伟业。

民族复兴新征程上，要坚定不移全面从严治党——

中央纪委国家监委机关、中央组织部、中央统战部党员干部表示，要时刻保持解决大党独有难题的清醒和坚定，深入推进党的建设新的伟大工程，坚持和加强党的全面领导，坚持不懈用党的创新理论凝心铸魂，完善党的自我革命制度规范体系，选拔忠诚干净担当的高素质专业化干部，不断严密党的组织体系，坚持以严的基调强化正风肃纪，毫不动摇把党建设得更加坚强有力，使我们党始终成为中国特色社会主义事业的坚强领导核心。

民族复兴新征程上，要坚持以人民为中心的发展思想——

在新一届中央政治局常委同中外记者见面会上，习近平总书记郑重宣示："我们要始终与人民风雨同舟、与人民心心相印，想人民之所想，行人民之所嘱，不断把人民对美好生活的向往变为现实。"

民政部、生态环境部、国家卫生健康委员会、全国总工会党员干部认为，要认真学习好、宣传好、贯彻好党的二十大精神，牢记中国共产党是什么、要干什么这个根本问题，坚定理想信念、坚守初心使命，始终同人民同呼吸、

| 学习贯彻党的二十大精神述评 |

共命运、心连心,把实现人民对美好生活的向往作为现代化建设的出发点和落脚点,维护社会公平正义,扎实推进共同富裕,让现代化建设成果更多更公平惠及全体人民。

民族复兴新征程上,要依靠顽强斗争打开事业发展新天地——

"敢于斗争、敢于胜利,是党和人民不可战胜的强大精神力量。"工业和信息化部、人力资源和社会保障部、自然资源部、水利部、农业农村部党员干部表示,必须发扬斗争精神、增强斗争本领、坚持团结奋斗,有效应对严峻复杂的国际形势和接踵而至的巨大风险挑战,充分发挥亿万人民的创造伟力,以咬定青山不放松的执着、以行百里者半九十的清醒把新时代中国特色社会主义不断推向前进,在新的赶考路上交出不负时代、不负人民的答卷。

使命昭示未来,奋斗铸就梦想。

中央和国家机关、人民团体广大党员干部表示,要深刻领悟"两个确立"的决定性意义,牢记"国之大者",增强"四个意识"、坚定"四个自信"、做到"两个维护",把学习宣传贯彻党的二十大精神作为当前和今后一个时期的首要政治任务,把智慧和力量凝聚到落实党的二十大提出的各项目标任务上来,坚定信心、同心同德,埋头苦干、奋勇前进,为全面建设社会主义现代化国家、全面推进中华民族伟大复兴而团结奋斗。

(新华社北京2022年10月28日电 新华社记者丁小溪、熊丰、范思翔)

在推进中国式现代化中展现新担当新作为

——中管企业、中管金融企业和中管高校干部职工掀起学习贯彻党的二十大精神热潮

连日来,中管企业、中管金融企业和中管高校把学习宣传贯彻党的二十大精神作为当前和今后一个时期的首要政治任务,召开会议广泛动员,认真抓好组织推动,深入开展宣传宣讲和培训交流,掀起了学习宣传贯彻党的二十大精神的热潮。

广大干部职工表示,要在全面学习、全面把握、全面落实上下功夫,立足实际、立足本职,以昂扬的精神状态、务实的工作作风把党的二十大制定的大政方针和战略部署落实下去,为推进中国式现代化不断展现新担当新作为。

伟大成就鼓舞人心

点火、发射、升空!10月31日,随着一道巨焰从火箭底部喷涌而出,梦天实验舱在长征五号B运载火箭的托举下直冲云霄。

"北斗组网、'嫦娥'探月、'天问'探火、'羲和'逐日、建设空间站……在以习近平同志为核心的党中央坚强领导下,中国航天事业向着浩瀚星空昂首挺进,成为新时代历史性成就、历史性变革的生动注脚。"

图为 2022 年 10 月 31 日 15 时 37 分，搭载空间站梦天实验舱的长征五号 B 遥四运载火箭，在我国文昌航天发射场准时点火发射，约 8 分钟后，梦天实验舱与火箭成功分离并准确进入预定轨道，发射任务取得圆满成功。（新华社记者胡智轩摄）

中国载人航天工程空间站系统总设计师、航天科技集团五院总体设计部研究员杨宏说。

党的二十大刚刚闭幕，这位来自航天科研一线的党的二十大代表就马不停蹄地赶往空间站在轨飞行控制现场。他说："党的二十大再次强调加快建设航天强国，我们将以二十大精神为指引，不忘初心、勇担使命，为实现高水平科技自立自强再立新功。"

建成 5G 基站超 125 万个，光纤宽带覆盖 6 亿户家庭……近年来，中国移动全力构筑"新基建"，畅通经济社会信息"大动脉"。"习近平总书记在二十大报告中关于国企改革、发展数字经济等重要论述，为我们提供了根本遵循，指明了前进方向。"中国移动发展战略部总经理沈文海表示，新征程新使命，企业将牢记"国之大者"，加快建成世界一流信息服务科技创新公司。

今年 6 月，穿过湖北神农架的郑渝高铁全线通车，将过去没有铁路的神农架带进了全国高速铁路网。作为服务基础设施建设的主力银行，国家开发银行累计提供融资超过 129 亿元，为郑渝高铁建设提供了有力支持。

"党的十八大以来，开发银行累计发放基础设施中长期贷款 9.86 万亿元，为基础设施建设提供长期、稳定的资金支持。"国家开发银行首席业务官、业务发展部总经理刘培勇表示，我国重大工程建设稳步推进，不仅体现了中国工程建设的雄厚实力，更充分彰显了习近平新时代中国特色社会主义思想的实践伟力和我国社会主义制度集中力量办大事的独特优势。

辉煌成就载史册，历史伟业启新程。

"新征程上，全面建设社会主义现代化国家、全面推进中华民族伟大复兴，战胜各种风险挑战考验，最重要的是坚定拥护'两个确立'、坚决做到'两个维护'。"清华大学习近平新时代中国特色社会主义思想研究院常务副院长肖贵清说，作为一名研究工作者，学习贯彻党的二十大精神，要全面把握习近平新时代中国特色社会主义思想的世界观、方法论和贯穿其中的立场观点方法，不断以新的理论指导新的实践。

美好蓝图催人奋进

习近平总书记明确指出学习贯彻党的二十大精神要做到五个"牢牢把握"，其中之一就是"牢牢把握以中国式现代化推进中华民族伟大复兴的使命任务"。

浙江永康市秀岩村，青山绿水间，民宿鳞次栉比。秀岩村联合 20 多个周边村打造的文旅一体化"共富抱团"项目已初见雏形。这背后是中国农业银行"惠农共富贷"的资金助力。

"党的二十大绘就了中国式现代化的宏伟蓝图，既有'时间表'，也有'路线图'。"中国农业银行三农业务总监陈军说，作为以面向"三农"为基本定位的国有商业银行，我们要深刻理解中国式现代化的内涵，把金融服

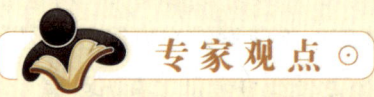

> **专家观点**
>
> 新征程上,全面建设社会主义现代化国家、全面推进中华民族伟大复兴,战胜各种风险挑战考验,最重要的是坚定拥护"两个确立"、坚决做到"两个维护"。
>
> ——清华大学习近平新时代中国特色社会主义思想研究院常务副院长肖贵清

务的着力点放在服务乡村振兴和促进农民农村共同富裕上,加大对乡村产业、乡村建设等方面的金融投入,为实现全体人民共同富裕的现代化贡献力量。

"沉睡数千年,一醒惊天下"。两年来,四川大学历史文化学院教授黎海超带领考古队坚守在三星堆发掘现场,用手铲揭开尘封的历史。

"考古工作承载着增强民族自尊心自信心的重要责任,我将按照二十大精神的指引,继续扎根田野,持续发掘中华优秀文化遗产的核心价值。"黎海超说。

党的二十大报告提出,中国式现代化是人与自然和谐共生的现代化。"这离不开协同推进降碳、减污、扩绿、增长。"光大集团旗下中国光大环境(集团)有限公司董事会主席黄海清说,新征程上,光大环境将大力发展低碳节能、智慧化、新能源等新业态,努力把党的二十大精神落实为绿色低碳高质量发展的生动实践。

在青岛上合示范区如意湖畔,青岛·上合之珠国际博览中心的华丽之姿已经全面绽放。

"我们用不到8个月时间完成项目建设,见证了这座'一带一路'国际合作新平台的崛地而起,并将继续见证其带来的合作共赢价值。"中建八局发展建设公司党委书记、董事长李伟自豪地说,"党的二十大描绘的中国式现代化美好前景让我们倍受鼓舞、倍感振奋。未来,我们将继续用优异的工程建设业绩践行党的二十大精神,在以中国式现代化全面推进中华民族伟大复兴的进程中作出更大贡献。"

担当作为再创伟业

一分部署、九分落实。未来五年是全面建设社会主义现代化国家开局起步的关键时期。中管企业、中管金融企业和中管高校广大干部职工表示，要全力以赴，一步一个脚印把党的二十大作出的重大决策部署付诸行动、见之于成效。

习近平总书记强调："高质量发展是全面建设社会主义现代化国家的首要任务"。学习贯彻党的二十大精神，需要深刻理解发展质量的全局和长远意义，把发展质量摆在更突出的位置。

在鞍钢集团旗下的中厚板厂，一张张强韧性、高品质的钢板伴随着隆隆巨响从轧线上下线。

作为鞍钢集团首批"首席技师"，轧钢主操纵田宇对党的二十大提出的"建设现代化产业体系"深有感触："全面建设社会主义现代化国家需要我们立足岗位，努力破解更多'卡脖子'的难题，为我国迈向制造强国提供更有力的钢铁支撑。"

"近期我们刚为湖南一家新能源企业投放约6亿元设备贷款，支持企业进行产业数字化转型。今年以来，建行加大制造业贷款信贷资源倾斜力度，制造业贷款增幅超三成。"中国建设银行公司业务部制造业经营处处长桂治国干劲十足地说，党的二十大报告提出"坚持把发展经济的着力点放在实体经济上"，金融支持实体经济也要找准切入点，助力推动制造业高端化、智能化、绿色化发展。

在距离海南三亚约150公里的琼东南海域，中国海油的生产工程师刘昱亮正在"深海一号"平台上紧张作业。

"新征程上要始终保持昂扬奋进的精神状态，将能源的饭碗端牢、端稳，我们'深海尖兵团队'使命在肩。"刘昱亮表示，要把在大气田建设中形成的奋斗精神、积累的经验传承下去，为推动我国海洋石油工业高质量发展，为保障国家能源安全作出更大贡献。

中国人民大学的一间教室里,马克思主义学院教授常庆欣正在向学生们讲授党的二十大报告要点。"全面建设社会主义现代化国家、全面推进中华民族伟大复兴,关键在党。"同学们纷纷把这一句郑重地记在了笔记本上。

常庆欣表示,作为思政课教师,学习宣传贯彻党的二十大精神,要充分运用现代信息技术,用党的科学理论武装青年,用党的初心使命感召青年,让青春在全面建设社会主义现代化国家的火热实践中绽放绚丽之花。

奋进新征程,拼搏正当时。

西南边陲,一条条输电线翻越崇山峻岭。一大早,南方电网公司云南怒江供电局独龙江供电所员工王仁山就开始了一天的工作。当前,一项总投资1870亿元的五省区农村电网巩固提升工程正在全面展开。

"作为大山里的'点灯人',眼看着独龙江乡从原来的'贫困地'变成如今的'幸福地',我的心气更高了!"坚守独龙江31年的王仁山说,"我们要心往一处想、劲往一处使,埋头苦干、担当作为,为全面建设社会主义现代化国家团结奋斗、贡献力量,让我们的国家更好、人民更幸福!"

(新华社北京2022年11月1日电)

始终做党和人民完全可以信赖的英雄军队
——解放军和武警部队认真学习、深刻领会党的二十大精神

连日来,解放军和武警部队把学习宣传贯彻党的二十大精神作为首要政治任务,按照抓紧抓好抓出成效的要求,精心筹划组织,迅速掀起热潮。

广大官兵表示,坚决贯彻落实习近平主席对军队学习宣传贯彻党的二十大精神作出的一系列重要指示,深刻领悟"两个确立"的决定性意义,切实把思想和行动统一到党的二十大精神上来,一步一步把党的二十大作出的重大决策部署付诸行动、见之于成效,如期实现建军一百年奋斗目标,奋力开创国防和军队现代化新局面。

坚定维护核心　坚决听从指挥

党的十八大以来,以习近平同志为核心的党中央带领全党全军全国各族人民,稳经济、促发展、战贫困、建小康,控疫情、抗大灾,应变局、化危机,攻克了一个个看似不可攻克的难关险阻,创造了一个个令人刮目相看的人间奇迹。

学习党的二十大报告,回顾党的十八大以来习主席领导推进国防和军队现代化建设,引领开辟中国特色强军之路的壮阔征程,军委机关各部委、军委各直属机构机关干部表示,实践充分证明,新时代党和国家事业取得历史性成就、发生历史性变革,最根本的原因在于有习近平总书记作为党

中央的核心、全党的核心掌舵领航，在于有习近平新时代中国特色社会主义思想科学指引。

"从百年看十年，形成'两个确立'是历史必然；从十年看新的百年，坚持'两个确立'是时代选择。"军委联指中心、各战区机关干部表示，"两个确立"是党在新时代取得的重大政治成果，是推动党和国家事业取得历史性成就、发生历史性变革的决定性因素，必须坚决做到忠诚核心、拥戴核心、维护核心、捍卫核心。

军委各直属单位机关干部在学习中认识到，要全面加强人民军队党的建设，毫不动摇坚持党对人民军队的绝对领导，更加自觉维护习近平同志党中央的核心、全党的核心地位，更加自觉维护以习近平同志为核心的党中央权威和集中统一领导，坚定不移在思想上政治上行动上同以习近平同志为核心的党中央保持高度一致，做到绝对忠诚、绝对纯洁、绝对可靠，确保枪杆子永远听党指挥。

"我国发展进入战略机遇和风险挑战并存、不确定难预料因素增多的时期，各种'黑天鹅''灰犀牛'事件随时可能发生。"联系国内外时事热点学习领会党的二十大精神，各军兵种、武警部队机关干部表示，全党全军全国各族人民对习主席发自内心信赖拥戴，这种由党的核心所凝聚形成的强大引领力组织力号召力，是党领导推进新时代事业发展的独特政治优势，也是新征程上应对一切不确定性的最大确定性、最大底气、最大保证。

广大官兵表示，要更加紧密地团结在以习近平同志为核心的党中央周围，全面贯彻习近平新时代中国特色社会主义思想和党的二十大精神，贯彻习近平强军思想，贯彻新时代军事战略方针，深刻领悟"两个确立"的决定性意义，增强"四个意识"、坚定"四个自信"、做到"两个维护"，贯彻军委主席负责制，一切行动坚决听从习主席指挥。

持续深化习近平新时代中国特色社会主义思想武装

创立习近平新时代中国特色社会主义思想、明确坚持和发展中国特色社会主义的基本方略、提出一系列治国理政新理念新思想新战略……党的十八大以来，我们实现了马克思主义中国化时代化新的飞跃，坚持不懈用习近平新时代中国特色社会主义思想武装头脑、指导实践、推动工作，为新时代党和国家事业发展提供了根本遵循。

"中国共产党为什么能，中国特色社会主义为什么好，归根到底是马克思主义行，是中国化时代化的马克思主义行。"东部战区陆军某海防旅官兵畅谈守防执勤条件新变化、北京卫戍区某支援保障团组织官兵座谈分享家乡新貌、空军航空兵某旅飞行员以云端视角展示驻地日新月异发展……官兵们回顾过去5年的工作和新时代10年的伟大变革，更加深刻感受到习近平新时代中国特色社会主义思想的真理魅力和实践伟力，更加深刻认

图为武警海南总队机动支队组织政治教员开展微课辅导，带领官兵深刻领会党的二十大精神（2022年10月28日摄）。（新华社记者雷辙摄）

学习贯彻党的二十大精神述评

识到,奋进新时代新征程,必须持续深化习近平新时代中国特色社会主义思想武装。

原原本本学习党的二十大报告,同学习习主席在党的二十大上的系列重要讲话结合起来,同学习相关文件结合起来。火箭军某导弹旅、海军芜湖舰、海军陆战队某旅、解放军总医院第八医学中心官兵表示,通过学习,对习近平新时代中国特色社会主义思想的理解更加深刻,对党的二十大作出的全面建设社会主义现代化国家战略部署的理解更加深刻。

空军工程大学组织政治理论教员进行系统阐释解读,武警海南总队领导干部深入基层领读带学,西部战区陆军某部综合训练基地开展群众性学思践悟,辽宁省丹东军分区领导带队赴边防一线宣讲……官兵们表示,学习宣传贯彻习近平新时代中国特色社会主义思想,必须理解把握其世界观和方法论,坚持好、运用好贯穿其中的立场观点方法,一定要深刻领会"两个结合""六个坚持",正确认识把握习近平新时代中国特色社会主义思想的道理学理哲理,做到知其言更知其义,知其然更知其所以然。

"理论创新每前进一步,理论武装就要跟进一步。"广大官兵表示,要坚持以习近平新时代中国特色社会主义思想为指导,贯彻习近平强军思想,积极开展"学习强军思想、建功强军事业"教育实践活动,为推进新时代强军事业贡献智慧和力量。

确保如期实现建军一百年奋斗目标

党的二十大报告指出:"如期实现建军一百年奋斗目标,加快把人民军队建成世界一流军队,是全面建设社会主义现代化国家的战略要求。"

目标昭示方向,目标凝聚力量。

陆军第71集团军"济南第一团"、南部战区空军某雷达站、火箭军某旅、某信息通信旅、联勤保障部队第984医院官兵表示,确保如期实现建军一百年奋斗目标,是党的二十大的重大决策部署,更是我们这一代军人必须担起的历史重任。

"这是未来 5 年我军建设的中心任务，必须全力以赴，务期必成。"官兵们表示，要强化进取意识，坚持问题导向，在勇于变革、攻坚克难中开拓前进，在真抓实干、埋头苦干中奋斗强军，把担负的任务不折不扣落到实处。

东部战区海军某电子对抗旅持续在复杂电磁环境下进行电磁干扰、侦察判情、情报整编等险难课目训练，通过任务式课题研究攻关，在组训模式、作战运用等方面不断突破，锤炼新域新质作战力量。

南疆军区某火力团正在高原执行驻训任务，广大官兵战风沙、斗严寒，强化实战化军事训练，打赢能力稳步提升。

火箭军工程大学某科研团队加紧进行技术攻关，瞄准军事科技前沿领域自主创新，加速实现科技向战斗力的转化。

坚持政治建军、改革强军、科技强军、人才强军、依法治军，坚持边斗争、边备战、边建设，坚持机械化信息化智能化融合发展……陆军第 78 集团军某旅、海军某航空兵师、空军某地空导弹旅、战略支援部队某部、武警河北总队邢台支队官兵表示，如期实现建军一百年奋斗目标是每名官兵的目标，要以只争朝夕、时不我待的精神，苦练打赢本领，加速推进各项建设，向党和人民交出合格的历史答卷。

"人民军队始终是党和人民完全可以信赖的英雄军队，有信心、有能力维护国家主权、统一和领土完整，有信心、有能力为实现中华民族伟大复兴提供战略支撑，有信心、有能力为世界和平与发展作出更大贡献。"全军将士使命如山、信念如磐。

（新华社北京 2022 年 11 月 2 日电）

| 学习贯彻党的二十大精神述评 |

为实现中华民族伟大复兴中国梦一起来想、一起来干

——各民主党派中央、全国工商联和无党派人士认真学习贯彻中共二十大精神

连日来,各民主党派中央、全国工商联和无党派人士以各种形式认真学习贯彻中共二十大精神。大家一致表示,要始终高举爱国主义、社会主义伟大旗帜,始终坚持大团结大联合,彰显我国新型政党制度的优势和特点,为实现中华民族伟大复兴中国梦一起来想、一起来干。

民革中央在学习中认为,中共二十大是在关键时刻召开的一次具有里程碑意义的大会。习近平总书记所作的报告是中国共产党团结带领全国各族人民夺取中国特色社会主义新胜利的政治宣言和行动纲领。民革要更加紧密地团结在以习近平同志为核心的中共中央周围,深刻领悟"两个确立"的决定性意义,增强"四个意识"、坚定"四个自信"、做到"两个维护",不断增强同中国共产党团结合作的政治责任感和历史使命感,积极发挥新型政党制度效能和统一战线法宝作用,聚焦推进中国式现代化建言献策,更加主动地做好凝聚共识、增进团结的工作,在新时代新征程上展现新作为,作出新贡献。

民盟中央在学习中认为,习近平总书记所作的报告,闪耀着马克思主义真理光芒。民盟将切实把思想和行动统一到中共二十大精神上来,迅速掀起学习中共二十大精神热潮,引导广大盟员进一步增强"四个意识"、坚定"四个自信"、做到"两个维护",自觉做习近平新时代中国特色社会主义思

想的忠诚信奉者和坚定实践者,积极投身全面建设社会主义现代化国家的伟大事业,按照中共二十大确定的目标任务和大政方针,传承"奔走国是,关注民生"的优良传统,发挥自身优势,进一步提升履职能力和水平,为全面建成社会主义现代化强国,以中国式现代化全面推进中华民族伟大复兴作出新贡献。

民建中央在学习中认为,中共二十大系统阐述了新时代坚持和发展中国特色社会主义的重大理论和实践问题,擘画了以中国式现代化全面推进中华民族伟大复兴的宏伟蓝图。民建要把深入学习贯彻中共二十大精神作为当前和今后一个时期的首要政治任务,在掌握精神实质上下功夫,在学深悟透上下功夫,在融会贯通上下功夫,在狠抓落实上下功夫,不断提高政治判断力、政治领悟力、政治执行力,增强同中国共产党团结合作的政治责任感和历史使命感,发挥自身特色和优势,更好履行中国特色社会主义参政党职能,为全面建设社会主义现代化国家、全面推进中华民族伟大复兴作出新的更大贡献。

民进中央在学习中认为,中共二十大擘画了以中国式现代化全面推进中华民族伟大复兴的宏伟蓝图,对团结和激励全国各族人民为夺取中国特色社会主义新胜利而奋斗具有重大意义。民进要把思想和行动统一到中共二十大精神上来,切实履行参政党职能,积极参与教育、文化和出版传媒等事业的改革发展,发挥自身特色和优势,在中国式现代化建设中作出新贡献。要学习借鉴中国共产党全面从严治党、勇于自我革命的精神和经验,贯彻落实加强中国特色社会主义参政党建设一系列部署和要求,努力把民进建设成为政治坚定、组织坚实、履职有力、作风优良、制度健全的中国特色社会主义参政党。

农工党中央在学习中认为,中共二十大是一次具有里程碑意义的盛会。作为中国特色社会主义参政党,农工党要把深入学习宣传贯彻中共二十大精神作为当前和今后一个时期的首要政治任务。新征程上,要全面贯彻习近平新时代中国特色社会主义思想,坚持好、运用好贯穿其中的立场观点方法;

要矢志不渝地坚持中国共产党领导,坚定不移地走中国特色社会主义政治发展道路;要深刻把握中国式现代化的任务要求,把学习贯彻中共二十大精神与提升农工党履职能力结合起来,一以贯之助推健康中国、美丽中国建设和促进人口均衡发展,服务乡村振兴、推进共同富裕,全面推进中华民族伟大复兴。

致公党中央在学习中认为,中共二十大对新时代党和国家事业发展具有里程碑式的重大意义。习近平总书记所作的报告主题鲜明、立意高远、气势恢宏、催人奋进。致公党要把深入学习贯彻中共二十大精神作为当前和今后一个时期首要政治任务,深刻领悟"两个确立"的决定性意义,增强"四个意识"、坚定"四个自信"、做到"两个维护",发挥侨海特色,在坚持大团结大联合中凝聚共识,形成海内外中华儿女同圆共享中国梦的强大合力,围绕实现中共二十大提出的目标任务主动担当作为,以更加饱满的热情和昂扬的精神为全面建设社会主义现代化国家、全面推进中华民族伟大复兴团结奋斗。

九三学社中央在学习中认为,中共二十大必将为全面建设社会主义现代化国家、全面推进中华民族伟大复兴注入强大动力。习近平总书记所作的报告,是九三学社未来谋划和开展各项工作的根本遵循。九三学社将深刻领悟"两个确立"的决定性意义,更加自觉地在思想上政治上行动上同以习近平同志为核心的中共中央保持高度一致,立足界别特色和党派优势,聚焦推动高质量发展、科教兴国战略实施、绿色发展等重大问题深入调查研究,积极建言献策,不断加强新时代参政党自身建设,努力彰显新型政党制度优势,为全面建设社会主义现代化国家、全面推进中华民族伟大复兴作出新的更大贡献。

台盟中央在学习中认为,中共二十大科学谋划了未来5年乃至更长时期党和国家事业发展的目标任务和大政方针。二十大报告指出,"完善协商民主体系,统筹推进政党协商、人大协商、政府协商、政协协商、人民团体协商、基层协商以及社会组织协商,健全各种制度化协商平台,推进协商民主广泛多层制度化发展",给台盟以极大鼓舞。学习贯彻中共二十大精神,是当前和今后一个时期台盟的首要政治任务。台盟要坚决贯彻新时代党解决台湾问题的总体方略,发挥亲情乡情优势,多谋增进同胞福祉之策,多做加强交流合作之事,多为促进心灵契合之举,团结台湾同胞共谋祖国统一和民族复兴。

全国工商联在学习中认为,党的二十大报告重申"毫不动摇巩固和发展公有制经济,毫不动摇鼓励、支持、引导非公有制经济发展",充分表明以习近平同志为核心的党中央支持鼓励民营经济发展的一贯方针和坚定立场,必将激发民营经济人士干事创业的巨大热情。要深刻领悟"两个确立"的决定性意义,加强对民营经济人士思想政治引领,引导民营经济人士传承听党话、跟党走的光荣传统;推动全面构建亲清政商关系,引导民营企业在推动乡村振兴、促进创业就业、推进技术创新、发展社会事业等方面积极出力,为全面建设社会主义现代化国家、全面推进中华民族伟大复兴作出新的更大贡献。

无党派人士在学习中认为,中共二十大描绘了以中国式现代化全面推进中华民族伟大复兴的宏伟蓝图,发出了新时代全体中华儿女团结奋斗的动员令。无党派人士作为中国共产党领导的多党合作和政治协商制度的重要组成部分,是中国特色社会主义参政力量,要深刻领悟"两个确立"的决定性意义,紧密团结在以习近平同志为核心的中共中央周围,与中国共产党同心同德、精诚合作。要时刻心怀"国之大者",紧密围绕中共二十大作出的各项战略决策部署,充分发挥智力密集、联系广泛的优势,凝聚群体智慧和力量,积极履职尽责、议政建言,为全面建设社会主义现代化国家作出新的更大贡献。

(新华社北京 2022 年 11 月 3 日电　新华社记者王琦、范思翔)

| 学习贯彻党的二十大精神述评 |

聚科教人才合力　筑国家强盛之基

——广大知识分子和青年学生掀起学习贯彻党的二十大精神热潮

连日来,广大知识分子和青年学生以多种形式深入学习党的二十大精神,认真领悟关于党和国家事业发展大政方针和战略部署的历史逻辑、理论逻辑、实践逻辑,畅谈学习心得体会和贯彻落实设想。

党的二十大报告第一次把科教兴国、人才强国、创新驱动发展三大战略放在一起集中论述,系统部署。大家表示,要在习近平新时代中国特色社会主义思想指引下,凝聚智慧和力量,加快建设教育强国、科技强国、人才强国,为以中国式现代化全面推进中华民族伟大复兴提供源源不竭的人才支持和智力支撑。

伟大成就鼓舞人心

"科技是第一生产力、人才是第一资源、创新是第一动力"。回望非凡十年,伟大成就离不开教育、科技、人才的一体发展。

深秋微凉,位于上海张江的中国商飞设计研发中心内热火朝天。带着C919大型客机获颁型号合格证的喜悦,项目团队正全力以赴冲锋首架机交付工作。

C919第一架机团队负责人严子焜说:"二十大召开前,习近平总书记会见了C919大型客机项目团队代表,在作报告时又提到大飞机制造,我和

图为在陕西省蒲城县拍摄的 C919 大型客机的试飞机（2022 年 7 月 18 日摄）。（新华社记者丁汀摄）

团队成员更加深切地感受到创新之重大、使命之光荣。"

厚积薄发，展翅翱翔。十年来，我国全社会研发经费支出从 1.03 万亿元增长到 2.79 万亿元，其中基础研究经费从 499 亿元增加到 1817 亿元。

"研究条件越来越好，同学、老师成果越来越多。"中国科学技术大学物理化学专业博士研究生赵路远的切身感受印证着党的二十大报告指出的我国"基础研究和原始创新不断加强"。亮出自己正在参与研究的机器化学家项目，她说："进入创新型国家行列，我们都贡献了自己的力量，很自豪！"

功以才成，业由才广。

新时代人才工作新理念新战略新举措不断完善，人才作为支撑发展的第一资源作用更加充分。北京大学常务副校长、医学部主任乔杰院士说："十年来，在以习近平同志为核心的党中央指引下，我们坚持为党育人、为国育才，不断完善医学人才培养体制机制，聚天下英才而用之，形成老中青搭配、传帮带有序的'医学国家队'，实现疑难疾病的诊治中心、医学高端人才的培养中心和医学新技术的创新中心的建设发展。"

日新月异的时代,青春动能在奔涌,创造思维在迸发。

学习党的二十大报告,清华大学环境学院2020级博士生刘迪波心潮澎湃地回想起担任北京冬奥会志愿者的难忘经历:"从首钢园背后的工业遗产涅槃重生到延庆场馆的生态保护,再到为外国宾客讲解推动绿色发展和生态文明建设,一场冬奥之行,让我更加深刻感受到过去十年是我们国家依托创新驱动发展的非凡十年,也更加笃定作为一名环境学子的责任:我们应投身于社会主义现代化建设的洪流,为建设教育强国、科技强国、人才强国积蓄力量。"

创新驱动擘画未来

立足新时代新征程党的历史使命,党的二十大报告突出创新在我国现代化建设全局中的核心地位,对教育、科技、人才统筹部署。

"创新是一种能力,更是一种品格。党的十八大以来,以习近平同志为核心的党中央提出了系列原创观点、作出了许多创新部署,无论是对生态文明建设的不断探索,还是对科教领域的统筹部署,都体现了我们党与时俱进的创新品格。"首批全国高校黄大年式教师团队负责人、中国工程院院士张远航对党的二十大报告集中部署科教兴国、人才强国、创新驱动发展三大战略印象深刻,"作为全面建设社会主义现代化国家的基础性、战略性支撑,这三大战略愈发体现出我们党在推进中国式现代化进程中日臻成熟的全局视野与系统观念。"

11月1日下午,福建农林大学常盛会议中心内座无虚席。党的二十大代表、福建农林大学国家菌草工程技术研究中心首席科学家林占熺结合自己的研究经历,为师生们带来一堂别开生面的思政课。

"创新的种子必须精心培养、用心浇灌,才能茁壮成长。"林占熺回忆起21世纪初,菌草技术走到科学研究和产业发展"不进则退"的关键时期，时任福建省委副书记的习近平坚决支持在福建农林大学建设菌草科学实验室。该实验室迄今已培养181名菌草研究方向的硕博士毕业生，来自中国的小菌草变成了惠及全球的大产业。

厚植沃土，蓬勃而出。从党的十八大到二十大，党中央关于教育、科技、人才的深刻思考和战略部署一脉相承，对培养创新型人才影响深远。

作为"两弹一星"元勋钱学森的母校，北京师范大学附属中学近年来通过一系列课程改革，求解"钱学森之问"的时代课题。校长王莉萍说："民族复兴的伟大事业呼唤创新人才的涌现。在基础教育阶段，要以教育改革为创新人才培养开路，注重实践、锻炼创造性思维、培养创造性人格，加强全人格教育，让学生的思考力、判断力、表达力、观察力等得到全面发展。"

"新的部署是一项伟大工程。"三大战略的有序贯通令中国工程院院士、哈尔滨工业大学超精密光电仪器工程研究所教授谭久彬倍感振奋，"高校教师和科技工作者要始终以国家重大需求为导向，深入理解教育、科技、人才三者之间的逻辑内涵，以学科交叉、技术融合为创新途径，提高人才自主培养质量，为中国式现代化打下更加坚实的基础。"

| 学习贯彻党的二十大精神述评 |

梦想感召砥砺奋进

磁子在反应瓶中高速旋转，通风橱传来阵阵嗡鸣……时至深夜，南开大学元素有机化学国家重点实验室依然灯火通明，一群身着白衣的科研人员还在加速攻关。

"科技创新没有终点。"实验室主任崔春明说，"当今时代，实现高水平科技自立自强的重要性不言而喻。我们要以党的二十大精神为指引，以国家战略需求为导向，积聚力量进行原创性引领性科技攻关，力争在原始创新和自主创新上推出更多成果。"

广州市技师学院的国家级技能大师工作室内，几名学生正在高级实习指导教师黄枫杰带领下进行操作。

"习近平总书记在二十大报告中强调要'实施更加积极、更加开放、更加有效的人才政策'，我们普通工人也能成为国家栋梁、实现人生出彩。"这位曾代表中国首次出战世界技能大赛原型制作项目的全国青联委员说，"我要在今后的工作中传承弘扬劳模精神、劳动精神、工匠精神，继续培养和带动勤学苦练、深入钻研的技能人才，不断为中国制造、中国创造贡献智慧力量。"

坚持尊重劳动、尊重知识、尊重人才、尊重创造，党的二十大报告对人才强国战略的表述，令中国文联理论研究室副主任胡一峰倍感鼓舞："我们要继续深入基层、扎根人民，聚焦时代前沿，感知社会脉动，用丰富生动的艺术形式记录奔涌向前的时代、日新月异的创造，用昂扬自信的文化气象为创新营造良好氛围和广阔舞台。"

"当代中国青年生逢其时，施展才干的舞台无比广阔，实现梦想的前景无比光明。"习近平总书记在党的二十大报告中的殷殷嘱托，犹在耳畔回响。

"国家的希望在青年，民族的未来在青年。"人大附中航天城学校校长周建华深感责任重大，"教育是科技、人才、创新的起点。我们要牢记总书记的嘱托，坚持把立德树人作为中心环节，不断创新教育理念和方式，加快建设十二年一贯制的高质量教育体系，努力培养堪当民族复兴重任的时代新人。"

志存高远，脚踏实地。今天活跃在菁菁校园中的青年一代，正是中华民族为实现伟大复兴接续奋斗的关键一棒。

"在实现中华民族伟大复兴的时代洪流中踔厉奋发、勇毅前行，是我们这一代人的机遇与使命。"兰州大学管理学院博士研究生郭娟梅对未来信心满怀，"我们一定要坚定不移听党话、跟党走，更加认真地钻研科学知识，提高专业能力、扎根西部、建功基层，让青春之花在全面建设社会主义现代化国家的壮阔征程上绚丽绽放！"

（新华社北京 2022 年 11 月 4 日电　新华社记者吴晶、胡浩、王鹏、徐壮、史竞男、庞梦霞、张建新、贾远琨、戴威、张文静、赵琬微、黄玥）

| 学习贯彻党的二十大精神述评 |

在新的历史起点上推进"一国两制"伟大实践

——中共二十大召开在港澳社会引发热烈反响之一

中国共产党第二十次全国代表大会 16 日隆重开幕，习近平总书记代表第十九届中央委员会向大会作报告，在香港特别行政区、澳门特别行政区引发热烈反响。港澳各界人士认为，这是一份指导全面建设社会主义现代化国家、向第二个百年奋斗目标进军的纲领性文献，高屋建瓴，鼓舞人心，催人奋进。他们表示，中共十八大以来，以习近平同志为核心的党中央全面准确推进"一国两制"实践，坚持"一国两制"、"港人治港"、"澳人治澳"、高度自治的方针，香港、澳门保持长期稳定发展的良好态势。有伟大祖国坚定支持，有"一国两制"坚实保障，香港、澳门定能创造更大辉煌，同祖国人民一道共享中华民族伟大复兴的荣光。

信心满怀展望新时代新征程

"在新时代十年取得伟大变革的基础上，在世界之变、时代之变、历史之变以前所未有的方式展开的大背景下，习近平总书记在报告中阐述了过去五年的工作和新时代十年的伟大变革，指明了新时代新征程中国共产党的使命任务，意义重大，影响深远。"全国政协副主席梁振英表示，在以中国式现代化全面推进中华民族伟大复兴的进程中，港澳同胞可以发挥独特作用，都有报国之门、用武之地。香港各界应深入学习领会报告内容，群策群力，共同为实现中华民族伟大复兴作出更大贡献。

"中共二十大是在迈上全面建设社会主义现代化国家新征程、向第二个百年奋斗目标进军的关键时刻召开的一次十分重要的大会。习近平总书记在报告中多次提及'一国两制'和香港工作，充分表明中央的高度重视，令人鼓舞。"香港特区行政长官李家超说，报告对"一国两制"实践作出精辟论述，是推进香港发展的"定海神针"。今天的香港站在新的历史起点上，我们要认真学习报告精神，亦应有团结奋斗的作为，更好融入国家发展大局。

澳门特区行政长官贺一诚表示，习近平总书记在报告中全面总结了新时代国家发展取得的重大成就和宝贵经验，科学谋划了未来五年乃至更长时期党和国家事业发展的目标任务、大政方针。报告中关于澳门工作的重要论述，彰显中央对"一国两制"伟大事业的高度重视，体现对澳门的亲切关怀，对澳门发展给予重要指引和重大支持，为具有澳门特色"一国两制"成功实践行稳致远指明方向，极大鼓舞了广大澳门同胞的发展信心。

港澳媒体纷纷聚焦中共二十大召开，作了大量报道。香港《大公报》17日发表社评表示，为中国人民谋幸福，为中华民族谋复兴，是中国共产党的初心和使命。二十大报告展现了中国共产党的决心和信心，擘画了新时代中国发展的美好蓝图，吹响了全面建设社会主义现代化国家的"进军号"。香港各界要深刻领会报告精神，自信自强，守正创新，勇毅前行，抓住历史机遇，全力以赴为中华民族伟大复兴贡献香港力量。《澳门日报》同日发表社论表示，二十大报告是一份纲领性文献，

媒体评论

二十大报告是一份纲领性文献，擘画出未来五年乃至更长时期治国理政的宏大蓝图，高屋建瓴，激动人心，催人奋进。

——《澳门日报》社论

擘画出未来五年乃至更长时期治国理政的宏大蓝图，高屋建瓴，激动人心，催人奋进。澳门同胞应紧紧抓住祖国全面建设社会主义现代化国家的契机，更加开拓进取，做积极参与者与贡献者，在共担民族复兴的历史责任、共享祖国繁荣富强的荣光中实现自己的人生价值。

坚定信念推进"一国两制"事业

"二十大报告中的相关论述再次强调坚持'一国两制'的重要性、必要性和长期性，为港澳发展领航掌舵。"全国人大常委会委员、香港再出发大联盟秘书长谭耀宗说，面对香港局势一度出现的动荡，中央依照宪法和基本法有效实施对特别行政区的全面管治权，制定实施香港特别行政区维护国家安全法，落实"爱国者治港"原则，香港局势实现由乱到治的重大转折。面向未来，香港各界应团结一致，在二十大报告精神指引下，同心书写"一国两制"实践新篇章。

全国港澳研究会副会长刘兆佳表示，习近平总书记在报告中对"一国两制"的论述，郑重宣示了中央治理港澳的大政方针，将极大增强港澳同胞对"一国两制"的信心。"一国"是根本，"一国"原则愈坚固，"两制"优势才能愈彰显。在中央坚定支持下，香港定能不断提升治理能力和管治水平，"一国两制"制度体系定将得到进一步完善，"一国两制"事业必将劈波斩浪、行稳致远。

全国港澳研究会副会长、澳门大学法学院教授骆伟建表示，中共十八大以来，"一国两制"实践与时俱进，具有一以贯之的连续性，"一国两制"的内涵和外延也不断拓展，具有鲜明的时代特点。习近平总书记在报告中强调，"一国两制"是中国特色社会主义的伟大创举，是香港、澳门回归后保持长期繁荣稳定的最佳制度安排，必须长期坚持。"我们相信，政策的连续性将给予港澳同胞极大的信心，将为维护港澳长治久安、开创'一国两制'事业新局面提供坚实保障。"骆伟建说。

明确方向加快融入国家发展大局

"习近平总书记在报告中强调,支持香港、澳门发展经济、改善民生、破解经济社会发展中的深层次矛盾和问题。我们充分感受到中央对港澳发展的关心、关爱,倍感温暖、振奋,信心倍增。"中国侨联副主席、香港中华总商会永远荣誉会长卢文端表示,国家发展为香港发展提供更强劲动力、开拓更广阔空间,香港社会应紧抓历史机遇,发挥自身优势,积极主动融入国家发展大局,在发展中解决存在的问题、开创崭新成就。

"习近平总书记在报告中的论述为港澳发展领航定向,更加坚定了港澳同胞对未来的信念、信心。"全国政协常委、澳门中华总商会副会长廖泽云说,中央支持和国家发展为澳门发展提供了强大动能、开辟了光明前景。澳门要加快融入国家发展大局,积极投入粤港澳大湾区建设,协力助推构建新发展格局。澳门各界要鼓足干劲,乘势而上,不断推进经济适度多元发展。

粤港澳大湾区青年总会主席吴学明表示,习近平总书记所作报告让港澳年轻一代深受鼓舞,更加明确了奋斗目标与方向。"报告擘画了国家发展美好蓝图,港澳青年能从中找到施展才华的广阔天地。港澳青年应以拼搏进取的主人翁意识,把个人成长、建设港澳同贡献国家紧密联系起来,站上大舞台,把握大机遇,书写精彩人生、实现理想追求,为民族复兴贡献所长。"

"中共二十大的召开和习近平总书记所作报告,将激发广大港澳同胞与全国人民携手奋进新征程的更大热忱。"梁振英说,在推进中华民族从站起来、富起来到强起来的伟大飞跃中,港澳同胞从未缺席。在中华民族实现伟大复兴的历史进程中,香港、澳门必将作出更大贡献。

(新华社香港/澳门2022年10月17日电 新华社记者查文晔、牛琪、刘刚、李寒芳、黄茜恬、刘欢、陈键兴)

| 学习贯彻党的二十大精神述评 |

新时代创造新机遇　新征程注入新动能

——中共二十大召开在港澳社会引发热烈反响之二

习近平总书记代表第十九届中央委员会向党的二十大所作的报告，阐述了过去五年的工作和新时代十年的伟大变革，描绘了中华民族伟大复兴光辉前景，意义重大，影响深远。港澳各界人士表示，报告为港澳保持长期繁荣稳定、实现更好发展明确定位、指引方向、擘画蓝图，使港澳同胞对未来更加充满信心，坚信有伟大祖国的坚定支持，港澳必能战胜风险挑战、巩固独特优势、创造新增长点、破解经济民生难题，书写新的辉煌篇章。

凝聚开创新局的强大信心

"香港见证国家发展进步，参与其中也从中受惠。在中国共产党坚强领导和国家坚定支持下，香港成功抵御风浪挑战。全面准确贯彻落实'一国两制'是香港繁荣发展的关键。"香港特区政府财政司司长陈茂波说，二十大报告让我们目标更明确、信心更坚定。未来五年是全面建设社会主义现代化国家开局起步的关键时期，在以中国式现代化全面推进中华民族伟大复兴的进程中，香港要发挥作用、贡献力量。

"过去五年，中国共产党带领国家取得重大成就。香港同胞感受最深的是，每当香港遇到困难，国家始终是最坚强后盾。"香港民建联主席李慧琼表示，二十大报告为香港发展指明了方向，为香港由治及兴增添新动力。

民建联将同社会各界一道,全面准确落实"一国两制",团结一心推动香港攻坚克难,开创新局。

聆听习近平总书记所作的报告,港区省级政协委员联谊会主席郑翔玲心潮澎湃。她表示,从港珠澳大桥通车、广深港高铁贯通,到沪港通、深港通、债券通落地,"通"字成为香港与内地加强联系的关键词。"报告描绘了香港更好融入国家发展大局的美好前景,我们坚信香港定能战胜挑战,为'一国两制'成功实践谱写新篇章。"

在澳门特区立法会议员施家伦看来,澳门近年受疫情冲击,发展面临困难和挑战,但在中央大力支持下,经济发展向好的基本面没有改变。"二十大报告中关于支持港澳发展的论述,将激发澳门社会应对挑战、战胜困难的强大信心。"他坚信,澳门各界必将奋发有为,实现新发展、新跨越。

"习近平总书记在报告中关于中国式现代化的论述,为香港繁荣稳定发展提供了明确方向。"香港经济学家、丝路智谷研究院院长梁海明表示,"大河有水小河满",内地持续稳步发展为香港提供新机遇、注入新动能、开拓新空间。香港应更积极融入国家发展大局,更深入参与国家发展战略,更好发挥背靠祖国、联通世界的优势和结合国家所需、发挥香港所长的作用,无惧风险挑战,创造新成就。

创造提升竞争力的新机遇

"从习近平总书记所作的报告中,我深切感受到中央对香港的关心、对青年的期望,深受感动,倍受鼓舞。"在香港创科教育中心工作的林颖楠表示,报告提出巩固提升港澳在创新科技等领域的地位,这让她更坚定了信念、锚定了目标。香港应整合优势,为香港、为国家培育更多优秀人才,肩负起科技报国的责任。

香港科技园公司董事局主席查毅超表示,二十大报告强调"必须坚持科技是第一生产力、人才是第一资源、创新是第一动力",这对香港创科生态

| 学习贯彻党的二十大精神述评 |

 专家观点

"大河有水小河满",内地持续稳步发展为香港提供新机遇、注入新动能、开拓新空间。香港应更积极融入国家发展大局,更深入参与国家发展战略,更好发挥背靠祖国、联通世界的优势和结合国家所需、发挥香港所长的作用,无惧风险挑战,创造新成就。

——香港经济学家、丝路智谷研究院院长梁海明

圈有重大激励作用。我们要发挥香港独特优势,汇聚并培育创科人才,推动创科企业发展,努力将香港打造成国际创科中心。

"二十大报告支持香港发展的内容体现了中央的高度重视,让香港工商界对未来充满期待。"香港中华总商会会长袁武表示,报告提出,坚持高水平对外开放,加快构建以国内大循环为主体、国内国际双循环相互促进的新发展格局。这为香港融入国家发展大局、把握新机遇提供了指引。

澳门青年周运贤在横琴创办了一家网络科技企业,二十大报告关于推进粤港澳大湾区建设的内容让他更加认定自己的创业之路走对了。"国家发展进步是港澳青年干事创业的原动力和最大机遇、最大底气。"他说,自己在横琴粤澳深度合作区打拼,有了些成绩,更懂得要有担当。希望更多澳门年轻人把握粤港澳大湾区发展机遇,立报国之志,践爱国之行。

"澳门正深入参与粤港澳大湾区建设,在更广阔平台上推进经济适度多元发展。"澳区全国人大代表刘艺良说,二十大报告有关内容为澳门发展打开新空间、提供加速度,也为澳门更好贡献国家创造大舞台。

注入破解难题的新动能

"二十大报告提出,支持香港、澳门发展经济、改善民生、破解经济社会发展中的深层次矛盾和问题。我们充分感受到中央对香港同胞的关爱。"

香港经民联主席卢伟国说，有中央坚定支持，在特区政府带领下，社会各界和广大市民定能有效破解难题，建设更美好的香港，创造更幸福的生活。

长期服务基层社区的香港九龙社团联会常务副理事长林德兴表示，相信在二十大精神指引下，特区政府能务实、果断作为，在破解民生难点和深层次矛盾上打开突破口，以更有效举措克难前行，切实提高广大市民的获得感和幸福感。

"我们很多基层工作者和市民自发观看二十大开幕直播。大家深刻体会到中央对香港居民切身利益的关心。"香港新民党社区主任陈志豪表示，二十大报告对香港寄予殷切期望，相信特区政府和社会各界定会全力以赴，切实排解民生忧难，让香港百姓生活越过越好，房子更宽敞、创业机会更多、孩子教育更好、长者得到更好照顾。

澳门街坊总会理事长吴小丽说，澳门经济结构单一的问题在疫情下更为凸显，新兴产业还在蓄势。"二十大报告中关于港澳发展的论述很有针对性，体现了对澳门民生福祉的关切和对澳门未来的厚望。"吴小丽表示，澳门应牢牢把握"一中心、一平台、一基地"定位，把握住粤港澳大湾区建设、横琴粤澳深度合作区建设的重大机遇，推动经济适度多元发展，为澳门发展经济、改善民生开辟新路径。

香港大学中国制度研究中心总监阎小骏表示，二十大报告为港澳发展提供了根本遵循，港澳各界要深入理解、准确把握报告精神，自信自强、守正创新、善作善成，凝心聚力谋发展、开新局，在融入国家发展大局中乘势而上。

（新华社香港/澳门2022年10月18日电　新华社记者刘明洋、刘刚、陆芸、李寒芳、查文晔、王茜、陈键兴、刘欢）

| 学习贯彻党的二十大精神述评 |

更好融入国家发展大局　共享民族复兴伟大荣光

——中共二十大召开在港澳社会引发热烈反响之三

习近平总书记代表第十九届中央委员会向党的二十大所作的报告，科学擘画中国式现代化宏伟蓝图，发出为全面推进中华民族伟大复兴而团结奋斗的动员令。港澳各界人士表示，在我国向第二个百年奋斗目标进军的新征程上，港澳要以更积极主动的姿态，更好融入国家发展大局，为实现中华民族伟大复兴更好发挥作用，同全国人民一道共担历史责任、共谱时代新篇、共享伟大荣光。

筑梦大湾区，更好融入国家发展大局

"二十大报告提出，推进粤港澳大湾区建设，支持香港、澳门更好融入国家发展大局。我从中看到梦想、机遇、方向、道路、责任，更加确定自己的选择无比正确。""90后"香港青年郭玮强在前海深港青年梦工场创业，曾获"深圳青年五四奖章"。"希望越来越多的港澳青年融入大湾区奋斗逐梦，以主人翁精神融入国家发展大局，将个人理想与民族复兴紧紧联结。这样的青春才是最美的！"他说。

连日来，香港、澳门特区政府、社团组织、研究机构、学校等纷纷通过组织研讨会、分享会等形式学习二十大报告。澳门大学粤港澳大湾区研究中心主任胡伟星表示，粤港澳大湾区建设是新时代推动我国全面开放新格

局的新举措,也是推动"一国两制"事业发展的新实践。二十大报告将激励港澳各界更积极投身大湾区建设,推动大湾区迎来新的建设发展热潮。

"香港应把握国家发展的历史机遇,善用制度、创科和产业链等方面的优势,依托粤港澳大湾区和'一带一路'建设,在国家加快构建以国内大循环为主体、国内国际双循环相互促进的新发展格局中获得新的发展动能。"香港中华厂商联合会会长史立德表示,将鼓励3000多家联合会会员企业深度融入国家发展大局。

"港澳各界应有更大胸怀、更广视野,加快融入步伐,拓展融入范围。"香港科技大学经济学系荣休教授雷鼎鸣认为,香港是"一带一路"建设的重要参与者、贡献者,也是受惠者,拥有熟悉沿线区域语言、文化、法律等领域的人才储备,在很多方面大有可为。

发挥港澳所长,服务国家所需

二十大报告提出,巩固提升香港、澳门在国际金融、贸易、航运航空、创新科技、文化旅游等领域的地位,深化香港、澳门同各国各地区更加开放、更加密切的交往合作。港澳各界表示,要更积极发挥港澳的优势和特点,不断增强发展动能,把握国家发展方向,发挥港澳所长,服务国家所需。

"国家的新征程,是香港的新机遇。"香港贸易发展局主席林建岳说,习近平总书记在二十大报告中对全面建成社会主义现代化强国"两步走"战略安排作了进一步部署,宏伟蓝图令人振奋。香港拥有地理位置、法律规则、金融体系等独特优势和地位,可充分发挥连接内地与世界的积极作用。

"二十大报告提出'人才是第一资源''创新驱动发展战略''不断塑造发展新动能新优势'等,令人鼓舞!"香港科技创新联盟主席卢煜明说,创科是香港未来发展的着力点之一。香港拥有多所世界一流大学,在科技创新、人才培养等方面均可对国家发展作出更大贡献。

澳门城市大学副校长叶桂平认为,澳门要把握好横琴粤澳深度合作区建设机遇，与广东合力将合作区打造为具有中国特色、彰显"两制"优势的区域开发示范；结合"一带一路"建设等重大发展机遇，积极推动"一中心、一平台、一基地"建设，促进中国与葡语国家经贸合作与人文交流进一步深化。

李凯瑚是香港一家咖啡茶座店的店主，平日关心时事。连日来，她通过新闻了解二十大报告内容。"我店里客人有内地的、香港的，也有外国人，中西文化荟萃是香港的优势，香港人应该在我们国家与国际社会交流合作中发挥作用，自己也会从中获益。"

共担历史责任，共享民族复兴荣光

许多港澳青年观看了二十大开幕会直播，习近平总书记所作的报告让大家倍感振奋。

"'当代中国青年生逢其时，施展才干的舞台无比广阔，实现梦想的前景无比光明。'报告中的这句话让我心潮澎湃。"在香港公营机构服务的刘国熙说，"我们香港青年要树立忠于祖国、乐于奉献、敢为天下先的正面价值观，与内地同龄人一道，肩负起新时代中国青年的历史责任和使命，为实现中华民族伟大复兴贡献青春力量。"

"二十大报告是做好国情教育极为重要的教材。"香港培侨中学教师穆家骏说，香港教育领域正本清源步伐不断加快，相信香港年轻人能从二十大报告中更好认识国家与世界的发展大势，增强民

专家观点

二十大报告提出的一系列重要论述以及大会通过的党章修正案，充分体现了中央坚持"一国两制"制度安排的意志和决心，以及对港澳同胞的关怀和支持，必将为港澳未来发展注入新的发展动力。

——澳门大学政治经济学与公共政策教授盛力

族自豪感和主人翁意识，自觉将学业、事业与自身发展融入国家发展和民族复兴进程。

"国家近期启动第四批预备航天员选拔工作，首次在港澳选拔载荷专家，这是对我们的信任和支持。"澳门科技大学月球与行星科学国家重点实验室主任张可可说，二十大报告擘画的科技发展蓝图为港澳带来新机遇，将为港澳年轻一代投身科研事业提供更高更广阔的平台。"把握好历史机遇，发挥聪明才智，为国家科技事业发展贡献力量，这是港澳青年的责任。"

澳门濠江中学高三学生易碧玉对二十大报告描绘的未来有着无限憧憬。"我们要'立志做有理想、敢担当、能吃苦、肯奋斗的新时代好青年'，将青春的理想、担当与爱国情怀融为一体，让青春之花在国家发展、民族复兴的进程中绚丽绽放。"

"新时代赋予新使命，新征程召唤新青年。港澳年轻一代要胸怀祖国、立志报国，积极主动融入中华民族伟大复兴的壮阔征程，不负韶华、不负时代。"香港各界青少年活动委员会永远名誉主席霍启刚说。

（新华社香港/澳门2022年10月19日电　新华社记者刘斐、张雅诗、刘刚、李寒芳、牛琪、赵瑞希、陈键兴、刘欢）

| 学习贯彻党的二十大精神述评 |

港澳各界：在中共二十大精神引领下同心开创更美好未来

中国共产党第二十次全国代表大会胜利闭幕和党的新一届中央领导机构产生，在香港特别行政区、澳门特别行政区引发热烈反响。港澳各界人士认为，中共二十大绘就了国家富强、民族复兴的宏伟蓝图，是一次具有里程碑意义的大会。他们表示，二十大为港澳"一国两制"实践行稳致远提供了根本遵循，为港澳实现更好发展指明了方向，港澳各界信心满怀，一定能在新时代新征程奋发有为、勇毅前行，同祖国人民一道书写新的辉煌篇章。

推动港澳未来发展的行动指南

香港特区行政长官李家超表示，中国共产党走过了百年奋斗历程，又踏上了新的赶考之路。我们完全有信心有能力，在新时代新征程创造令人刮目相看的新的更大奇迹。李家超说，二十大报告中对"一国两制"实践作出的论述及对涉港议题提出的要求，为香港进一步指明了发展方向，意义重大。

李家超强调，香港已经进入由治及兴新阶段，特区政府将继续以习近平总书记对香港提出的"四个必须"和"四点希望"作为施政大方向、大蓝图，共同实践二十大精神，推动香港各界展现团结奋斗的新作为，努力为中华民族伟大复兴作出贡献。

"随着二十大的胜利闭幕，伟大祖国正在迎来新的更好的发展，必将为澳门的发展进步提供更多宝贵的机遇。"澳门特区行政长官贺一诚表示，学习贯彻二十大精神是当前和今后一个时期的重要任务，澳门各界要认真学习、准确理解、坚决贯彻二十大精神，把二十大决策部署转化为实际行动，谋划推进新时代澳门发展。

贺一诚表示，澳门特区政府和社会各界将在中央的指导支持下，全面准确贯彻"一国两制"、"澳人治澳"、高度自治的方针，落实中央全面管治权、"爱国者治澳"原则，全面贯彻习近平新时代中国特色社会主义思想，不断谱写具有澳门特色的"一国两制"成功实践的华彩篇章。

连日来，港澳媒体纷纷聚焦二十大圆满完成各项议程胜利闭幕，作了大量报道。香港《大公报》社评表示，新时代、新征程，香港"一国两制"实践行稳致远也必将更有保障。香港各界要将二十大系统阐述的新理念新思想新战略，作为推动未来发展的根本遵循和行动指南。特区政府要团结各界，齐心协力，抓住历史机遇，不断把人民对美好生活的向往变为现实，不断为中国式现代化建设发挥香港独特作用。

香港《文汇报》社评表示，二十大报告对港澳工作的精辟论述，充分体现了中央对"一国两制"事业的高度重视和全力支持；新一届特区政府公布的首份施政报告，积极响应二十大报告精神，展现施政新风和担当作为。全港各界要认真领会贯彻二十大精神，同心协力把施政报告的新蓝图落实到位，写好香港由治及兴的新篇章。

《澳门日报》社论指出，正是因为有习近平总书记掌舵领航，有习近平新时代中国特色社会主义思想的科学指引，全党才有"定盘星"，全国人民才有"主心骨"，中华复

媒体评论

正是因为有习近平总书记掌舵领航，有习近平新时代中国特色社会主义思想的科学指引，全党才有"定盘星"，全国人民才有"主心骨"，中华复兴号巨轮才能在面对惊涛骇浪时行稳致远。

——《澳门日报》社论

兴号巨轮才能在面对惊涛骇浪时行稳致远。未来五年是全面建设社会主义现代化国家开局起步的关键时期，相信在以习近平同志为核心的中共中央领导下，中国定能战胜一系列严峻挑战，创造新的历史伟业。

凝聚起新征程勇毅前行的强大信心

党的二十届一中全会选举产生了新一届中央领导机构。香港民建联、工联会、新民党、经民联、自由党等政团纷纷表示，有习近平总书记作为中共中央的核心、全党的核心掌舵领航，国家和香港的明天一定会更美好。

"本次大会向全世界展示了一个有担当、有信念、人民至上的中国共产党，为中国式现代化指明了发展方向，引领着全国各族人民朝着全面建成社会主义现代化强国、实现第二个百年奋斗目标不断前进。"全国人大常委会委员、香港再出发大联盟秘书长谭耀宗表示，希望香港各界能团结一致，在以习近平同志为核心的中共中央坚强领导下，齐心协力确保"一国两制"实践行稳致远。

香港全港各区工商联永远名誉会长耿国华表示，习近平总书记在二十大以及在二十届中共中央政治局常委同中外记者见面会上的重要讲话，充分展现了大党大国领袖真挚的为民情怀。相信香港的发展会随着二十大圆满落幕踏上新里程。全港工商业者要深入学习领会习近平总书记重要讲话精神，主动肩负历史使命，为香港开辟新空间、创造新机遇。

"新一届中共中央领导机构的选举产生，充分反映了包括澳门同胞在内亿万人民的心声与愿望，令人倍感振奋。"澳门创新发展研究会理事长刘景松说，大家对国家、对澳门未来发展充满信心。

澳门大学政治经济学与公共政策教授盛力表示，二十大报告提出的一系列重要论述以及大会通过的党章修正案，充分体现了中央坚持"一国两制"制度安排的意志和决心，以及对港澳同胞的关怀和支持，必将为港澳未来发展注入新的发展动力。

更好融入国家发展大局贡献复兴伟业

全国政协委员、香港特区行政会议成员陈清霞表示,二十大报告系统阐述坚持和完善"一国两制"新理念新思想新战略,为港澳工作提供了根本遵循。二十大确定的奋斗目标,对步入发展新阶段的香港是极大的鼓舞,将激励特区政府和社会各界团结奋进、攻坚克难、勇毅前行,充分发挥"一国两制"独特优势,在更好融入国家发展大局中,把香港建设得更好。

"二十大坚定了香港各界对'一国两制'的信心,香港需要主动寻找机遇,同时发挥各领域的优势,进一步拓展国际市场。"香港经民联副主席林健锋表示,香港各界要主动对接国家发展,在不同领域积极出谋献策,不断增强经济发展动能,发挥香港所长,贡献国家所需,为全面建成社会主义现代化强国发挥更大担当更大作用。

香港中华出入口商会会长林龙安表示,二十大规划了中国式现代化高质量发展的宏伟蓝图,香港乘国家发展的东风,乘势而上,经济将会升级换代,民生忧难也将获得更好的解决。香港金融界、工业界、科技界应深入学习二十大精神,了解香港在国家发展中的新定位,在全力参与以中国式现代化全面推进中华民族伟大复兴的同时,借助国家给予的黄金机遇,为香港寻求更大发展空间。

粤澳工商联会创投基金委员会主任姚锦程说,二十大精神指引澳门企业尤其是科技企业以更十足的干劲,投身支持澳门经济适度多元发展、更好融入国家发展大局的事业中来。下一步,粤澳工商联会将贯彻大会精神,积极推动打造横琴粤澳"一带一路"产业"加速器",也希望越来越多的港澳创科企业以主人翁姿态参与粤港澳大湾区建设,为民族复兴贡献力量。

(新华社香港/澳门2022年10月29日电 新华社记者刘明洋、刘刚、李寒芳、查文晔)

胸怀天下的中国抉择
惠及全球的中国方案

党的二十大受到国际社会持续高度关注。国际社会普遍认为，此次大会具有重要里程碑意义，不仅对中国产生深远影响，也为世界各国携手应对挑战、实现共同发展注入动力。相信在中国共产党坚强领导下，中国将不断以新发展为世界提供新机遇，为推动构建人类命运共同体、建设更加美好世界作出新的贡献。

| 学习贯彻党的二十大精神述评 |

胸怀天下者　朋友遍天下

——各国政党政要热烈祝贺习近平当选中共中央总书记和中共二十大成功举行

"蓝图已经绘就，号角已经吹响。"举世瞩目的中国共产党第二十次全国代表大会胜利闭幕，巍巍东方巨轮启航新征程。

10月23日，中共中央总书记习近平和中共中央政治局常委同中外记者见面。

"只要共行天下大道，各国就能够和睦相处、合作共赢，携手创造世界的美好未来。"习近平总书记坚定而恳切的话语，向世界发出了和平、发展、合作、共赢的中国邀约，为推动建设更加美好的世界勾画了实践路径。

连日来，各国政党政要纷纷致电致函，热烈祝贺习近平当选中国共产党第二十届中央委员会总书记和中共二十大成功举行，表示为中国取得的成就感到喜悦，对中国未来的发展充满信心，期盼中国在为人类谋进步、为世界谋大同的事业中发挥更加重要作用。

"当之无愧的领袖"

伟大的时代，必有自己的杰出人物；伟大的事业，必有众望所归的领袖。

新征程是充满光荣和梦想的远征。中华民族伟大复兴号巨轮之所以能够乘风破浪、扬帆远航，最根本的原因在于有习近平总书记作为党中央的核心、全党的核心掌舵领航，在于有习近平新时代中国特色社会主义思想科学指引。在二十届一中全会选举新一届中央领导机构时，习近平同志再次全票当选中央委员会总书记，掌舵领航新时代新征程。

这是党心所向、民心所盼、众望所归，是历史的选择，人民的选择，时代的选择。各国政党政要感佩于这份源自中共全党和中国人民衷心拥戴的崇高威望，通过贺电贺函表达他们对习近平总书记再次全票当选的祝贺与敬佩之情。

俄罗斯总统普京表示，值此您再次当选中国共产党中央委员会总书记之际，请接受我最热烈的祝贺。中国共产党第二十次全国代表大会成功举行，充分体现了您崇高的政治威望，展现出在您领导下中国共产党的高度团结。

朝鲜劳动党总书记金正恩表示，习近平总书记同志继续肩负领导中国共产党的重任，体现了中国共产党全体党员和全体中国人民始终不变的信任、支持和期待。坚信在习近平总书记同志领导下，中国共产党和中国人民必将坚持和发展中国特色社会主义，在全面建设社会主义现代化国家新征程上取得光辉胜利。

意大利总统马塔雷拉表示，值此您再次当选中共中央总书记之际，我谨致以最热烈的祝贺。当今世界正面临严峻挑战，我们应共同肩负促进和平与发展的使命，并为之不懈努力。

埃及总统塞西表示，您再次当选中共中央总书记，充分体现了全党、全国人民对您的信任。我对中国共产党取得的光辉成就和为改善中国人民生活作出的卓有成效的贡献表示赞赏。

"我将无我，不负人民。"这是习近平总书记作为大党大国领袖的感人话语。这份一切为了人民的拳拳之心，给全世界留下深刻印象。各国政党政要感佩于这种无私奉献的领袖品格，通过贺电贺函表达他们对习近平总书记人民情怀的由衷钦佩。

肯尼亚联合民主同盟领导人、总统鲁托表示，您以人民为中心、甘于奉献的领袖风范为我们树立了榜样。肯尼亚期待同中国携手构建充满活力的

| 学习贯彻党的二十大精神述评 |

非中命运共同体。

俄罗斯统一俄罗斯党主席梅德韦杰夫表示,您作为负责任的、坚定的、深切热爱自己祖国的政治家享誉世界。善于倾听人民的声音,关心人民的需求和利益,是您作为中国共产党当之无愧的领袖的独特品质。

从提出构建人类命运共同体理念,到提出全球发展倡议、全球安全倡议,从推动共建"一带一路"到推动建设开放型世界经济……这些中国智慧和中国方案体现了习近平总书记胸怀天下、引领时代的大格局、大担当。各国政党政要感佩于这份大党大国领袖的天下情怀,通过贺电贺函表达他们对于习近平总书记共行天下大道理念的认同与支持。

巴基斯坦穆斯林联盟(谢里夫派)主席、政府总理夏巴兹表示,习近平总书记为建立公平公正、和睦相处的全球治理体系以及弘扬各国真诚友好的合作精神发挥了积极作用。

老挝人民革命党中央委员会总书记通伦表示,您提出的构建人类命运共同体、"一带一路"倡议、全球发展倡议、全球安全倡议等重大理念和主张得到国际社会广泛认同和普遍支持,已经并将继续为世界和平发展事业作出积极贡献。

斯洛伐克方向党主席、前政府总理菲佐表示,习近平总书记提出的全球发展倡议和全球安全倡议有利于促进世界和平与发展。

"一座新的里程碑"

中共二十大,是在全党全国各族人民迈上全面建设社会主义现代化国家新征程、向第二个百年奋斗目标进军的关键时刻召开的一次十分重要的大会。各国政党政要在贺电贺函中认为,当今世界充满不确定性,中共二十大的胜利召开具有里程碑意义,必将对中国和世界产生深远影响。

塞尔维亚前进党主席、总统武契奇表示,中共二十大不仅对中国,也对全世界具有重要意义。

斯里兰卡人民阵线党领袖、前总统马欣达表示,在习近平总书记的坚强领导下,中国实现了第一个百年奋斗目标,在当今世界发挥着越来越重要的作用。中共二十大将成为中国特色社会主义建设中一座新的里程碑。

法国共产党全国理事会主席、参议院副议长洛朗表示,中共二十大对中国乃至整个世界都至关重要。当前人类面临诸多挑战,大会传递的发展、和平、共享的信号令人期待。

中共二十大回顾总结了过去五年的工作和新时代十年的伟大变革,描绘了以中国式现代化全面推进中华民族伟大复兴的宏伟蓝图。各国政党政要通过贺电贺函表达他们对中国的未来充满信心,坚信中共必将团结带领中国人民不断谱写新时代中国特色社会主义新篇章。

新加坡人民行动党秘书长、政府总理李显龙表示,中共二十大作出的决定将为中国下一阶段发展提供一个清晰的愿景,相信中国将继续朝着其长期目标前进。一个繁荣稳定的中国有利于地区和世界。

越南共产党中央委员会总书记阮富仲表示,坚信在以习近平同志为核心的中共中央领导下,在习近平新时代中国特色社会主义思想指引下,中国全党和全国人民必将完成中共二十大提出的各项目标,早日基本实现社会主义现代化,将中国建设成为富强民主文明和谐美丽的社会主义现代化强国。

蒙古人民党主席、政府总理奥云额尔登表示,中共二十大擘画了中国未来发展蓝图。相信在习近平总书记领导下,中国共产党将高举中国特色社会主义伟大旗帜，胜利实现全面建设社会主义现代化国家、全面推进中华民族伟大复兴的宏伟目标。

古巴共产党中央委员会第一书记、国家主席迪亚斯-卡内尔表示，在习近平总书记领导下，中国共产党和中国人民必将在新时代中国特色社会主义事业中继续取得新的成就。

中国梦是中国人民追求幸福的梦，也同各国人民的美好梦想息息相通。"推进高水平对外开放""推动共建'一带一路'高质量发展""坚定奉行互利共赢的开放战略"……透过中共二十大报告，世界看到了中国新发展带来的新机遇。各国政党政要在贺电贺函中纷纷表达与中国加强合作、实现共赢的愿望。

匈牙利青民盟—匈牙利公民联盟主席、政府总理欧尔班表示，过去十年，中国经济社会快速发展，匈中两国关系也取得卓越成果。匈方高度评价两国间建立的全面战略伙伴关系，期待未来进一步加强同中方的合作。

印度总理莫迪表示，期待同习近平总书记一道，共同为印中双边关系发展注入新的活力。

柬埔寨国王诺罗敦·西哈莫尼表示，期待同习近平总书记一道，传承柬中传统友谊，推动柬中命运共同体建设，更好造福两国和两国人民。

"建设更加美好的世界"

当前，世界之变、时代之变、历史之变正以前所未有的方式展开，人类社会面临前所未有的挑战。世界又一次站在历史的十字路口，何去何从取决于各国人民的抉择。

"我们将同各国人民一道，弘扬和平、发展、公平、正义、民主、自由的全人类共同价值，维护世界和平、促进世界发展，持续推动构建人类命运共同体。"面对600多名中外记者，习近平总书记向国际社会发出"携手创造世界的美好未来"的真诚邀约。

"大道不孤，天下一家"。和平、发展、合作、共赢的历史潮流不可阻挡，各国人民求进步、促合作的愿望更加强烈。中国倡议得到各国政党政要的积极回应。

南非非国大主席、总统拉马福萨表示，非国大十分珍视两党关系，在习近平总书记领导下，中国共产党与非国大关系日益深化，感谢中共给予我们支持和引导。相信中共将同世界进步力量一道，持续推动实现世界公平正义与和平发展。

韩国总统尹锡悦表示，期待同习近平总书记密切沟通与合作，维护半岛及东北亚地区和平稳定与繁荣。

尼加拉瓜桑地诺民族解放阵线总书记、总统奥尔特加和副总统穆里略表示，尼方愿同中方共同努力，推动人类社会不断进步，建设更加美好的世界。

所罗门群岛政府总理索加瓦雷表示，所政府将坚定支持中国建设社会主义现代化国家，共同推动构建人类命运共同体。

中国始终把自身发展置于人类发展的坐标系中，始终把自身命运与世界各国人民命运紧密相连，推动构建人类命运共同体，谋求为人类和平与发展崇高事业作出新的更大的贡献。各国期待，在新征程上，中国将在国际舞台发挥更大作用。

印度尼西亚民主斗争党总主席、前总统梅加瓦蒂表示，期待中国在国际舞台发挥更大作用，共同推动建立和平、公正的国际秩序。

克罗地亚前总统梅西奇表示，相信习近平总书记将继续带领中国取得更大发展，并在维护世界和平、促进共同发展方面发挥重要作用。

孟加拉国人民联盟主席、政府总理哈西娜表示，热烈欢迎习近平总书记提出的推动构建人类命运共同体理念，衷心感谢习近平总书记长期以来对发展中国家经济社会发展的大力支持。

（新华社北京 2022 年 11 月 4 日电　新华社记者谢彬彬、杨天沐）

| 学习贯彻党的二十大精神述评 |

用新的伟大奋斗创造新的伟业

——国际社会高度评价习近平向中国共产党第二十次全国代表大会所作报告

中国共产党第二十次全国代表大会 16 日上午在北京开幕,习近平总书记代表中共第十九届中央委员会向大会作了题为《高举中国特色社会主义伟大旗帜　为全面建设社会主义现代化国家而团结奋斗》的报告。

中共二十大报告引起国际社会高度关注。众多海外人士指出,中共二十大报告全面总结中国改革发展取得的重大成就和宝贵经验,从战略全局上对党和国家事业作出规划和部署,相信中共必将用新的伟大奋斗创造新的伟业,团结带领中国人民在全面建设社会主义现代化国家新征程上谱写新篇章,为同世界人民携手开创人类更加美好的未来注入新动力。

新时代伟大变革意义重大

习近平总书记在报告中指出,十年来,我们经历了对党和人民事业具有重大现实意义和深远历史意义的三件大事:一是迎来中国共产党成立一百周年,二是中国特色社会主义进入新时代,三是完成脱贫攻坚、全面建成小康社会的历史任务,实现第一个百年奋斗目标。

"这份报告蕴含中共重要经验结晶,为推动中国向第二个百年奋斗目标进军提供了思想指引。"一直密切关注中共二十大的老挝人民革命党中央机关报《人民报》总编辑万赛说。万赛对中共坚持以人民为中心的发展思想感受很深：中国打赢了人类历史上规模最大的脱贫攻坚战，历史性地解决了绝对贫困问题，为全球减贫事业作出重大贡献。

通过网络直播聆听二十大报告后，巴基斯坦亚洲生态文明研究与发展研究所首席执行官沙基尔·拉迈表示对中国的认知更深一层。拉迈说，过去十年，中国取得一系列里程碑式成就。中国特色社会主义道路取得的巨大成就，正为世人呈现具有吸引力的发展道路。

"在中国共产党领导下，中国向世界展示了如何以政治意愿和高效率的行动实现消除绝对贫困等目标。"曾数次到中国贫困地区调研的巴西中国问题研究中心主任罗尼·林斯说，实现经济社会发展、消除贫困和社会不平等，是建设一个更健康世界的必由之路。中共领导的脱贫攻坚事业将永远被人类社会铭记，"成为人类历史上良政善治的典范"。

古巴政治杂志《主题》主编拉斐尔·埃尔南德斯对报告中的一系列经济增长数字印象深刻。"每次重返中国，我都明显感受到中国经济社会的快速进步，"他说，中共十八大以来取得的历史性成就生动表明，中共是为中国人民谋幸福、为中华民族谋复兴的政党。正是有了中共的坚强领导，才有了中国今天所取得的伟大成就。

俄罗斯人民友谊大学教授尤里·塔夫罗夫斯基指出，中共二十大意义重大。过去十年，中国在加快建设现代化经济体系、加强科技创新、完善国家治理体系、消除绝对贫困、聚焦绿色发展等方面取得巨大成就。中国特色社会

域外声音

中共二十大意义重大。过去十年，中国在加快建设现代化经济体系、加强科技创新、完善国家治理体系、消除绝对贫困、聚焦绿色发展等方面取得巨大成就。中国特色社会主义制度优势进一步凸显，中国的发展道路赢得国际社会赞赏。

——俄罗斯人民友谊大学教授尤里·塔夫罗夫斯基

主义制度优势进一步凸显，中国的发展道路赢得国际社会赞赏。

俄罗斯莫斯科国立大学亚非学院院长阿列克谢·马斯洛夫表达了相同看法：中国的发展对于全球发展非常重要。中国的成功经验，可以为很多国家提供借鉴和启发。

中国式现代化是对人类进步事业的巨大贡献

习近平总书记在二十大报告中强调，从现在起，中国共产党的中心任务就是团结带领全国各族人民全面建成社会主义现代化强国、实现第二个百年奋斗目标，以中国式现代化全面推进中华民族伟大复兴。

"报告明确了到二〇三五年中国发展的总体目标，并强调未来五年是全面建设社会主义现代化国家开局起步的关键时期。能在拥有十几亿人口的国家实现现代化，这无疑是对人类进步事业的巨大贡献。"肯尼亚国际问题学者卡文斯·阿德希尔表示，中方此举向非洲国家在内的发展中国家作出表率，即各国应探索一条符合自身实际的现代化发展道路。

阿德希尔指出，中国式现代化是全体人民共同富裕的现代化，并在追求自身进步的同时致力于促进世界和平与发展。

塞尔维亚前资深外交官日瓦丁·约万诺维奇分析说，中共二十大报告阐述的关于中国未来发展的新理念、新规划和新部署，对提高人民生活水平、促进全球发展意义重大。中国必将实现其发展目标。

"中国式现代化道路描绘了人类社会摆脱贫困、饥饿、战争、冲突、歧视和霸权的美好愿景！"在柬埔寨贝尔泰国际大学任教的资深教授约瑟夫·马修斯看来，中国式现代化不仅对本国实现高质量发展、全体人民共同富裕、人与自然和谐共生等方面提出高追求，而且将对全球发展产生重要积极影响。

哈萨克斯坦中国贸易促进协会会长哈纳特·拜赛克对中国式现代化颇为期待。他通过与中方对接农业、能源、电商等领域商贸合作深刻感受到，共建"一带一路"倡议不断推进，哈萨克斯坦等沿线国家切实获益。

"中国在国内集中力量办大事的同时，也在向世界释放发展的正面外溢效应，体现了中国智慧和力量，"拜赛克说，中国式现代化将带动中国取得新的经济社会发展成就，为哈萨克斯坦等发展中国家带来更多新的合作发展机遇。

埃及埃中商会秘书长迪亚·赫尔米表示，中共强调中国式现代化，为中国未来可持续发展作出了清晰规划。赫尔米坚信，中国坚持中国特色社会主义，将续写发展成功故事，中国在现代化的道路上前景广阔。

携手世界共创人类更加美好未来

习近平总书记在二十大报告中指出，中国始终坚持维护世界和平、促进共同发展的外交政策宗旨，致力于推动构建人类命运共同体。中国提出了全球发展倡议、全球安全倡议，愿同国际社会一道努力落实。中国人民愿同世界人民携手开创人类更加美好的未来。

"从报告中，我感受到中国阔步前行、和平发展和对外开放的决心和信心。"乌兹别克斯坦政治评论员图兰拜·库尔班诺夫说，中国共产党以中国式现代化全面推进中华民族伟大复兴，将为广大发展中国家提供巨大发展机遇，为全球经济发展注入动力。中国提出的全球发展倡议和全球安全倡议契合国际社会盼公道、求和平、促发展的共同心声，必将进一步凝聚国际共识、汇聚合作力量，为完善全球治理注入强大正能量。

印度尼西亚国立帕查查兰大学国际关系专家特库·礼萨夏说，中国坚持在和平共处五项原则基础上同各国发展友好合作，加强同发展中国家团结合作，这将有助于促进包括印尼在内的新兴经济体共同发展。

泰国泰中"一带一路"研究中心主任威伦·披差翁帕迪注意到，习近平总书记在报告中强调中国致力于推动构建人类命运共同体。他说，没有一个国家可以独自解决当今世界面临的诸多问题和挑战，各国应该团结合作、互利共赢、共同发展，在这一过程中，推动构建人类命运共同体理念发挥着重要作用。

卢旺达资深媒体人杰拉尔德·姆班达指出，中国通过共建"一带一路"倡议、中非合作论坛等为世界提供巨大发展机遇。在中非合作论坛框架下，非中合作不断深入发展，非洲国家期待继续深化非中关系，造福非中人民。

伊朗德黑兰大学亚洲研究中心主任哈米德·瓦法埃注意到，报告中再次提到全球发展倡议和全球安全倡议，国际社会期待这些中国方案在世界范围内发挥更多积极作用。瓦法埃说，中国是世界最大的发展中国家，中国的发展道路对伊朗等广大发展中国家具有重要借鉴意义。包括德黑兰大学亚洲研究中心在内的很多伊朗学术机构正密切关注中共二十大，希望借此进一步深入研究中共治国理政的成功经验。

"中共二十大意义重大，将对中国未来发展和世界和平稳定产生深远影响。"巴西共产党主席卢西亚娜·桑托斯说，中国坚持独立自主的和平外交政策，坚定捍卫多边主义，积极参与全球治理，引领全球治理体系改革，为塑造更加公正合理的国际秩序发挥积极作用。

（新华社北京 2022 年 10 月 16 日电）

努力创造更加灿烂的明天

——国际社会热议习近平总书记在二十届中共中央政治局常委同中外记者见面会上的重要讲话

"经过全党全国各族人民共同努力,我们如期全面建成小康社会、实现了第一个百年奋斗目标。现在,我们正意气风发迈上全面建设社会主义现代化国家新征程,向第二个百年奋斗目标进军,以中国式现代化全面推进中华民族伟大复兴。"

23日中午,刚刚在中国共产党第二十届中央委员会第一次全体会议上当选的中共中央总书记习近平在二十届中共中央政治局常委同中外记者见面时发表重要讲话。

蓝图已经绘就,号角已经吹响,世界的目光聚焦中国。国际社会普遍认为,习近平总书记的讲话再次强调要以中国式现代化全面推进中华民族伟大复兴,相信中国共产党必将团结带领中国人民不断谱写新时代中国特色社会主义新篇章,以自身发展为世界创造更多机遇。

意气风发迈上新征程

习近平总书记同中外记者见面时强调,新征程上,我们要始终保持昂扬奋进的精神状态。我们要埋头苦干、担当作为,以更加强烈的历史主动精神推进马克思主义中国化时代化,不断谱写新时代中国特色社会主义新篇章,奋力实现中华民族伟大复兴的中国梦。

"中共二十大制定的发展蓝图引领中国未来的发展,这不仅是中国的大事,也是全球关注的焦点。"老挝巴特寮通讯社社长坎培长期关注中国发展,此次专门安排采编人员全程重点报道中共二十大。他在收听了习近平总书记同中外记者见面时的讲话后说:"中国共产党带领中国人民实现了第一个百年奋斗目标,正向第二个百年奋斗目标进军。作为社会主义友好邻邦,我们很高兴看到中国式现代化取得辉煌成就,也相信中国式现代化将取得更大成就,鼓舞并启发更多国家。"

美国《全球策略信息》杂志社华盛顿分社社长威廉·琼斯全程关注中共二十大的召开,他对中国共产党带领中国人民实现二十大制定的宏伟目标充满信心,"相信中国共产党在此次大会上展示的决心意志能够为中国克服各种挑战、实现发展目标提供强大动力"。

习近平总书记在同中外记者见面时的讲话给俄罗斯共产党中央委员会副主席德米特里·诺维科夫留下深刻印象。他认为,习近平总书记的讲话非常重要,世界再次看到以中国式现代化全面推进中华民族伟大复兴的坚定意志和光明前景。他指出:"中国取得伟大成就的关键在于坚持中国共产党的领导,中国共产党正带领中国人民书写新时代中国特色社会主义事业新篇章。"

"我们对中国未来发展充满希望。"埃及前驻华大使阿里·希夫尼读了习近平总书记在同中外记者见面会上的讲话后说,中国共产党和中国人民有坚韧不拔的毅力、埋头苦干的精神和伟大的梦想,相信中国共产党将带领中

驻华大使看中共二十大

我们对中国未来发展充满希望。中国共产党和中国人民有坚韧不拔的毅力、埋头苦干的精神和伟大的梦想,相信中国共产党将带领中国人民一起朝着中国未来发展宏伟目标奋力前进。

——埃及前驻华大使阿里·希夫尼

国人民一起朝着中国未来发展宏伟目标奋力前进。

依靠人民创造新的历史伟业

习近平总书记指出，新征程上，我们要始终坚持一切为了人民、一切依靠人民。

对此，几内亚比绍前总理安东尼奥·阿图尔·萨尼亚感慨颇深："中国共产党和人民之间有着一条非凡的纽带，中国共产党始终以人民为中心、为人民利益着想。"这位非洲前政要说，他是中国国家发展繁荣、人民安居乐业的见证者，从多次访华经历和长期对中国的观察中得出结论：中国共产党是真正以人民为中心的政党。

英国共产党总书记罗伯特·格里菲斯高度赞赏中国共产党始终以人民为中心制定发展战略、始终坚持人民利益高于一切。格里菲斯说："我看到了中国各地人民生活水平的提高、住房和教育条件的改善，看到引人注目的现代交通系统，也看到了中国人民充满自豪的表情。"

"中国共产党从人民中走来，人民至上是其根本立场。"哈萨克斯坦中国贸易促进协会会长哈纳特·拜赛克如是评论。他指出，中国发展全过程人民民主，把实现全体人民共同富裕写入中国式现代化的本质要求，这是中国共产党发展为了人民、发展依靠人民、发展成果由人民共享的真实写照。

新加坡时政评论员翁德生对习近平总书记同中外记者见面时强调"面向未来，我们仍然要依靠人民创造新的历史伟业"的论述印象深刻。翁德生认

域外声音

我看到了中国各地人民生活水平的提高、住房和教育条件的改善，看到引人注目的现代交通系统，也看到了中国人民充满自豪的表情。
——英国共产党总书记罗伯特·格里菲斯

为，中国在减贫和推动可持续发展方面的举措展现出一条与西方国家模式不同的路径。中国坚持以人民为中心的发展思想，在幼有所育、学有所教、劳有所得、病有所医、老有所养、住有所居、弱有所扶等方面持续用力，民生保障成果得到实践检验和人民认可。他表示："中国共产党带领中国人民将继续创造新的辉煌。"

在自我革命中不断焕发蓬勃生机

习近平总书记强调，新征程上，我们要始终推进党的自我革命。面对新征程上的新挑战新考验，我们必须高度警省，永远保持赶考的清醒和谨慎，驰而不息推进全面从严治党，使百年大党在自我革命中不断焕发蓬勃生机，始终成为中国人民最可靠、最坚强的主心骨。

新加坡国立大学李光耀公共政策学院副教授顾清扬指出，不断通过自我革命推进发展、立足中国国情并吸取多国先进经验，是中国共产党领导中国人民推进现代化建设取得成就的重要因素。中共二十大和习近平总书记的讲话对马克思主义中国化时代化成果作出重要阐述，体现了中国共产党在理论创新道路上焕发生机、不断保持创新的意志和能力。

越南越中友好协会副主席、战略与国际关系发展研究中心高级顾问阮荣光一直关注中国发展，参与翻译《习近平谈治国理政》等著作。阮荣光指出，中国共产党驰而不息推进全面从严治党，中共的执政能力和水平不断增强。

"习近平总书记的讲话表明中国共产党持之以恒推进全面从严治党的坚定决心和意志。"美国库恩基金会主席罗伯特·劳伦斯·库恩说，中国未来前进道路上会遇到挑战，始终保持清醒、不断增强执政党的能力建设非常重要。

"中国共产党近年来在全面从严治党方面成就显著，令人印象深刻。"老挝人民革命党中央机关报《人民报》总编辑万赛说，中国共产党善于学习和创新，不断总结经验并探索前进道路。"相信中国共产党以党的自我革命引领社会革命,开创国内建设新局面、塑造国际关系新格局,必将续写成功故事,带领中国人民实现第二个百年奋斗目标。"

携手创造世界的美好未来

习近平总书记指出,新征程上,我们要始终弘扬全人类共同价值。当今世界面临前所未有的挑战。我们历来主张,人类的前途命运应该由世界各国人民来把握和决定。只要共行天下大道,各国就能够和睦相处、合作共赢,携手创造世界的美好未来。我们将同各国人民一道,弘扬和平、发展、公平、正义、民主、自由的全人类共同价值,维护世界和平、促进世界发展,持续推动构建人类命运共同体。

"习近平总书记的讲话说出了世界上大多数国家的心声。只有在和睦相处、合作共赢的国际关系中,各国才能真正自主选择适合自身的发展道路,有效应对共同挑战。"沙特阿拉伯新闻部国际媒体处总监侯赛因·沙马里说,"世界正经历深刻变化,弘扬全人类共同价值,守护和平、促进发展是当务之急。中国推动构建人类命运共同体,这一理念正得到越来越多国家支持,将对推动世界和平与发展发挥强大作用。"

法国巴黎法中友好协会副主席利亚齐德·本哈米走访过中国多个城市和地区,持续在法国媒体发表研究中国和法中合作的文章。"中国积极推动构建人类命运共同体,以对全人类负责任的态度,携手国际社会共同应对全球性挑战。人类社会历史证

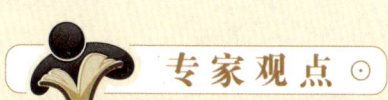

专家观点

中国提出的共建"一带一路"倡议让很多国家受益,全球发展倡议和全球安全倡议让全世界都可以参与进来,为世界的和平与发展作出积极贡献。与此同时,中国自身发展也获得更强劲动力。
——英国皇家东西方战略研究所主席易思

明，单边主义解决不了任何国际危机。"本哈米非常赞同习近平总书记在讲话中再次强调弘扬全人类共同价值。他指出，在促进共同发展、保护环境等一系列全球性重大问题上，中国不断为世界提供中国智慧和中国方案。

英国皇家东西方战略研究所主席易思高度认同习近平总书记强调的"中国发展离不开世界，世界发展也需要中国"论断，指出中国提出的共建"一带一路"倡议让很多国家受益，全球发展倡议和全球安全倡议让全世界都可以参与进来，为世界的和平与发展作出积极贡献。与此同时，中国自身发展也获得更强劲动力。

"世界格局正在加速演变，显然没有任何一个国家能够单独应对这些变化所带来的挑战。"塞尔维亚国际政治经济研究所副所长伊沃娜·拉杰瓦茨认为，各国应弘扬全人类共同价值，维护多边主义，加强交流合作，推动构建人类命运共同体。中国提出全球发展倡议和全球安全倡议，在促进和平与发展的同时，为国际社会应对挑战注入了新的动力。

（新华社北京 2022 年 10 月 24 日电）

胸怀天下的中国抉择

——国际社会热议中共二十大将对世界产生深远影响

当前,世界之变、时代之变、历史之变正以前所未有的方式展开,人类社会面临前所未有的挑战,世界又一次站在历史的十字路口,何去何从取决于各国人民的抉择。

当此之时,举世瞩目的中国共产党第二十次全国代表大会16日在人民大会堂开幕。习近平总书记代表第十九届中央委员会向大会作报告。面对世界百年变局,中国的抉择是:促进世界和平与发展,推动构建人类命运共同体。

"意义重大""影响深远""塑造未来"……大会召开在全球激起广泛回响。国际社会普遍认为,在中国共产党领导下,中国始终坚持维护世界和平、促进共同发展的外交政策宗旨,致力于推动构建人类命运共同体,不断以新发展为世界提供新机遇,推动建设更加美好的世界。

以中国新发展为全球提供新机遇

当前,世界百年变局不断演进,单边主义、保护主义甚嚣尘上,经济全球化遭遇逆流,世界经济饱受通胀、疫情、地缘冲突等因素拖累,下行风险不断积聚。发展新机遇,对世界各国和人民来说,比任何时候都更加可贵。

| 学习贯彻党的二十大精神述评 |

胸怀天下的中国抉择——中共二十大将对世界产生深远影响

中国坚持对外开放的基本国策，坚定奉行互利共赢的开放战略，不断以中国新发展为世界提供新机遇，推动建设开放型世界经济，更好惠及各国人民。中共二十大再次向世界发出开放强音，以自身新发展为全球发展作出新贡献的决心和行动，赢得国际社会广泛赞誉和支持。

"中国坚持高水平对外开放将为世界提供更多发展机遇，使世界各国人民受益。"美国《全球策略信息》杂志社华盛顿分社社长威廉·琼斯认为，中共二十大报告提出的战略方针能够推动实现全球共同繁荣。

十多年来密切关注中国发展的《伊朗日报》总编辑坎巴赫什·哈拉吉说："中国经济持续健康发展，中国始终致力于建设开放型世界经济，这将不断为世界作出积极贡献。"

中国推进高水平对外开放，既有高瞻远瞩的战略规划，也有扎实稳健的政策安排，从稳步扩大规则、规制、管理、标准等制度型开放，到加快建设贸易强国，再到推动共建"一带一路"高质量发展，中国维护多元稳定的国际经济格局和经贸关系的众多举措，将为地区和世界经济发展注入信心和动力。

巴基斯坦智库全球丝绸之路研究联盟创始主席泽米尔·阿万在实时收听了中共二十大报告后说，中国强调坚持高水平对外开放，推动共建"一带一路"高质量发展，坚定奉行互利共赢的开放战略。"我坚信，中国言出必行，一定会为世界经济发展与繁荣作出更大贡献。"

俄罗斯科学院世界经济与国际关系研究所中国政治与经济部门主任谢尔盖·卢科宁解读道，中国加快构建以国内大循环为主体、国内国际双循环相互促进的新发展格局，意味着中国在扩大国内消费的同时，不断深化对外合作。他认为，中共二十大强调坚持高水平对外开放，将为其他国家和地区带来新机遇。

马来西亚太平洋研究中心首席顾问胡逸山说："中国持续推进高水平对外开放，推动着区域及世界经济发展。"

丰富人类现代化路径选择的中国智慧

随着中共二十大的召开，"中国式现代化"成为国际社会愈发关注的热词。

阿富汗喀布尔大学外国语学院教授哈米德·古拉米多次到访中国，对近十年中国经济社会所取得的巨大成就深感敬佩。古拉米一直在思考这样一个问题：中国的现代化进程何以如此之快、如此之实、如此之稳？这次中共二十大报告给出了回答——中国式现代化道路。

报告清晰明确地提出要"以中国式现代化全面推进中华民族伟大复兴"。古拉米认为，中国自信而坚定地走中国式现代化道路，不仅有利于中国，也有利于世界其他国家，特别是发展中国家，中国对发展道路的探索值得发展中国家借鉴。

中国式现代化，是中国共产党领导的社会主义现代化，既有各国现代化的共同特征，更有基于自己国情的中国特色。现代化道路并没有固定模式，适合自己的才是最好的，不能削足适履。对于中国探索现代化道路所展现的中国智慧，印度尼西亚学者班邦·苏尔约诺赞叹不已。

这位从上世纪80年代起就致力于研究中国的印尼学者曾多次到中国实地调研并目睹了中国的沧桑巨变。他认为，中国自主探索适合自身国情的现代化道路，其世界意义在于，"中国式现代化是对全球现代化理论的创新和突破，中国式现代化过程中的发展思路和发展经验也必将给世界各国提供重要启示和借鉴。"

中共二十大报告引起国际社会高度关注，有人读出了独立自主走现代化道路的重要性，也有人对报告所强调的系统观念予以特别关注。塞内加尔社会学家马马杜·迪乌夫认为，中国式现代化强调维护生态、环境和人类利益，促进人与自然和谐共生，与可持续发展高度契合。"希望中国在二十大后向全世界分享中国式现代化经验。"

人类走向现代化的历史进程中，曾演绎过"国强必霸、彼此征伐"的零和之路，而中国式现代化走的是一条"文明互鉴、美美与共"的共赢之路。从二十大报告中，肯尼亚国际问题学者卡文斯·阿德希尔看到了中国道路胸怀天下的和平底色。他指出，中国式现代化走和平发展道路，为其他国家在保持自身独立性的同时加快发展提供了新的选择，为人类探索不同的现代化道路作出了重要贡献。"中国的发展值得世界其他国家思考和学习"。

破解全球治理赤字的中国方案

当今世界，恃强凌弱、巧取豪夺、零和博弈等霸权霸道霸凌行径危害深重，和平赤字、发展赤字、安全赤字、治理赤字加重，人类社会面临前所未有的挑战。中国始终坚持维护世界和平、促进共同发展的外交政策宗旨，致力于推动构建人类命运共同体。

"在动荡不安的当今世界，安全与稳定显得弥足珍贵。"新加坡国立大学东亚研究所助理所长陈刚说，中共二十大向世界宣示了中国将继续坚持和平共处五项原则、推进落实全球发展倡议和全球安全倡议，这有利于推动各国关系健康发展。

埃及赫勒万大学政治学教授穆罕默德·希米说，中国坚持在和平共处五项原则基础上同各国发展友好合作，这有助于促进共同发展和繁荣，提高人民生活水平，推动构建人类命运共同体。

随着中国国际影响力、感召力、塑造力的显著提升，党的十八大以来，中国以前所未有的广度、深度、力度参与全球治理，为全球治理模式提供了不同于"一国独霸"或"几方共治"的新选择，推动全球治理体系朝着更加公正合理有效的方向发展。

亚美尼亚政治经济战略研究中心主任本雅明·波戈相注意到，习近平总书记在报告中表示，中国提出了全球发展倡议、全球安全倡议，愿同国际社会一道努力落实。"这反映出中国同各国互利共赢、共同发展的真诚愿望，是对解决当前人类面临的各种危机和挑战、推动人类文明进步的重大贡献。"在波戈相看来，中共二十大召开是对世界影响深远的一件大事。

一系列新理念新主张新倡议、一个个实实在在的方案与行动，中国为解决人类面临的种种难题不断贡献智慧和力量，为完善全球治理注入强大正能量。

"5年前，我作为外国媒体代表在现场参与报道中共十九大，至今记忆犹新。"《哈萨克斯坦实业报》总编辑谢里克·科尔茹姆巴耶夫说，在当今复杂多变的国际大环境下，中共二十大召开给世界注入强大的稳定预期。中国将继续积极参与全球治理，愿同国际社会一道努力落实全球发展倡议、全球安全倡议，推动构建人类命运共同体，为人类和平与发展贡献新的智慧和力量。

多年来，中国不断为完善全球治理贡献智慧，也为构建一个持久和平、共同繁荣的世界勾勒出越来越清晰的实践路径。

英国东亚委员会秘书长麦启安注意到，二十大报告强调推动构建人类命运共同体，"这对世界来说非常重要"。他指出，当今世界很多问题只有通过各国合作和共同努力来解决，构建人类命运共同体这一理念"为造福全人类发挥了重要作用，为人类共同应对全球性挑战和可持续发展提供了路径"。

（新华社北京2022年10月17日电）

| 学习贯彻党的二十大精神述评 |

共同推动中华民族伟大复兴号巨轮扬帆远航
——中共二十大报告引发海外中华儿女热烈反响

中国共产党第二十次全国代表大会16日上午在北京开幕，习近平总书记代表第十九届中央委员会向大会作了题为《高举中国特色社会主义伟大旗帜 为全面建设社会主义现代化国家而团结奋斗》的报告。

海外华侨华人、我驻外人员和留学生以不同方式收听、收看了党的二十大开幕会。他们为新时代十年的伟大变革和历史性成就感到自豪，纷纷表示要坚定信心，奋勇前进，共同推动中华民族伟大复兴号巨轮乘风破浪、扬帆远航。

为祖国历史性成就备感自豪

习近平总书记在二十大报告中阐述了过去五年的工作和新时代十年的伟大变革。他指出，新时代十年的伟大变革，在党史、新中国史、改革开放史、社会主义发展史、中华民族发展史上具有里程碑意义。

"十年来，每次回国我都能明显感受到祖国日新月异的发展变化。"印度尼西亚中华总商会总主席张锦雄说，"十年间，现代化城市兴起，高铁四通八达，通信设施普及惠民，满眼绿水青山……中国发展实现了从量变到质变的飞跃。海外华商企业在中国投资，也是中国改革开放、现代化建设的参与者，看到这些变化，我们由衷地感到自豪！"

"党的十八大以来，中国经济实力、科技实力、综合国力都跃上了新台阶，国际影响力、感召力、塑造力显著提升。这让海外华侨华人为之振奋、备感自豪。"韩华中国和平统一促进联合总会会长王海军说，祖国的日益强大给身处海外的华侨华人带来新机遇。

"一个国家的海外侨民，腰杆子是否挺得直，要看有什么样的祖国。"博茨瓦纳中国和平统一促进会会长南庚戌感慨地说，中国共产党和中国人民正信心百倍推进中华民族从站起来、富起来到强起来的伟大飞跃，"作为中华儿女，我感到非常自豪"。

一直在白俄罗斯致力于中文教学和中白文化交流的白俄罗斯华侨华人协会理事王庆峰说："十年来，白俄罗斯学习中文的学生人数呈现井喷式增长，这更增强了我们的文化自信。"

"十年来，中国生态环境的改善有目共睹。"欧洲新传媒集团总编辑、德国华商联合总会副会长范轩说，今日的美丽中国是人们看得见、摸得着的，推动绿色发展、促进人与自然和谐共生是正确的选择。

阿根廷中国和平统一促进会会长罗超西一直关注着家乡江西南昌的发展。"十年来，家乡人民生活水平得到极大改善。江西在2020年实现贫困县全部摘帽，这令我激动不已。"

老挝中华总商会16日在老挝《中华时报》刊文，热烈庆祝中共二十大开幕。"在中国共产党领导下，中国取得举世瞩目的成就，发生了翻天覆地变化，人民群众生活得到巨大改善。"文章说，共建"一带一路"倡议同老方"变陆锁国为陆联国"发展战略成功对接，极大改善了老挝人民的生活。

为推进中国式现代化贡献力量

习近平总书记在报告中指出，中国式现代化，是中国共产党领导的社会主义现代化，既有各国现代化的共同特征，更有基于自己国情的中国特色。

正在埃及工作的中国化学工程第十六建设有限公司埃及分公司副总经

理宋军认真聆听了习近平总书记的报告。他说："十年来，中国产品、中国标准越来越被世界认可。我们将继续坚守，用中国速度、中国质量完成好在驻在国的建设项目，为驻在国人民提供更多工作岗位。"他坚信，中国式现代化成果不仅使中国人民受益，也让世界人民受益，以中国式现代化全面推进中华民族伟大复兴的宏图伟业一定会取得成功。

在南非华人媒体《南非观察》总编辑邓玉虬看来，中国不仅向世界展现了一种可供借鉴的发展道路，还通过共建"一带一路"倡议等中国方案与广大发展中国家分享发展机遇，共同推进现代化建设。

"作为海外留学生，在与英国当地民众交流过程中，我越来越能感受到他们希望了解中国的心情。"全英中国学生学者联谊会副主席王铭初说，"中国式现代化的推进和拓展意味着祖国综合国力的提升，也意味着我们每位同胞获得感、幸福感的提升。"

巴西华人文化交流协会主席上官建峰说，作为改革开放后旅居海外的华

图为中国云技术助力拉美数字化发展。2022 年 9 月 21 日，在巴西里约热内卢举行的华为云拉美三周年峰会上，参会代表观看华为云技术介绍。（新华社记者王天聪摄）

侨，我们深切感受到中国在现代化建设的道路上不断前进。"中国式现代化给国家和社会带来发展繁荣，给全体中华儿女带来信心和幸福。"

肯尼亚内罗毕大学孔子学院中方院长王尚雪表示，在孔院工作的五年间，看到越来越多当地青年对中文和中国文化产生了兴趣，专家学者前来探讨中国是如何取得如此巨大的发展成就，"向他们讲好中国故事是我努力的目标"。

共助祖国完全统一

习近平总书记在二十大报告中强调，坚持和完善"一国两制"，推进祖国统一。解决台湾问题、实现祖国完全统一，是党矢志不渝的历史任务，是全体中华儿女的共同愿望，是实现中华民族伟大复兴的必然要求。

"我们要坚定维护国家主权和领土完整，为实现祖国统一和中华民族伟大复兴而奋斗。"英国伦敦华埠商会主席邓柱廷说。他上世纪70年代赴英国，多年来一直致力于推动中英文化交流。"在英广大华侨华人将共襄民族复兴伟业，坚持反'独'促统，共助祖国实现统一。"

俄罗斯中国和平统一促进会常务副会长原毅说："全体中华儿女要围绕实现中华民族伟大复兴中国梦一起来想、一起来干。我们坚决支持和推进祖国统一，把自身的力量汇入实现中华民族伟大复兴的进程中！"

美国美西中国和平统一促进会理事长吴有义表示："我们要更好地团结在美侨胞，与美国各界民众增进交流，讲好中国和平外交政策和'一国两制'方针，为促进中美友好和实现祖国统一作出更大贡献。"

津巴布韦中津交流中心主任赵科说，祖国完全统一一定要实现，也一定能够实现。作为海外华人，要积极发挥自身作用，为祖国统一大业作出贡献。

全日本华侨华人中国和平统一促进会会长唐亚明说，海外侨胞团结一致，坚决反对一切企图分裂祖国的行为。"我们坚信，在中国共产党的领导下，祖国的完全统一一定能实现，中华民族的伟大复兴一定能实现。"

| 学习贯彻党的二十大精神述评 |

为中华民族伟大复兴努力奋斗

习近平总书记在二十大报告中强调,从现在起,中国共产党的中心任务就是团结带领全国各族人民全面建成社会主义现代化强国、实现第二个百年奋斗目标,以中国式现代化全面推进中华民族伟大复兴。

"习近平总书记的报告令海外侨胞备感振奋、深受鼓舞。"泰国中华总商会主席林楚钦说。他一直致力于促进泰中友好和两国经贸合作。"中国经济稳步发展,一系列利好政策和惠侨措施出台,为华侨华人创造了无限机遇。我们将推动更多侨胞华商回家乡投资创业,支持祖国各项建设,参与'一带一路'高质量发展,共同为实现中华民族伟大复兴贡献力量。"

白俄罗斯中国企业商会会长张震勇说,未来五年是全面建设社会主义现代化国家开局起步的关键时期。企业将依托自身优势进一步优化物流通道,拓展业务范围,在海外为祖国的现代化建设添砖加瓦。

委内瑞拉侨领聂国常表示,在委侨胞支持党对国家发展规划的新蓝图,将继续埋头苦干,艰苦创业,连接好国内和国际市场,共同为了把祖国建成富强民主文明和谐美丽的社会主义现代化强国而努力。

美国南加州华人华侨联合总会会长蔡成华说,中国取得的辉煌成就令全球为之惊叹,令海外华侨华人深感自豪。海外华侨华人与祖国心连心,将紧跟祖国发展步伐,为实现中华民族伟大复兴贡献自己的力量。

中国有色集团赞比亚中国经济贸易合作区发展有限公司董事长廖子彬说,奋斗答卷鼓舞人心,壮阔征程催人奋进。"我们海外中国建设者将积极投身中华民族伟大复兴历史进程。"

爱尔兰中国学生学者联谊会主席文双文说,习近平总书记指出,青年强,则国家强。"这让我们海外学子备受鼓舞。我要将自己所学与祖国发展相结合,积极投身祖国建设,让青春在全面建设社会主义现代化国家的火热实践中绽放绚丽之花。"

思源中国语学校在厄瓜多尔办学近20年,学生最多时有近3000人。

学校校长曹孝宏说:"全体教职工将努力做好中文教学,争当中华优秀文化的积极传播者、中厄文化交流互鉴的积极促进者,争取成为与当地民众友好交往的民间使者,为中华民族伟大复兴贡献力量。"

为迎接党的二十大,瑞士中国和平统一促进会名誉会长赵元组织他所在的圣普雷室内乐团,与瑞士福建同乡会共同举办了一场音乐会。他说,作为旅居海外多年的音乐工作者,要用音乐"讲好中国故事",弘扬中华文化。"现在,外国人对中国文化的兴趣越来越浓。民心相通是中国与世界各国加强合作、深化交流的重要基础。旅居海外,我深刻感受到中瑞、中欧文化交流不断发展,将竭尽全力做有益于中外民众心灵相通的工作,为中华民族的伟大复兴贡献自己的力量。"

(新华社北京 2022 年 10 月 18 日电)

| 学习贯彻党的二十大精神述评 |

"这是人类发展史上真正的奇迹"

——国际社会热议中国式现代化的世界意义

"从现在起,中国共产党的中心任务就是团结带领全国各族人民全面建成社会主义现代化强国、实现第二个百年奋斗目标,以中国式现代化全面推进中华民族伟大复兴。"16日,习近平总书记在中共二十大报告中作出这一宣示。

连日来,二十大报告强调的中国式现代化成为吸引世界目光的关键词。国际社会称赞,中国式现代化创造了"人类发展史上真正的奇迹",是"人类社会发展的一项创举",为人类实现现代化提供了新的选择。海外人士期待中国在现代化建设的道路上继续以中国新发展为世界提供新机遇,推动全球治理朝着更加公正合理的方向发展,携手开创人类更加美好的未来。

启迪发展路径的现代化

中国式现代化,是中国共产党领导的社会主义现代化,既有各国现代化的共同特征,更有基于自己国情的中国特色。国际社会认为,中国式现代化扎根中国大地,切合中国实际。中国式现代化取得的成就为世界点亮了进步与发展的希望之灯,为世界现代化进程贡献了中国智慧和中国方案。

"这是人类发展史上真正的奇迹。"柬埔寨亚洲愿景研究院研究员通孟戴维对中国过去十年来在中国式现代化道路上取得的发展成就表示赞叹。

他认为，中国完成脱贫攻坚、全面建成小康社会，"中国的成功正在激发许多发展中国家勇敢探索发展和繁荣的本国方案"。

仔细研读习近平总书记在二十大报告中对中国式现代化的系统阐述之后，新加坡国立大学李光耀公共政策学院副教授顾清扬认为，中国式现代化是具有中国特色的发展模式。他说，中国共产党团结带领中国人民全面建成社会主义现代化强国，以中国式现代化全面推进中华民族伟大复兴，将在纷繁复杂的世界大变局中产生重要积极影响。

> **域外声音**
>
> 中国式现代化创造了人类文明新形态，拓展了发展中国家走向现代化的途径。
>
> ——俄罗斯共产党中央委员会主席根纳季·久加诺夫

对中国式现代化发展成就，老挝国会副主席宋玛·奔舍那有着切身体会。"我们兄弟姐妹小时候在北京生活，现在隔一段时间去中国，对中国的变化感受真切。"20世纪60年代曾在北京学习、生活的奔舍那家族兄弟姐妹，再来中国时也会去同学、朋友家做客。"他们现在的生活真好！"宋玛说。

宋玛感慨："中国式现代化发展的成就告诉我们，现代化不是西方化，各国都可以有适合本国的现代化。"

在肯尼亚国际问题学者卡文斯·阿德希尔看来，中国式现代化是面向庞大人口的、以人民为中心的现代化。他表示，作为世界上人口最多的国家，中国式现代化道路的成功探索是对人类进步事业的巨大贡献。中国为包括非洲国家在内的发展中国家作出榜样，就是要坚持走符合自身国情的现代化发展之路，要以全体人民共同富裕为目标实现现代化。

"中国经历了伟大的经济和社会变革。"委内瑞拉新兴经济体发展高等研究中心学术研究主任路易斯·德尔加罗说，中国式现代化为不少面临经济和社会发展问题、需要探索适合自身国情发展道路的国家提供了重要借鉴。

"中国式现代化创造了人类文明新形态，拓展了发展中国家走向现代化的途径。"俄罗斯共产党中央委员会主席根纳季·久加诺夫指出，中国的快速发展已成为人类文明发展进程中一项重大成就，中国式现代化的成功经验将为更多国家和人民开辟通往美好未来的道路。

惠及世界繁荣的现代化

二十大报告指出，中国式现代化是人口规模巨大的现代化；是全体人民共同富裕的现代化；是物质文明和精神文明相协调的现代化；是人与自然和谐共生的现代化；是走和平发展道路的现代化。海外人士认为，中国式现代化拥有丰富内涵和强大吸引力，将积极推动世界繁荣、文明互鉴，为世界注入更多正能量。

约旦商人协会会长哈姆迪·塔巴的企业经营业务涉及汽车、保险、贸易等多个领域，近年来他充分感受到中国开放市场、经济蓬勃发展释放出的巨大红利。塔巴认为，二十大报告指出中国式现代化是人口规模巨大的现代化、是全体人民共同富裕的现代化，这意味着未来中国人民生活水平将整体跃升，中国释放出的消费需求将极大推动世界经济的持续繁荣与发展。

"中国打赢人类历史上规模最大的脱贫攻坚战，提高了人民收入水平，努力实现社会公平。"阿根廷阿中商会基建委员会协调人费尔南多·法佐拉里对报告中关于"全体人民共同富裕的现代化"的论述感受颇深，他认为，以上种种努力都有效扩大了中国市场，提升了中国人民对高质量商品和服务的需求，"这对全球企业来说都是巨大的吸引力"。

巴西巴中研究中心主任埃万德罗·卡瓦略说，"物质文明和精神文明相协调"的中国式现代化，强调促进物的全面丰富和人的全面发展，最终实现全体人民共同富裕，促进社会公平正义。"我们可以看到，中国式现代化走的是一条生产发展、生活富裕、生态良好的文明发展道路。"

"中国式现代化所突出的物质文明和精神文明相协调，将继续推动中国文化走向世界，拓宽中国与世界各国加深了解的渠道。"沙特国王大学教授易卜拉欣·沃哈伊布指出。

塞内加尔中国问题专家、《太阳报》前驻华记者阿马杜·迪奥普关注到报告中强调的"人与自然和谐共生的现代化"。"中国在保护环境、促进绿色发展方面发挥着重要作用，中国为减少环境污染、推进绿色经济发展作出了突出贡献。"迪奥普以中国库布其沙漠荒漠化治理为例，称赞中国生态保护工程为世界提供了可借鉴的经验，中国推广可再生能源的举措也激励着世界。

"中国式现代化是走和平发展道路的现代化，必将为完善全球治理注入更多正能量。"古巴国际政治研究中心中国问题专家爱德华多·雷加拉多说，当今世界，和平与发展的时代主题面临严峻挑战，中国始终坚定奉行独立自主的和平外交政策，维护国际关系基本准则和国际公平正义，期待中国新发展不断为世界带来新机遇，为开创人类更加美好的未来作出更大贡献。

推动完善全球治理的现代化

当前，世界又一次站在历史的十字路口，何去何从取决于各国人民的抉择。国际社会认为，在这样的关键时刻，二十大报告将"推动构建人类命运共同体，创造人类文明新形态"写入中国式现代化的本质要求，表明中国在现代化建设的过程中，将始终推动全球治理朝着更加公正合理的方向发展，中国人民将同世界人民携手开创人类更加美好的未来。

"构建人类命运共同体这一重要理念为全球治

域外声音

构建人类命运共同体这一重要理念为全球治理贡献了中国方案，为促进世界和平与繁荣提供了中国智慧。

——美国库恩基金会主席罗伯特·劳伦斯·库恩

理贡献了中国方案,为促进世界和平与繁荣提供了中国智慧。"美国库恩基金会主席罗伯特·劳伦斯·库恩在全程收看习近平总书记向中共二十大作报告的直播后表示,中国共产党是代表中国全体人民的政党,坚持以人民为中心的发展思想,带领人民实现国家现代化和民族复兴。"构建人类命运共同体"理念将把"以人民为中心"的中国理念进一步带到世界。

南非约翰内斯堡大学非洲—中国研究中心主任戴维·蒙亚埃称赞中国式现代化道路是"人类社会发展的一项创举"。他认为,从共享发展机遇到分享发展经验,中国式现代化探寻出一条更加公平的发展道路,中国的发展经验对世界特别是非洲国家和其他发展中国家持续产生深远影响。

阿尔及利亚阿尔及尔第三大学教授伊斯梅尔·德贝什自20世纪90年代起一直担任阿尔及利亚－中国友好协会主席。德贝什说,中国高度重视人民生命健康和福祉、大力实施科教兴国战略,在国际上维护地区和国际安全、和平与稳定,将同其他发展中国家共享发展机遇、助力他国发展和人民生活水平提升,推动构建人类命运共同体,这些都体现出人民在中国式现代化道路中的重要性。

德贝什指出,近年来,中国提出的倡议都强调了伙伴关系和互利共赢,强调促进各国人民民心相通。他认为,中国将"推动构建人类命运共同体"写入中国式现代化的本质要求,将推动全球治理朝着更加公正合理的方向发展,为全球发展作出更大贡献。

"中共二十大报告发出明确信号,中国共产党领导下的中国将坚定维护国际关系基本准则和国际公平正义,推动落实全球发展倡议和全球安全倡议,推动构建人类命运共同体。"新西兰中国问题专家戴夫·布罗米奇说,中国将继续弘扬多边主义,携手国际社会应对全球性挑战,"一个社会稳定和经济强劲的中国将是全世界共同的福祉"。

(新华社北京2022年10月19日电)

全球工商界人士接受新华社记者采访时表示：
中国式现代化也是世界的机遇

"以中国式现代化全面推进中华民族伟大复兴""创新是第一动力""站在人与自然和谐共生的高度谋划发展""坚持高水平对外开放"……习近平总书记在中共二十大报告中的这些表述连日来引发国际热议。

全球工商界人士普遍认为，中共二十大不仅为新时代中国发展擘画蓝图，也坚定了各国企业深耕中国市场的信心与决心。全球工商界人士期待进一步加强同中国的合作。

中国式现代化创造新机遇

连日来，"中国式现代化"成为国际社会关注的热词。人口规模巨大的现代化，全体人民共同富裕的现代化，物质文明和精神文明相协调的现代化，人与自然和谐共生的现代化，走和平发展道路的现代化……在全球工商界人士眼中，中国式现代化也是世界的机遇。

高科技跨国公司欧瑞康集团高管萨拉·阿纳斯塔西认为，中国式现代化将提供更多机遇，不仅意味着更大的市场，也意味着更多的人才和更好的技术。"中国市场对我们非常重要。"

二十大报告提出的"中国式现代化是全体人民共同富裕的现代化"，引起约旦商人协会会长哈姆迪·塔巴的格外关注。他说，这意味着中国为

| 学习贯彻党的二十大精神述评 |

提高全体人民生活水平而奋斗的脚步不会停歇,相信未来中国城乡、区域协调发展将进一步推进,中等收入群体会显著扩大,消费结构将不断升级。中国将在促进经济全球化、拉动世界经济增长方面发挥更大作用,为全球企业提供更多发展机遇。

厄瓜多尔中国商会前会长何塞·安东尼奥·伊达尔戈说:"中国式现代化将对其他国家产生积极影响,厄瓜多尔在农产品贸易方面有比较优势,中国中等收入群体扩大对我们是机遇。"

"我们在全球市场的不确定性中看到了中国市场的确定性。"总部位于美国的全球营养品公司康宝莱全球高级副总裁、中国区总裁郭木说。"对全球商界而言,中国现在和将来都是充满希望和机遇的发展热土。"

创新驱动发展提供新引擎

二十大报告强调,必须坚持科技是第一生产力、人才是第一资源、创新是第一动力,深入实施科教兴国战略、人才强国战略、创新驱动发展战略,开辟发展新领域新赛道,不断塑造发展新动能新优势。

泰国开泰银行高级副总裁蔡伟才对报告中的这些内容印象深刻:"这让我们看到中国未来发展方向,即更注重高质量、可持续发展。这对泰国和其他周边国家来说是利好。过去几年中,很多中国高科技企业到泰国投资建厂,这正是泰国所需要的,有利于泰国经济转型升级,提高竞争力。"

今年6月,日本武田

域外声音

中国式现代化将对其他国家产生积极影响,厄瓜多尔在农产品贸易方面有比较优势,中国中等收入群体扩大对我们是机遇。

——厄瓜多尔中国商会前会长何塞·安东尼奥·伊达尔戈

制药的武田研发亚太总部落户上海浦东。武田制药全球高级副总裁、武田中国总裁单国洪说,中国市场不仅以巨大的体量为全球作贡献,更重要的是能够不断以创新推动各产业发展。"未来,我们将与中国本土创新企业更深入全面地合作,共同打造更加和谐、协同发展的生态圈。"

今年8月,特斯拉上海超级工厂第100万辆整车下线,从第1辆到第100万辆仅用不到3年时间。谈到二十大报告强调的创新,特斯拉公司副总裁陶琳有着切身体会:"中国供应商伙伴与我们一起密切合作,不断推动各项关键技术研发创新,积极促进科技进步向生产力转化,将先进的产业理念、流程和标准由点及面普及推广。"

"一切发展都与创新息息相关。"英国48家集团俱乐部主席斯蒂芬·佩里研读报告后感慨地说,中国具有很强的前瞻意识,强大的活力体现在中国每个领域。

墨西哥农业生产大州哈利斯科州企业家奥斯瓦尔多·纳瓦罗从中国采购过不少农业生产设备。他说,从中国进口的种子清洗机,每天清理加工能力是其他国家设备的两到三倍,为企业节省了大量时间和成本。他表示,中国重视科技对经济发展的作用,这有助于将科技成果转化为生产力。

阿尔及利亚企业家希沙姆·舒尔菲旗下的公司提供工业技术和创新领域咨询服务。舒尔菲说,中国与其他国家共享先进发展模式,实现经济互补,通过先进技术提高各国民众福祉,"未来人类社会的很多重要时刻将留下中国创新的印记"。

人与自然和谐共生促进绿色发展

面对全球发展难题,中国近年来深入推动生态文明体制改革,创造了举世瞩目的绿色发展奇迹,有力促进了人与自然和谐共生的现代化建设,为世界生态文明发展提供了"中国方案"。全球工商界人士注意到,推动绿色发展,促进人与自然和谐共生,是二十大报告的重要内容。

冰岛极地绿色能源公司研发项目经理秦美婷说,公司对中国的地热产业相当看好。该公司与中方成立的合资公司已成为全球最大地热公司之一,为中国多个城市提供可再生能源供暖服务。

全球知名温室气体排放监测技术企业绿证公司董事长西奥多·文纳斯对中国充分利用市场机制推动绿色发展的努力印象深刻,特别是建立全国碳市场,认为这将成为实现全球碳中和的关键驱动力。

欧洲软件企业思爱普全球执行副总裁、大中华区总裁黄陈宏表示,中国的绿色发展必将深刻改变全球能源、环境和经济格局。"中国企业正在利用数字化技术,实现碳排放数据透明化和可量化,推动绿色和商业平衡发展。"

利己达人,中国绿色发展的积极效用远播海外。"近十年,中国在使用替代能源、防治荒漠化、植树造林和净化水域等方面都值得全世界学习,中国为全球绿色经济转型和节能减排作出了巨大贡献。"委内瑞拉环境电视台总裁维克托·卡里略在看了二十大报告的有关报道后说,许多拉美国

图为 2022 年 8 月 31 日,满载土库曼斯坦甘草中药材原料的中欧班列回程列车抵达西安国际港站(无人机照片)。(新华社记者李一博摄)

家使用中国太阳能电池板，很好地解决了偏远地区供电和环境保护的问题。

英国皇家国际问题研究所环境与社会部高级研究员郭江汶表示，中国在可再生能源发电、电动汽车、减排及生态修复等方面取得显著进展，正朝着人与自然和谐共生的方向迈进。作为世界上最大的发展中国家，中国低碳转型的进展将显著加速全球绿色转型。

"绿色发展并不是一个替补选项，而是可持续发展的必由之路。"埃及开罗大学经济与金融法教授瓦利德·贾巴拉说。"埃及与中国始终在绿色发展领域进行有效合作，这其中包括中国企业正在埃及承建的轻轨。在太阳能发电领域，中国为协助埃及开发可再生能源作出了巨大努力。"

高水平对外开放提振共赢信心

二十大报告中关于推进高水平对外开放的内容同样受到国际社会高度关注。全球工商界人士表示，中国营商环境持续改善，其进程令人振奋，中国稳步扩大制度型开放的前景让人期待。

"正是得益于中国政府放开外资股比限制，特斯拉才得以成为中国首家外商独资整车企业。"陶琳说。今年前三季度，特斯拉上海超级工厂生产的车型远销欧洲、亚太等地区。

德资企业凯络文换热器（中国）有限公司已在安徽芜湖运营20多年，公司总经理及亚太地区总裁程文武说："近些年我们感受到，政府与市场边界清晰、市场机制有效、办事流程规范快捷，这些都有利于降低市场主体成本，提升市场准入便利化水平，加强与国际通行经贸规则对接，有利于企业的生存发展。"

缅甸糖和甘蔗产品企业家协会副会长温泰表示，中国打造市场化、法治化、国际化的营商环境，对世界各国都有利，能为缅甸出口企业带来许多便利。

曾参与多个中马经贸合作项目的马来西亚中国法律联合会会长罗章武

说，随着中国稳步扩大规则、规制、管理、标准等制度型开放，未来可预期性会不断增强。这对投资者而言是重要利好。

日本武田制药的单国洪谈到中国营商环境改善时深有体会。"中国推进高水平对外开放，让我们看到越来越多的发展机会，也坚定了投资中国市场的决心和信心。"

"二十大报告为中国的未来擘画了发展蓝图，也提振了我们深耕中国市场的信心。"创建于泰国的华彬集团董事长严彬表示，相信未来中国市场将持续呈现强劲韧性和澎湃活力，以一流营商环境促进中外企业合作共赢。

（新华社北京 2022 年 10 月 21 日电）

"这是一次具有里程碑意义的大会"

——国际社会热议中共二十大对中国和世界的深远影响

连日来,中共二十大受到国际社会持续高度关注。在中共二十大胜利闭幕之际,海外人士纷纷表示,此次大会具有重要里程碑意义,不仅对中国产生深远影响,也为世界各国携手应对挑战、实现共同发展注入动力。相信在中国共产党坚强领导下,中国将不断以新发展为世界提供新机遇,为推动构建人类命运共同体、建设更加美好世界作出新的贡献。

指明前进方向,确立行动指南

印度尼西亚智库亚洲创新研究中心主席班邦·苏尔约诺认为,中共二十大科学谋划了中国在未来五年乃至更长时期的目标任务和大政方针,大会作出的决策部署对中国共产党带领中国人民以中国式现代化全面推进中华民族伟大复兴具有十分重大的意义。

斯里兰卡人民阵线党领袖、前总统马欣达认为,在习近平总书记的坚强领导下,中国实现了第一个百年奋斗目标,在当今世界发挥着越来越重要的作用。中共二十大将成为中国特色社会主义建设中一座新的里程碑。

"这是一次具有里程碑意义的大会,不仅对中国人民十分重要,对于世界来说同样如此。"巴西中国问题研究中心主任罗尼·林斯表示,中共二十大将引领中国人民继续建设中国式现代化,在前进道路上实现新发展,

> **域外声音**
>
> 这是一次具有里程碑意义的大会,不仅对中国人民十分重要,对于世界来说同样如此。
>
> ——巴西中国问题研究中心主任罗尼·林斯

为世界带来新机遇。

卢旺达大学政治学系高级讲师伊斯梅尔·布坎南到访过中国多座城市,目睹中国扶贫脱贫、发展繁荣的成功故事。他说,中国的发展成就令人赞叹,人民的幸福生活看得见、感受得到,相信中共二十大作出的决策部署将引领中国经济社会发展取得新成就。

"中共二十大展现了中国对自身发展以及应对复杂动荡国际形势的信心。"俄罗斯圣彼得堡国立大学教授扬娜·列克修蒂娜连日来持续关注中共二十大。她认为,中国未来将加快建设高质量教育体系,深入实施科教兴国战略,全面提高人才自主培养质量,增强自主创新能力。

波兰议会波中友好小组前主席彼得·加齐诺夫斯基指出,近十年来,中国在经济建设、社会治理等方面取得突出成就,人民生活水平再上新台阶。中共二十大具有重要历史意义。相信中国将继续全面深化改革,加快构建新发展格局,着力推动高质量发展,同世界各国共享发展机遇、实现互利共赢。

创新理论扎实实践,展现高超执政能力

十八大以来,中国共产党勇于进行理论探索和创新,以全新的视野深化对共产党执政规律、社会主义建设规律、人类社会发展规律的认识,取得重大理论创新成果,集中体现为习近平新时代中国特色社会主义思想。海外人士普遍表示,中共二十大是外界进一步读懂中国、读懂中国共产党、深入了解中共治国理政理念和经验的重要窗口。

"中共二十大是一次引领未来的大会,既是对实际工作的引领,也是对

理论创新的推进。"老挝人民革命党中央办公厅副主任京培说，中共二十大报告提出的"坚持人民至上，坚持自信自立，坚持守正创新，坚持问题导向，坚持系统观念，坚持胸怀天下"，既是对过往经验的系统总结，也为未来工作提供科学指引。

"中共二十大制定了路线图，为世界了解中国未来前进之路提供了好机会。"一直关注中国发展的多米尼加共和国科学院院士爱德华多·克林格指出，中国在全球赢得尊重，得益于中国共产党领导下中国的经济社会发展取得巨大进步，中共执政能力令人钦佩。

哈萨克斯坦中国贸易促进协会会长哈纳特·拜赛克注意到，"人民"是中共二十大的高频词之一，"中国共产党从人民中走来，始终坚持人民至上"。他指出，中国式现代化是中共坚持守正创新的典型例证，丰富和发展了人类文明新形态。

"中国人民对自己所选择的道路越来越自信。"韩国韩中城市友好协会会长权起植根据自己多次到访中国的观察这样说。他认为，实现现代化并不只有一条道路。中国打赢脱贫攻坚战、全面建成小康社会，说明中国式现代化是适合中国国情的正确道路。

越南越中友好协会副主席、战略与国际关系发展研究中心高级顾问阮荣光曾在北京工作过9年，翻译过很多中共党建和国家治理方面的理论专著，到访过中国多个城市和乡村，见证中国农村地区面貌巨大变化和城乡差距不断缩小。在中共二十大闭幕之际，他指出，中国共产党敏锐洞察党内和中国社会存在的问题，为解决问题把准了脉、用对了药，采取了一系列扎实举措，使中国发生了巨大变化，这为其他国家的执政党提供了宝贵经验。

"中国共产党有不断适应和创新的能力，以满足时代的需要。"英国东亚委员会秘书长麦启安评价说。他非常关注高质量发展和中国的系统性政策举措，认为中国在应对环境和气候问题方面的政策明显展现出综合性和协调性，这在世界上"表现突出"。

巴基斯坦伊斯兰堡南亚与国际研究中心主任马哈茂德·哈桑·汗对"坚

持胸怀天下"深有感触。他认为,中国坚持在和平共处五项原则基础上同各国发展友好合作,积极参与全球治理体系改革和建设,推动全球治理朝着更加公正合理的方向发展。中国未来进一步发展繁荣符合国际社会的共同期待,将不断凝聚国际合作的力量与共识。

提振信心生发动力,提供全球机遇

不少海外人士表示,中共二十大为面对巨大挑战的世界提振了信心、注入了动力,让人受到鼓舞、激励。他们期待中国不断以新发展为世界提供新机遇,期待中国共产党在新的历史起点上为世界作出更大贡献。

"中国拥有巨大潜力,中国的发展模式正激励着世界。"几内亚比绍前总理安东尼奥·阿图尔·萨尼亚说。萨尼亚曾多次访华,见证中国的发展繁荣,也推动双方的务实合作。他说,中国农技专家在几比开展了数万人次的技术培训,培育推广水稻良种,提高了产量,极大推动当地农业发展。去年,两国签署共建"一带一路"合作文件。"几比和中国一直保持合作、友好和兄弟般的关系,几比人民对此心怀感激。"萨尼亚相信,中共二十大作出的战略部署将为推动世界经济复苏作出新贡献、为世界发展带来新机遇。

中共二十大期间,"中国式现代化"成为不少外国专家学者关注和研究的新课题。埃塞俄比亚的斯亚贝巴大学教授科斯坦蒂诺斯·贝尔胡特斯法指出,中国式现代化取得的成就鼓舞世界特别是发展中国家,这一道路对其他发展中国家寻找适合自身的发展道路具有启发借鉴意义。中国的国际影

驻华大使看中共二十大

中国的发展为邻国发展提供了新机遇。作为中国近邻和可靠战略伙伴,哈萨克斯坦期待中共二十大为两国合作注入新的活力。

——哈萨克斯坦驻华大使努雷舍夫

响力、感召力、塑造力显著提升，中国将在国际舞台上发挥更大作用，"这将提振世界的信心，为全球经济摆脱新冠疫情影响注入动力"。

当前，世界百年变局不断演进，单边主义、保护主义甚嚣尘上，经济全球化遭遇逆流。古巴国际政治研究中心中国问题专家爱德华多·雷加拉多认为，在全球面临诸多挑战的背景下，中共二十大具有重要意义。中国全面建设社会主义现代化强国，覆盖人口多，影响范围大，"将为各国人民带来极为可贵的发展新机遇"。

在土耳其亚太研究中心主任塞尔丘克·乔拉克奥卢看来，中共二十大不仅对中国和世界具有重要意义，而且"将对世界持续产生影响"。他强调，中国在全球治理方面发挥着重要作用，中国关注世界发展问题并提出共建"一带一路"等倡议，展现了负责任大国的担当。

"中国坚定支持经济全球化，推动贸易和投资自由化便利化，中国的努力值得称赞。"墨西哥城自治大学国际政治研究员爱德华多·齐利指出，中国向世界展现出负责任大国的担当，中国提出的全球发展倡议、全球安全倡议将为维护世界和平、促进共同发展注入新的动力。

以近年来非洲国家和中国合作的丰硕成果为例，尼日利亚中国研究中心主任查尔斯·奥努纳伊朱指出，中国愿意为其他国家发展提供帮助，中国的发展将继续对世界产生重要积极影响。他期待国际社会从中共二十大中汲取和发现更多中国智慧、发展方案、合作机遇，共同推进全球治理、应对全球挑战。

（新华社北京 2022 年 10 月 22 日电）

| 学习贯彻党的二十大精神述评 |

为解决人类面临的共同问题作出贡献

——国际社会眼中的中共二十大

中共二十大开幕前，俄罗斯国际事务理事会网站和《印度快报》网站不约而同提出这样的问题：为什么全世界都在关注中共二十大，为什么国际社会热切期待这一盛事？

约 2500 名中外记者采访报道开幕会盛况，路透社、塔斯社、彭博新闻社等国际媒体持续跟踪报道，巴基斯坦 8 家主流媒体同时推出中共二十大专刊……从一封封发往北京的贺电贺信，到一篇篇聚焦中国的解读文章；从一份份酝酿之中的投资中国新计划，到一场场正在筹备的中共二十大学术对话会……金秋十月的这场中国盛会，不但刷屏了中国人的"朋友圈"，更在国际上掀起了新一轮"中国热"。

刚刚过去的一周，世界"留心倾听着中国就未来几年内政外交政策愿景发出的信息"，时刻关注着此次会议"带来什么启示、经验、期待和见解"，更全面深刻理解了"一个全球大国的自我认知和抱负"。墨西哥学者埃赫卡特·拉萨罗说，中国是对 21 世纪经济、政治和社会发展有重要影响力的国家之一，中共二十大作出的决策影响全世界。《哈萨克斯坦实业报》总编辑谢里克·科尔茹姆巴耶夫感言："在复杂多变的国际大环境下，中共二十大给世界注入了强大的稳定预期。"

今日之中国，在人类发展进步和世界格局演进的坐标系下思索方位、谋划方略、宣示抉择，中共二十大将如何被历史标注？

——走过百年奋斗历程，历经革命、建设、改革的淬炼，作为世界上最大的马克思主义执政党，中国共产党为各国政党建设和世界政党发展带来了怎样的中国启示，又为实现现代社会的良政善治贡献了怎样的中国智慧？

——沿着中国式现代化道路实现了第一个百年奋斗目标，踏上了全面建设社会主义现代化国家、全面推进中华民族伟大复兴的新征程，新时代中国为人类对更好社会制度的探索开拓了怎样的中国路径，又为推进人类现代化进程注入了怎样的中国动力？

——百年未有之大变局风起云涌，世界又一次站在历史的十字路口，胸怀天下的东方大国为促进世界和平与发展展现了怎样的中国担当，又为开创人类更加美好的未来提供了怎样的中国方案？

在时代激流中奏响人类发展进步新乐章，世界坐标中的中共二十大，意义非凡。

政党责任之维度："不负时代、不负人民"

"在数千件展品中，每一件展品就像一块马赛克瓷砖，共同拼贴出一个繁荣昌盛之国的亮丽图景，而这个国家如今正准备勾画出下一个飞跃高度。"参观"奋进新时代"主题成就展后，乌兹别克斯坦《人民言论报》副总编鲁斯兰·肯扎耶夫在关于中共二十大的报道中写下这样一段话。

新时代十年创造的令世人刮目相看的新奇迹吸引着越来越多海外观察家走进中国、解码中国。不久前，墨西哥电视六台记者弗朗西斯·马丁内斯在

域外声音

中国之所以能成为今天的中国，拥有超过9600万党员的世界上最大执政党中国共产党发挥着根本性的作用，这是政治光谱中前所未有的现象。

——墨西哥电视六台记者弗朗西斯·马丁内斯

| 学习贯彻党的二十大精神述评 |

2021年12月3日,中老铁路正式开通运营。图为2021年10月15日,"澜沧号"动车组通过中老友谊隧道内的两国边界。(新华社发 曹安宁摄)

中国展开了一段"发现的旅程",希望"像当年埃德加·斯诺在延安一样,探寻真实的中国"。所见所闻让她更加确信:"中国之所以能成为今天的中国,拥有超过9600万党员的世界上最大执政党中国共产党发挥着根本性的作用,这是政治光谱中前所未有的现象。"

一个诞生于满目疮痍国土之上、成立之初只有50多名成员的小党,不断发展壮大,将曾是"一盘散沙"的中国人民团结组织起来,建立了人民当家作主的新中国,实现了中华民族有史以来最为广泛而深刻的社会变革,开创了中国特色社会主义,创造了经济快速发展和社会长期稳定两大奇迹。这在世界政党发展史上是从未有过的事。中国共产党是什么、中国共产党要干什么、中国共产党为什么能,国际社会通过中共二十大找到了越来越明确的答案。

"必须坚持人民至上""坚持以人民为中心的发展思想""江山就是人民,

人民就是江山""为民造福是立党为公、执政为民的本质要求"……中共二十大报告中,"人民"是贯穿始终的一条主线。在做过扶贫"洋志愿者"的卢森堡人汉森·勒内看来,这并不令人意外。2018年至2021年,勒内在广西北部乍洞村担任驻村第一书记"助理",与基层干部一道帮助村民种植农作物、改善基础设施,见证了小山村实现整村脱贫的蝶变。回忆这段特殊经历,勒内有一个强烈感受:"当地人民的美好愿望,很快就会成为党员干部惦记在心的责任。"

"中共对人民高度负责,致力于为推动国家发展进步而奉献""中国共产党和中国人民之间是一种互相依靠、紧密结合的'共生关系'""面对困难和灾害,永远是党员干部冲锋在前"……"人民"与"责任"成为海外观察家读懂中国共产党的关键词。认真研读中共二十大报告相关报道后,巴西经济学家罗尼·林斯感慨:"中国共产党将造福人民作为首要目标,制定了符合人民意愿的可行计划并将严格按承诺执行。在许多国家,民众期盼他们的政治家也能如此担负起政治责任。"

有外国学者提出这样一个问题:为什么在西方政党政治面临种种困境之时,中国共产党却展现出蓬勃生机和强大韧性,能够破解超大规模共同体的治理难题、团结带领人民向着民族复兴的目标不断前行?

中共就二十大相关工作向公众公开征求意见;参与大会报告征求意见人数超过4700人;2296名大会代表来自各行各业、各个方面;召开座谈会,广泛听取党外人士意见建议;党和国家领导人参加分团讨论,密切联系党员群众……观察中国共产党的运行机制,巴西"其他声音"网站得出这样的结论:中共能够团结一切可以团结的力量,拥有"集中力量办大事"的强大组织动员能力以及让中国社会绝大多数杰出人士加入的吸引力,这是其他任何政治组织都难以企及的优势。

明确党的中心任务,对全面建成社会主义现代化强国两步走战略安排进行宏观展望,对未来5年的战略任务和重大举措作出重点部署,阐明前进道路上必须牢牢把握的重大原则……中共二十大清晰呈现了中国共产党"确立长期愿景并为之付诸行动"的执政逻辑。美国外交政策协会研究员萨瓦尔·卡什梅里说:"中共制定政策规划着眼长远,具有很强的系统性、连续性。事实证明,这卓有成效。"在卢旺达驻华大使詹姆斯·基莫尼奥看来,严格执行发展计划和改革方案,确保每一项计划、每一份方案都得到贯彻落实,正是中国共产党"与众不同之处"。

有万众一心的凝聚力、笃行不怠的行动力,也有自我革命的大勇气、守正创新的大智慧。

俄罗斯学者安德烈·卡尔涅耶夫长期关注中国。中共二十大报告中"党找到了自我革命这一跳出治乱兴衰历史周期率的第二个答案""必须永远吹冲锋号"的铿锵话语,让他作出这样的判断:"中国共产党决意沿'自我革命'之路前行。"

因为工作关系,老挝人民革命党中央机关报《人民报》总编辑万赛与中国同行交往密切。近10年来,万赛目睹了中华大地日新月异的发展变化,也感受到中国共产党不断进行理论创新、实践探索的进取精神。"中国共产党善于学习和总结,她在脱贫、反腐等方面形成的理论、积累的经验,老挝人革党不断借鉴,很有用。"

"中国人民逐梦征程上的真正领路人""具有领导巨大多样性的能力""不断适应人民的需要和世界的现实""对党内治理高度重视""有严格的选人制度,这是确保中国进步的基础之一"……中共二十大打开了一扇新窗,丰富着世界的"中共印象"。国际上,一个共识愈发强烈:正是中国共产党所坚守的理想信念、所展现的治理能力、所秉持的政治品格,使其在全球众多政党中脱颖而出,为各国政党建设和世界政党发展提供了"中国样本"。

巴基斯坦学者泽米尔·阿万感慨:"当今世界,各国面临着不同程度的治理难题,政党应起到引领发展、稳定民心的作用。中国共产党拥有百年辉煌,是全世界最大政党,她树立了榜样。"

民族复兴之维度:"中国式现代化为人类实现现代化提供了新的选择"

中共二十大开幕第二天,习近平总书记来到他所在的广西代表团,同大家一起讨论二十大报告。

抚今追昔,习近平总书记讲起当年人们对现代化的理解:"楼上楼下电灯电话,包子饺子肉丝肉片"。短短几十年,沧桑巨变,朴素的梦想早已成为平常的日子。在中国共产党领导下,中国实现了从"现代化迟到国"向"世界现代化增长极"的大跃迁。

在全面消除绝对贫困、全面建成小康社会后,中国的现代化进程向着全面建成社会主义现代化强国的目标推进。面向全国人民、面向全世界,习近平总书记这样描绘中国式现代化:中国式现代化,是中国共产党领导的社会主义现代化,既有各国现代化的共同特征,更有基于自己国情的中国特色。中国式现代化是人口规模巨大的现代化,是全体人民共同富裕的现代化,是物质文明和精神文明相协调的现代化,是人与自然和谐共生的现代化,是走和平发展道路的现代化。

曾在现代化之路上艰难探索,依靠一代代人接续奋斗,中国开创了现代化的新道路,让人类社会发展的天地变得更加开阔。"以前的土路,如今成了高铁""不久前还是贫穷村庄,再次到访时已建起摩天大楼""我完全认不出上海浦东,那里曾是一片农田,如今是现代化的金融中心"……世界在中国发展的纵向视野里丈量着中国式现代化的速度、广度、深度,也在各国现代化建设的横向视野中思索着中国式现代化的全球意义和时代价值。

走访中国多地并目睹中国式现代化在"在最偏远地区结出的硕果"后,法国国际问题专家布鲁诺·吉格感慨:"中国为西方研究者提出了一系列有意思的问题,推动他们反思自己的既有观点,比如'什么是发展''什么是民主''什么是好的治理'。我发现,对于这些我们已经习以为常的问题,中国给出了不同的答案。"

撰写《文明的追求》《东方的复兴》两部专著,在当地媒体发表数百篇文章,近年来,约旦作家萨米尔·艾哈迈德从未停止记录中国迈向民族复兴的笔触。在深入研究中国的过程中,他得到了这样的启示:盲目模仿过去和盲目照搬西方都是走不通的路,必须构建起符合自身特点的发展模式。在艾哈迈德看来,"中国式现代化"是重大理论创新,将引领中国发展迈上新台阶,也将为包括阿拉伯国家在内的其他发展中国家提供发展与复兴的重要参考。

"中国共产党为我们展示了资本主义发展道路之外的另一种选择,许多国家都在关注中国,借鉴中国成功经验。"中共二十大召开前夕,赞比亚社会主义党主席弗雷德·蒙贝来到中国,希望了解"中国正在发生什么"。蒙贝说,中国道路的巨大成功使赞比亚等国的进步力量深受鼓舞,也帮助非洲国家更加看清了发展方向和奋斗目标。

世界近代以来,现代化是强国富民的必然途径、各国人民的共同追求。将中国发展和中国式现代化道路置于人类现代化进程的大坐标中,更能发现其之于文明与进步的重大意义。

迄今,人类开始现代化探索已有两个多世纪,全球完成工业化的发达国家和地区人口总和不超过 10 亿人。中国 14 亿多人口整体迈入现代化社会,规模超过现有发达国家总和,将彻底改写现代化的世界版图。"中国式现代化是面向庞大人口的、以人民为中心的现代化,中国式现代化道路的成功探索是对人类进步事业的巨大贡献。"肯尼亚学者卡文斯·阿德希尔如是说。

无论发达国家还是发展中国家,都面临着各式各样的现代化难题、课题:如何解决贫富分化的问题?如何缓解经济发展与

域外声音

改革开放以来,中国使 7.7 亿农村贫困人口脱贫,为许多发展中国家在消除贫困方面树立了典范,而其促进共同富裕的努力"值得每个国家借鉴"。

——秘鲁学者卡洛斯·阿基诺

环境保护之间的张力？如何抓住新一轮工业革命和产业变革的契机，提升发展水平、实现发展赶超？……从中国式现代化实践中，世界得到了启迪。

"世界正在出现巨大的收入差距……各国都需要为更加公平的财富分配而努力。"在秘鲁学者卡洛斯·阿基诺看来，改革开放以来，中国使7.7亿农村贫困人口脱贫，为许多发展中国家在消除贫困方面树立了典范，而其促进共同富裕的努力"值得每个国家借鉴"。

塞内加尔《太阳报》前驻华记者阿马杜·迪奥普对"人与自然和谐共生的现代化"深有感触。2019年，他曾前往内蒙古库布齐沙漠实地考察，一片片郁郁葱葱的植被在广袤黄沙中茁壮成长的场景令他颇为震撼。那次中国之行，迪奥普还参观了一座装机容量1000兆瓦的太阳能发电厂，"中国推广可再生能源的举措同样激励着全世界"。

德国黑森州欧洲及国际事务司前司长博喜文关注到中共二十大报告分别用一整部分阐述高质量发展和科教兴国。"习近平总书记强调创新是第一动力，这一观点无比重要。"10年间10余次到访中国，博喜文对中国在数字化、人工智能、新能源汽车等领域的迅猛发展印象深刻。

在《东方的复兴》一书中，艾哈迈德写道："新时代的中国正进入前所未有的发展时期，这种发展并不是对西方的模仿或照搬其产业模式，而是致力于自己创新能力的跨越与进步……中国正在其民族复兴的征程上稳步前进。"无独有偶，吉格在《开眼看中国》一书里也表达了类似的观点：某些西方国家的责难不会迫使中国改变自己的政策，中国正迎风扬帆驶向现代化。

世界变局之维度："共行天下大道"

时间的指针拨回至10年前。2012年12月，北京人民大会堂福建厅，习近平总书记同来自16个国家的20位外国专家座谈。这场座谈会上，英国东亚委员会秘书长麦启安听到了一个"新表达"——"命运共同体"。

10年来，麦启安目睹了中国倡建亚投行、助力全球抗疫、支持联合国事业等一系列推动构建人类命运共同体的坚实努力，也在世界进入新的动荡变革期的大背景下更深刻理解了中国理念的前瞻性和时代意义："这是为应对共同的全球性挑战提供持久和可持续解决方案的唯一途径。"

在习近平总书记所作的中共二十大报告中，"人类命运共同体"成为阐述新时代中国外交政策的核心词。报告将"推动构建人类命运共同体"写入中国式现代化的本质要求，并郑重宣示："中国始终坚持维护世界和平、促进共同发展的外交政策宗旨，致力于推动构建人类命运共同体。"

当前，世界之变、时代之变、历史之变正以前所未有的方式展开。世界向何处去？和平还是战争？发展还是衰退？开放还是封闭？合作还是对抗？是摆在人类面前的时代之问。作为世界第二大经济体、最大发展中国家，中国的抉择牵动着全球的目光、世界的未来。

"中国永远不称霸、永远不搞扩张"。这一郑重宣示给津巴布韦前驻华大使克里斯托弗·穆茨万古瓦留下了深刻印象。在他看来，中国的成功基于国际合作，而不是剥削弱者。

"维护国际关系基本准则""维护国际公平正义""维护发展中国家共同利益""积极参与全球治理体系改革和建设""坚持真正的多边主义"……这份责任担当让新加坡学者顾清扬对"中国贡献"有着更大期待。他说，中国已在气候变化、粮食安全、扶贫开发、绿色发展等全球议题上作出重大贡献，未来会更加受到国际社会认可和期盼。

"中国坚持对外开放的基本国策，坚定奉行互利共赢的开放战略，不断以中国新发展为世界提供新机遇""中国坚持经济全球化正确方向""共同营造有利于发展的国际环境，共同培育全球发展新动能"……开放合作、共同发展的胸襟气度让日本老牌制造企业不二越的中国总代表三浦昇更加看好中国大市场的前景。2018年，不二越成为首届进博会首家签约参展企业；如今，中国已超过北美，成为不二越在全球最大的销售市场。三浦昇正在筹备参展第五届进博会，希望在那里发现"更多共同发展的机会"。

140多个国家和地区的主要贸易伙伴，世界第一大货物贸易国，超大规模市场，"全球供应链的交汇点"……中国宛若一个巨大磁铁，吸引越来越多的国家、企业、个人加入到发展与合作的大事业中来，在世界上形成了与集团政治、阵营对抗迥然不同的风景。

德国物流专家乌韦·贝伦斯在中国为多家公司工作，参与"一带一路"倡议相关项目。当德国《青年世界报》记者询问这位"中国通"中共二十大传递出什么样的外交政策信号时，贝伦斯给出的回答是"进一步发展全球多边合作"。在他看来，"一带一路"倡议不仅仅是"从中国到杜伊斯堡的火车班列"，还包括"使非洲、中亚、东南亚等地区的工业发展成为可能的多边合作"，这一"世界范围内的成功模式"最终目标是促进全球繁荣。

同样目睹了"一带一路"带来的发展与繁荣，巴基斯坦《国家报》网站记者这样写道："中国没有通过武器和战争去赢得世界尊重，而是通过帮助其他国家改善基础设施以及尊重其他国家的生活方式去赢得声誉。"著有《"一带一路"为什么能成功》的美国伊利诺伊理工大学教授哈伊里·图尔克认为："中国愿意分享中华文明的果实，讲情谊、讲道义，'一带一路'就是明证。"

10月23日中午，人民大会堂金色大厅，刚刚在中共二十届一中全会上当选中共中央总书记的习近平和其他中共中央政治局常委同中外记者亲切见面。"只要共行天下大道，各国就能够和睦相处、合作共赢，携手创造世界的美好未来""中国发展离不开世界，世界发展也需要中国"……一番恳切之言，道出新时代中国处理与世界关系的行动遵循和基本逻辑。

百年变局加速演进，和平赤字、发展赤字、安全赤字、治理赤字加重。面对世界新现实，中国展现出因势而谋的智慧、勇于担当的气魄。"全球发展倡议""全球安全倡议""弘扬和平、发展、公平、正义、民主、自由的全人类共同价值"……海外观察家敏锐发现，近些年来习近平总书记提出的外交新理念新倡议写入中共二十大报告。

"在新冠大流行、战争、发达国家的不理性态度和气候紧急状况造成的不稳定形势的背景下，中国的这一提议就像一场及时雨。"多米尼加共和国科学院院士爱德华多·克林格在题为《中国提出的全球发展倡议》的文章中写道。作为经济学家，克林格认为，全球发展倡议对实现可持续发展目标的巨大助力不言自明，这一倡议将"促进全球均衡、协调和包容性增长"。

长期研究中国的美国库恩基金会主席罗伯特·劳伦斯·库恩在更具整体性的框架下理解新时代中国外交的取向与抉择。在他看来，人类命运共同体是"改善全球治理的伟大构想"，而"一带一路"倡议、全球发展倡议、全球安全倡议是推动构建人类命运共同体的"三个宏大倡议"，每个倡议都有具体的落实方案。"这表明中国愿为促进世界和平与繁荣承担更多全球责任"。

"仰观宇宙之大，俯察品类之盛，所以游目骋怀，足以极视听之娱，信可乐也。"不久前，在国际空间站上执行驻留任务的意大利女宇航员萨曼莎·克里斯托福雷蒂"路过"中国上空时拍摄了一组中国照片并发在社交媒体上，正在学习中文的她配上了这样一段中国古文。

宇宙之中的共同家园、超越时空的共通情感，这个温暖的"太空故事"，全球网友纷纷转发点赞。

天下一家，命运与共。新时代新征程上的中国将携手世界各国共同建设美丽的地球家园，开创人类更加美好的未来。

（新华社北京 2022 年 10 月 27 日电　新华社记者郝薇薇、张远）

融合古老中国智慧　着眼解决全球问题

——国际人士高度评价中国共产党积极推动构建人类命运共同体

连日来，国际社会持续热议中共二十大的世界意义，高度评价中国将持续推动构建人类命运共同体的重要主张。国际人士普遍认为，中国始终坚持维护世界和平、促进共同发展的外交政策宗旨，致力于推动构建人类命运共同体，不断以新发展为世界提供新机遇，推动建设更加美好的世界。相信在中国共产党坚强领导下，中国将为解决人类面临的共同问题提供更多更好的中国智慧、中国方案、中国力量，为人类和平与发展事业作出更大贡献。

中国理念凝聚团结进步力量

习近平总书记在二十大报告中指出，中国始终坚持维护世界和平、促进共同发展的外交政策宗旨，致力于推动构建人类命运共同体。国际人士认为，在人类社会面临前所未有的挑战的今天，中国理念为解决全球性问题提供了路径，凝聚了世界团结进步的力量。

日本前首相鸠山由纪夫说，当今世界既存在地缘冲突问题，也面临新冠疫情等史上罕见的困难。但是全球各国命运相连，一个国家的危机会波及其他国家。因此，拥有人类命运共同体的大局观非常重要。中国提出的构建人类命运共同体理念，非常重要、非常正确。

学习贯彻党的二十大精神述评

域外声音

中国坚持互不干涉（内部事务）、互相尊重等原则，始终牢记人民对和平与发展的渴望，加强与各国的合作。

——英国政治评论员卡洛斯·马丁内斯

"这一理念以对公平正义等的共同追求为基础，同时又根植于中国数千年文化。"俄罗斯共产党中央委员会主席根纳季·久加诺夫对习近平总书记在二十大报告中有关"推动构建人类命运共同体"的论述感触很深。他认为，构建人类命运共同体理念对每个人都非常有吸引力，对整个世界产生了有益的影响。

"中国一直致力于促进世界各国和谐共处，推动合作与发展，这在当前充满不确定性的世界中，是一盏希望的明灯。"委内瑞拉新兴经济体发展高等研究中心学术研究主任路易斯·德尔加罗说，在中国共产党领导下，中国推动构建人类命运共同体，推动构建新型国际关系，为促进多边合作作出贡献、凝聚力量。

泰国朱拉隆功大学中国研究中心主任阿姆·东尼伦认为，构建人类命运共同体理念主张尊重不同国家间的差异，这将成为各方在解决全球性问题时寻找共同点的基础。

"这一理念融合古老中国智慧，又着眼解决当前全球性问题。"尼加拉瓜总统顾问劳雷亚诺·奥尔特加高度评价构建人类命运共同体理念。

2021年12月10日，中国与尼加拉瓜恢复外交关系。奥尔特加对尼中复交后的合作成果如数家珍，指出团结携手、合作共赢的重要意义和启发。他表示，构建人类命运共同体理念促进世界各国间的包容与理解，为人类和平与发展事业"开辟了一条希望之路、光明之路"。

"中国坚持互不干涉（内部事务）、互相尊重等原则，始终牢记人民对和平与发展的渴望，加强与各国的合作。"英国政治评论员卡洛斯·马丁内斯指出，"中国是一个负责任的大国，为全人类的利益而努力"。

肯尼亚非洲政策研究所所长彼得·卡格万加说，构建人类命运共同体理念突破了意识形态框架的束缚，鼓励放弃孤立以及狭隘争斗，促进团结一致，将各种资源投入到减贫、发展、应对气候变化等这些关乎全人类发展的重大议题上。

中国方案推动合作走深走实

习近平总书记在二十大报告中指出，共建"一带一路"成为深受欢迎的国际公共产品和国际合作平台。中国提出了全球发展倡议、全球安全倡议，愿同国际社会一道努力落实。

国际人士认为，中国推动构建人类命运共同体，提出一系列重大倡议，为维护世界和平、促进共同发展注入新动力，中国方案推动国际合作走深走实。

"十年来，中国共产党对于如何推动全球合作、如何改善全球治理给出了自己的答案。十年的实践不断丰富和强化这些政策主张，现如今已越来越引起世界范围内的巨大共鸣。"肯尼亚国际问题专家卡文斯·阿德希尔如此评价中国为践行构建人类命运共同体理念作出的努力。他说，中国通过共建"一带一路"倡议、全球发展倡议和全球安全倡议等推动国际合作，帮助其他国家应对发展挑战。

老挝人民革命党中央政治局委员、政府副总理宋赛说，习近平总书记提出共建"一带一路"等重

域外声音

十年来，中国共产党对于如何推动全球合作、如何改善全球治理给出了自己的答案。十年的实践不断丰富和强化这些政策主张，现如今已越来越引起世界范围内的巨大共鸣。

——肯尼亚国际问题专家卡文斯·阿德希尔

大倡议,为全球治理和发展提供"中国方案",中国与各国开展了互利互惠的合作,老中铁路就是生动范例。中国共产党真心诚意地同包括老挝在内的广大发展中国家分享治国理政经验,使自身发展真正惠及世界。

"在抗疫、减贫、应对气候变化等问题上,中国的努力都为推动构建人类命运共同体作出了贡献。"埃塞俄比亚总理顾问舒梅特·吉召指出,中国提出的共建"一带一路"倡议、全球发展倡议、全球安全倡议等,为国际社会应对发展、安全等领域的共同挑战提供了重要解决办法。

墨西哥城自治大学国际政治研究员爱德华多·齐利认为,中国推动共建"一带一路"、促进抗疫合作,展现了负责任大国形象。全球发展倡议和全球安全倡议聚焦当前世界面临的挑战和问题,为国际社会提供了一条确定性强且具有前瞻性的问题解决路径。

推动"两国双园"取得更多成果、高质量推进东海岸铁路项目建设、探讨打造纵贯欧亚大陆的南北大通道……从中国与马来西亚深化务实合作的新进展中,马来西亚新亚洲战略研究中心理事长许庆琦看到了中国推动构建人类命运共同体的不懈努力。"这是站在全人类整体利益的高度看待问题。"

"中国推动国际合作,让广大发展中国家受益。"全程关注中共二十大的肯尼亚国际问题学者卡文斯·阿德希尔说,在共建"一带一路"框架下,肯尼亚一批重点基础设施项目陆续建设完工,涵盖铁路、港口、高速公路、发电厂等。新冠疫情暴发后,中国向肯尼亚等非洲国家提供新冠疫苗和防疫物资,推进同非洲国家在疫苗临床研究、本地化生产、冷链仓储等方面的合作,展现出大国担当。

在埃及驻华使馆前文化参赞侯赛因·易卜拉欣看来,构建人类命运共同体理念之所以受到广泛支持,是因为各国都意识到合作共赢是和平与发展的关键所在。易卜拉欣在中国学习、工作多年,见证了近年来埃中两国各领域交流合作的快速发展。他说,共建"一带一路"倡议不仅有利于经济发展,也为各国人民之间的文化交流搭建了桥梁。"近年来,中方通过设立奖学金、资助翻译项目等方式,帮助埃及人民了解中国文化,还为许多埃及人提供了教育和工作机会。"

中国未来发展造福世界

习近平总书记在二十届中共中央政治局常委同中外记者见面时指出，我们将同各国人民一道，弘扬和平、发展、公平、正义、民主、自由的全人类共同价值，维护世界和平、促进世界发展，持续推动构建人类命运共同体。习近平总书记强调，中国开放的大门只会越来越大。我们将坚定不移全面深化改革开放，坚定不移推动高质量发展，以自身发展为世界创造更多机遇。

卡文斯·阿德希尔注意到，中共二十大报告把"推动构建人类命运共同体，创造人类文明新形态"写入中国式现代化的本质要求，他认为，这体现了中国共产党维护世界和平与发展、促进人类文明共同进步的决心。"中国在对外开放中要推进的是适应当前全球经济格局的多边主义，这将为世界注入更多活力，尤其将为发展中国家提供更多发展机遇。"

"我上一次来中国还是15年前。现在的中国已大不一样，变得更加现代和国际化，商业环境充满活力。"基于自己与中国的接触和长期观察，菲律宾"亚洲世纪"战略研究所副所长安娜·马林博格-乌伊说，中国是世界第二大经济体，拥有巨大的市场。中国持续发展、深化与各国关系、不断发挥在国际事务中的作用，将造福更广泛的国际社会。

南非独立在线新闻网站发表文章说，在中国共产党领导下，中国将致力于实现新的发展目标，让经济焕发新活力，并让其繁荣发展成果惠及世界。

爱德华多·齐利认为，在当前保护主义抬头背景下，中国坚定支持经济全球化、促进贸易开放的努力令人钦佩。他指出，中国继续支持经济全球化符合国际社会各界期待，中共二十大作出的相关决策部署将对国际社会抵御经济金融冲击发挥积极作用。

"中国积极参与全球治理体系改革和建设，维护多边主义，推动构建新型国际关系。在当前全球经济增长乏力、多边主义遭遇逆流的背景下，中国的理念具有战略眼光。"智利圣地亚哥大学学者康斯坦萨·霍尔克拉说，与中国开展的合作为拉美国家带来越来越多的正能量，"拉美国家都期待拉中关系进一步提升"。

马里国际关系专家卡德尔·托埃指出，中国为促进共同发展、改善全球治理作出了重要贡献。在非洲，中国为许多国家提供帮助支持，同时不干涉其内部事务，非中合作为非洲国家经济发展和社会稳定作出了贡献。他说，中共二十大作出的决策部署为全球经济复苏、构建开放型世界经济注入了新动力。相信未来中国将为推动全球治理朝着更加公正合理的方向发展继续贡献中国力量，以自身发展为包括非洲国家在内的世界各国创造更多机遇。

（新华社北京2022年11月1日电）

"对中国实现奋斗目标充满信心"

——专访英国皇家东西方战略研究所主席易思

英国皇家东西方战略研究所主席易思日前在接受本网记者专访时说,作为一名欧洲人,他对中国共产党有信心,"对中国而言,中国共产党是正确的党,是推动国家现代化的党,是推动民族复兴的党"。

易思自上世纪末开始到中国工作,通过对中国共产党的观察以及与诸多中共党员的深入接触,逐渐被中国共产党的执政能力和与时俱进的独特魅力所吸引,25年来积攒了有关中国、中国共产党和中国民主制度的笔记超过2000页。

"中国人相信明天会更好"

易思能说一口流利的汉语,自上世纪末与中国结下不解之缘,曾经多次赴华工作,除以清华大学访问学者、中国人民大学客座教授等身份参与学术交流,还为中国不少省市级政府担任过外商投资顾问。

易思在接受本网记者专访时多次提及他对中国共产党"有信心",早年间曾递交过一份特殊的"入党报告"。

一谈起中国共产党近些年取得的重大成就,易思便滔滔不绝。他重点列举了三项。第一项是带领国家全面消除贫困,中国成为第一个完成联合国千年发展目标减贫目标的发展中国家,"比联合国的目标提早了10年"。

第二项是中国共产党带领国家全面建成小康社会。在易思看来，这也是中共深受人民爱戴的主要原因，"因为中国人民认为明天总会比今天更美好"。

第三项成就是确保国家稳定。易思说，稳定对中国来说非常重要。中国在经历了一个多世纪的屈辱之后，恢复了民族自豪感，而且在经济领域发挥了"稳定世界"的作用。"我1997年初到中国时，正值亚洲金融危机，见证了中国经济的稳定帮助亚洲摆脱了金融危机；2008年全球金融危机来袭时，中国在稳定世界经济方面又发挥了巨大作用；中国还是全球经济从新冠疫情中复苏的主要驱动力。"

易思表示，这三个例子证明，在中国共产党的领导下，中国经济快速发展成为亚洲经济增长引擎，此后发展成为世界经济增长的引擎。易思说，现阶段，中国共产党正带领国家实现到2035年人均国内生产总值达到中等发达国家水平的目标，"这不容易，但我相信能够实现"。

易思表示，在中共领导下，中国不断向世界展现着大国担当：通过"一带一路"倡议与沿线国家合作，中国把共同繁荣的机会也带给其他国家，"一带一路"是帮助其他国家脱贫的好办法；新冠疫情以来，中国不仅积极应对疫情，还投资研发疫苗，践行疫苗公平分配，对外捐助和供应新冠疫苗；中国共产党正在带领中国推动世界和平，"如今我看到，中国正在成为世界和平的重要催化剂"。

他还十分赞赏中国提出"绿色发展观"、强调人与自然和谐共赢，"1997年我来中国之前，中国还没有提出这一理念。但现在这是中国的一大强项，在这一领域美国正追随中国的脚步"。

不断自我革新与时俱进

易思生在法国，本名是让-克里斯托夫·伊瑟·普费滕，但他更愿意使用中文名"易思"。对于易思而言，中国既是一个让他着迷的国度，也

图为2021年1月16日，在塞尔维亚首都贝尔格莱德，机场工作人员卸载由中国国药集团生产的新冠疫苗。（新华社发 普雷德拉格·米洛萨夫列维奇摄）

是一个研究对象。

易思曾于2015年出版一本以"洞察中国"为主题的书，介绍中国和中国共产党。易思认为，在国际大舞台上，中国对于其他国家以及跨国企业有着浓厚的兴趣和相对完整的认知。但与此同时，在西方国家眼中，中国仍是一个谜。这一现象归根结底缘于东西方之间核心逻辑的差异，西方通常采用静态的逻辑方式，认为事物"非黑即白"，而中国采用的是动态的逻辑。过去500年中慢慢形成的西方霸权所产生的优越感和民粹主义，让西方社会很难理解东方社会逻辑。对于西方人，如果没有在中国身临其境地感受认知当地文化，仅凭媒体和书本上的信息了解中国，便没有资格号称是中国问题专家。西方社会若想了解真正的中国，就要有辨别地阅读西方媒体对中国的报道，因为许多媒体报道存在误解和漏洞。

这些年来，易思通过学术交流、招商引资、建言献策等形式参与和助力中国社会经济的发展，这些特殊经历也让他对中国共产党、中国特色社主义制度有着独到而深刻的见解。

一谈起中国共产党的成功经验，易思可谓"如数家珍"。他告诉记者，中国共产党的成功，在于不断适应人民的需要和世界的现实，不断自我革新、与时俱进。"从我到中国的第一天起，就注意到中国共产党人工作的方式非常有趣。"他回忆自己曾经受邀去中央党校听讲座，发现中国共产党将马克思主义和中国的实际相结合，"中国共产党把马克思主义带到中国，使之适应中国特色"。

易思还提及，中国共产党很好运用了"扬弃"原则："留下好的东西，舍去其他。'扬弃'是一条绝妙的原则，在中国得到了很好的应用。"

易思说："中国共产党不是一个结构僵化、死板的党。这是一个由人民组成的政党，它以人民为中心并得到人民拥护。"

读懂"中国人的内心力量"

易思之所以对中国共产党"有感情"，还要从家族的渊源说起。

他说，自己的曾叔祖父曾参与安排邓小平、陈毅等中国革命前辈到法国工作或学习。易思家中至今珍藏一张邓小平青年时代在法国钢铁厂工作时的登记表。"我小时候听祖母讲过这些事，对家族的这段历史渊源感到很自豪。"

这段家族史激发了易思对中国的浓厚兴趣。他很早就开始学习中文，了解中国文化的方方面面。他当过外交官，曾在世界贸易组织等国际机构工作；也搞过经济，还在牛津大学当过研究员。直到1997年，30岁的他首次以学者身份应邀访华，一下子开启了与中国长达二十多年的紧密互动。

要说这位"中国通"与众不同之处，还是他亲身参与中国两会进程的独特经历。易思介绍，他2001年至2005年出任吉林省长春市特邀政协委员，2008年至2012年以观察员身份参与上海政协的工作。"正因如此，我才对中国两会尤其是政治协商会议有着更加深入了解。"

谈及对中国全过程人民民主的理解时，易思说，在民主选举领域，全过程人民民主贯穿于"从基层到中央的选举进程"。这种民主制度在中国民主协商、民主决策环节的体现令他印象深刻。

谈及中国经济发展时，易思自豪地说，他从上世纪90年代末开始研究中国经济，见证了中国经济的发展，多年来持续关注中国的国内生产总值、人均国内生产总值、购买力平价等宏观经济数据。

为表彰易思对中国农村贫困妇女和儿童等群体的长期支持和帮助，共青团辽宁省抚顺市委员会和抚顺市青年联合会曾向他授予"雷锋精神"荣誉证书。"洋雷锋"的荣誉让易思倍感自豪："雷锋精神是为人民无私奉献的精神，这种高贵的品质在中国得到了很好的传承。我看到许多中国年轻人一直在践行雷锋精神。"他也希望，通过自己获得这份荣誉的经历，让更多西方朋友了解"中国人的内心力量"。

易思认为，由于历史和文化的差异，尤其是思维逻辑的差异，难以用纯西方的视角研究任何中国问题。易思目前正在撰写《论中国民主》一书，希望通过他本人多年来在吉林、上海等地亲眼观察、亲身了解的中国民主建设，向外国读者详细介绍中国民主取得的成就。

（原载《参考消息》2022年10月20日第7版　参考消息报社驻伦敦记者杜鹃、许凤）

钟华论：夺取新征程新胜利的根本保证

这一刻,世界又一次聚焦中国——

10月23日上午,中国共产党第二十届中央委员会第一次全体会议选举习近平为中央委员会总书记,决定习近平为中央军事委员会主席。

"新征程是充满光荣和梦想的远征。蓝图已经绘就,号角已经吹响。我们要踔厉奋发、勇毅前行,努力创造更加灿烂的明天。"在人民大会堂金色大厅举行的二十届中共中央政治局常委同中外记者见面会上,习近平总书记的重要讲话掷地有声、催人奋进,凝聚起同心共圆中国梦的磅礴力量。

一切伟大成就都是团结奋斗的结果,一切伟大事业都需要坚强核心的领航。在以习近平同志为核心的党中央坚强领导下,全党全军全国各族人民齐心协力、昂扬奋进,中华民族伟大复兴的光辉史册正在开启新的篇章。

（一）

历史长河奔腾不息，往往在重要关口迸发出磅礴的力量。

在党的二十大首场"党代表通道"上，英国《经济学人》杂志记者提问：历史会怎么样记住今年的二十大？

历史的答案正在书写：党的二十大是一次高举旗帜、凝聚力量、团结奋进的大会，在党和国家发展进程中具有极其重大的历史意义。党的二十大作出的各项决策部署、取得的各项成果，必将对全面建设社会主义现代化国家、全面推进中华民族伟大复兴，对夺取中国特色社会主义新胜利发挥十分重要的指导和保证作用。

历史启迪未来，盛会凝聚共识。感悟"二十大时光"，会场内外，激荡着9600多万名中国共产党党员、14亿多中国人民的共同心声："全党有了定盘星，人民就有主心骨，国家更添新动力""没有习近平总书记坚强领导，哪来彪炳史册的人间奇迹""新时代的精彩故事，见证着思想的力量"……

回望过去，我们更加深刻地认识到：党确立习近平同志党中央的核心、全党的核心地位，确立习近平新时代中国特色社会主义思想的指导地位，反映了全党全军全国各族人民共同心愿，对新时代党和国家事业发展、对推进中华民族伟大复兴历史进程具有决定性意义。

展望未来，我们更加自信地笃定前行："两个确立"是党在新时代取得的重大政治成果，是推动党和国家事业取得历史性成就、发生历史性变革的决定性因素。新时代新征程上把中国特色社会主义事业推向前进，最紧要的是深刻领悟"两个确立"的决定性意义，增强"四个意识"、坚定"四个自信"、做到"两个维护"，自觉在思想上政治上行动上同以习近平同志为核心的党中央保持高度一致。这是夺取中国特色社会主义新胜利、实现新时代新征程各项目标任务最重要的前提和最根本的保证。

（二）

数据显示，2021年全国地级及以上城市PM2.5平均浓度比2015年下降34.8%，空气质量优良天数比率达到87.5%。

这是新时代十年伟大变革的一个生动缩影。在神州大地上，一个个令人欣喜的变化，铺展出更新更美的画卷。

16日，习近平总书记代表第十九届中央委员会向党的二十大作报告。在近2个小时的报告过程中，掌声一次次回荡在庄严雄阔的人民大会堂。掌声传递心声，10年来党和国家事业取得的历史性成就、发生的历史性变革，刻印在亿万人民心中。

10年来，神州大地开启了气势如虹、势如破竹的伟大变革。以习近平同志为核心的党中央以巨大的政治勇气全面深化改革，各领域基础性制度框架基本确立，许多领域实现历史性变革、系统性重塑、整体性重构，中国特色社会主义制度更加成熟更加定型，国家治理体系和治理能力现代化水平明显提高，为实现中华民族伟大复兴提供了更为完善的制度保证。

10年来，党带领人民创造了令人刮目相看的发展新奇迹。经过接续奋斗，我们实现了小康这个中华民族的千年梦想，打赢了人类历史上规模最大的脱贫攻坚战，历史性地解决了绝对贫困问题。国内生产总值从54万亿元增长到114万亿元，经济总量稳居世界第二位。一些关键核心技术实现突破，战略性新兴产业发展壮大，我国进入创新型国家行列。国家经济实力、科技实力、综合国力跃上新台阶，为实现中华民族伟大复兴奠定了更为坚实的物质基础。

10年来，习近平新时代中国特色社会主义思想深入人心，社会主义核心价值观广泛传播，中华优秀传统文化得到创造性转化、创新性发展，文化事业日益繁荣，网络生态持续向好，意识形态领域形势发生全局性、根本性转变，为实现中华民族伟大复兴注入了更为主动的精神力量。

在历史检验、实践考验、斗争历练中，习近平总书记以马克思主义政治

| 学习贯彻党的二十大精神述评 |

家、思想家、战略家的恢弘气魄、远见卓识、雄韬伟略,总揽全局,运筹帷幄,展现了卓越领导才能、崇高人格风范、赤诚为民情怀。在全党全军全国各族人民心中,习近平总书记无愧为全党拥护、人民爱戴的领袖,无愧为民族复兴的领路人、亿万人民的主心骨。

问题是时代的声音,回答并指导解决问题是理论的根本任务。

党的十八大以来,面对国内外形势新变化和实践新要求,我们党勇于进行理论探索和创新,以全新的视野深化对共产党执政规律、社会主义建设规律、人类社会发展规律的认识,取得重大理论创新成果,集中体现为习近平新时代中国特色社会主义思想,实现了马克思主义中国化时代化新的飞跃,为新时代党和国家事业发展提供了根本遵循。

提出坚持和加强党的全面领导,深入推进全面从严治党,找到了自我革命这一跳出治乱兴衰历史周期率的第二个答案,指引开辟了管党治党、兴党强党的新境界;提出并贯彻新发展理念,着力推进高质量发展,推动构建新发展格局,统筹发展和安全,推动我国经济迈上更高质量、更有效率、更加公平、更可持续、更为安全的发展之路;坚持绿水青山就是金山银山的理念,以前所未有的力度抓生态文明建设,推动生态环境保护发生历史性、转折性、全局性变化;深入贯彻以人民为中心的发展思想,让人民群众获得感、幸福感、安全感更加充实、更有保障、更可持续;全面推进中国特色大国外交,推动构建人类命运共同体,坚定维护国际公平正义,我国国际影响力、感召力、塑造力显著提升……

以复兴之志凝聚磅礴之力，以真理之光照亮奋斗之路。习近平新时代中国特色社会主义思想为丰富和发展马克思主义作出重大原创性贡献，为激活中华优秀传统文化的生命力作出历史性贡献，为人类文明进步作出世界性贡献，是当代中国马克思主义、二十一世纪马克思主义，是中华文化和中国精神的时代精华。

征途回望千山远，前路放眼万木春。新时代十年的伟大变革，在党史、新中国史、改革开放史、社会主义发展史、中华民族发展史上具有里程碑意义。党和国家事业不断开创新局面、取得举世瞩目的重大成就，最根本的原因在于有习近平总书记作为党中央的核心、全党的核心掌舵领航，在于有习近平新时代中国特色社会主义思想科学指引。

（三）

确立和维护坚强的领导核心，创立和发展科学的指导思想，是马克思主义建党学说的重大原则，也是马克思主义唯物史观的根本要求。

马克思曾深刻指出："一个单独的提琴手是自己指挥自己，一个乐队就需要一个乐队指挥。"恩格斯也认为，"没有权威，就不可能有任何的一致行动"。列宁鲜明提出："在历史上，任何一个阶级，如果不推举出自己的善于组织运动和领导运动的政治领袖和先进代表，就不可能取得统治地位。"早在延安时期，毛泽东同志就指出："实行一元化的领导很重要，要建立领导核心，反对'一国三公'。"改革开放之后，邓小平同志强调："任何一个领导集体都要有一个核心，没有核心的领导是靠不住的。"全党有核心，党中央才有权威，党才有力量。维护党中央权威和集中统一领导，是一个成熟的马克思主义执政党的重大建党原则。

拥有科学理论的政党，才拥有真理的力量；科学理论指导的事业，才会有光明的前途。恩格斯强调，"我们党有个很大的优点，就是有一个新的科学的世界观作为理论的基础"。中国共产党为什么能,中国特色社会主义为什么好,归根到底是马克思主义行,是中国化时代化的马克思主义行。拥有马克思主义科学理论指导是我们党坚定信仰信念、把握历史主动的根本所在。

百年成就无比辉煌,百年大党风华正茂。面对我们党带领人民创造的一个个人间奇迹,国际社会不断进行追问和探寻。哈萨克斯坦总统托卡耶夫盛赞习近平主席:"在您的卓越领导下,中国进入了一个全新的时代,中华民族伟大复兴进入新征程。"在英国学者马丁·雅克看来,习近平是中国发展繁荣的"绝对关键人物"。大道至简,实践不断证明——拥有坚强领导核心、科学理论指导是中国共产党创造百年辉煌、成就千秋伟业的成功密码。

核心就是力量,旗帜就是方向。"两个确立"深刻揭示了马克思主义政党最根本的政治原则,丰富和发展了马克思主义建党学说,充分彰显了新时代中国共产党人高度的政治自觉和坚定的理论自信。

(四)

"事非经过不知难,成如容易却艰辛。这10年,有涉滩之险,有爬坡之艰,有闯关之难,党和国家事业实现一系列突破性进展,取得一系列标志性成果。"17日,习近平总书记在参加党的二十大广西代表团讨论时的重要讲话,引发人们的广泛共鸣。

党的十八大以来,以习近平同志为核心的党中央审时度势、果敢抉择、锐意进取、攻坚克难,团结带领全党全军全国各族人民撸起袖子加油干、风雨无阻向前行,义无反顾进行具有许多新的历史特点的伟大斗争,攻克了许多长期没有解决的难题,办成了许多事关长远的大事要事。

惟其艰难,方显勇毅;惟其磨砺,始得玉成。这是脱贫攻坚战中"不获全胜决不收兵"的决心,是改革大潮中"敢于啃硬骨头,敢于涉险滩"的魄力,是抗疫斗争中"人民至上、生命至上"的情怀,是维护国家尊严和核心利益"敢于斗争、善于斗争"的意志和能力,是管党治党"得罪千百人、不负十四亿"

的使命担当……

在"奋进新时代"主题成就展的中央综合展区，一艘中国经济"奇迹号"巨轮模型吸引了参观者的目光。在时代洪流中奋楫扬帆，于惊涛骇浪中行稳致远，非凡十年深刻启示：正是因为确立了习近平同志党中央的核心、全党的核心地位，确立了习近平新时代中国特色社会主义思想的指导地位，党才有力解决了影响党长期执政、国家长治久安、人民幸福安康的突出矛盾和问题，消除了党、国家、军队内部存在的严重隐患，从根本上确保实现中华民族伟大复兴进入了不可逆转的历史进程。

回望党的奋斗历程，有危难之际的绝处逢生，有挫折之后的毅然奋起，有失误之后的拨乱反正，有磨难面前的百折不挠。历史和现实反复昭示，什么时候拥有了坚强领导核心，拥有了科学理论指导，什么时候党和人民的事业就会无往而不胜，反之就会遭受挫折甚至失败。

以史为鉴，开创未来。党在百年奋斗征程中，先后制定了三个历史决议。尽管三个历史决议产生于不同历史时期，内容侧重点也不尽相同，但有一个共同点，就是通过总结历史经验，进一步深刻认识到领导核心和指导思想的重要性。历史已经证明并将继续证明，拥有坚强领导核心，坚持科学理论指导和正确道路指引，就必定能凝聚亿万人民团结奋斗的磅礴力量，中国人民就必定焕发出更为强烈的历史自觉和主动精神，就必定能把中国发展进步的命运牢牢掌握在自己手中！

"验之往古，按之当今之务"。从历史走向未来，"两个确立"是深刻总结党的百年奋斗历史经验、深刻总结党的十八大以来伟大实践得出的重大历史结论，深刻揭示了中国共产党始终掌握历史主动的根本原因，回答了"过去我们为什么成功"，指明了"未来怎样继续成功"。

（五）

"从现在起，中国共产党的中心任务就是团结带领全国各族人民全面建

学习贯彻党的二十大精神述评

成社会主义现代化强国、实现第二个百年奋斗目标,以中国式现代化全面推进中华民族伟大复兴。"在党的二十大上,习近平总书记宣示新时代新征程党的使命任务,发出了全面建设社会主义现代化国家、全面推进中华民族伟大复兴的动员令。

征程越是壮阔,目标越是远大,任务越是艰巨,越需要领导核心的掌舵定向、科学理论的指引领航。"两个确立"不仅是创造新时代伟大成就的制胜密码,更是中国共产党、中国人民、中华民族走向更加辉煌未来的根本保证。

新征程上,"两个确立"为我们提供了强大政治引领和科学理论指引。核心的引领,是最有力的引领;思想的主动,是最彻底的主动。坚决捍卫"两个确立",忠实践行"两个维护",不断谱写马克思主义中国化时代化新篇章,中国特色社会主义就能沿着正确方向开拓前进,全党全国各族人民就能在党的旗帜下团结成"一块坚硬的钢铁",心往一处想、劲往一处使,

图为山东省惠民县风电装备产业基地涂装车间,工作人员对风电轮毂进行涂装(2022年6月7日摄)。(新华社记者郭绪雷摄)

不断坚定历史自信、增强历史主动,推动中华民族伟大复兴号巨轮乘风破浪、扬帆远航。

新征程上,"两个确立"是战胜各种艰难险阻的最大底气。我国发展进入战略机遇和风险挑战并存、不确定难预料因素增多的时期,各种"黑天鹅""灰犀牛"事件随时可能发生。我们必须增强忧患意识,坚持底线思维,做到居安思危、未雨绸缪,准备经受风高浪急甚至惊涛骇浪的重大考验。舟行万里,操之在舵。前进道路上,坚决捍卫"两个确立",忠实践行"两个维护",我们攻坚克难、开拓进取就有了坚强政治保证和强大思想武器,党和国家事业发展就能做到"任凭风浪起,稳坐钓鱼船"。"两个确立"既是全党意志和民心所向,也是我们应对一切不确定性的最大确定性。

新征程上,"两个确立"是推进党的自我革命的根本遵循。全面建设社会主义现代化国家、全面推进中华民族伟大复兴,关键在党。我们党作为世界上最大的马克思主义执政党,要始终赢得人民拥护、巩固长期执政地位,必须时刻保持解决大党独有难题的清醒和坚定。全面从严治党永远在路上,党的自我革命永远在路上。坚持和加强党中央集中统一领导,确保全党在政治立场、政治方向、政治原则、政治道路上同以习近平同志为核心的党中央保持高度一致,坚持不懈用习近平新时代中国特色社会主义思想凝心铸魂,才能持之以恒推进全面从严治党,深入推进新时代党的建设新的伟大工程,使我们党始终坚守初心使命,始终成为中国特色社会主义事业的坚强领导核心,以党的自我革命引领社会革命。

站在金秋的阳光下,党的二十大代表、"燃灯校长"张桂梅向记者讲述了她的新梦想:"原来我们是让孩子们能读得到书、人人有书读,这次我看到了更高远的目标:让孩子们读好书!"

奋进新征程、建功新时代,中华大地上澎湃着奋斗圆梦的热潮。

基层党员干部带领乡亲们"走好乡村振兴路",产业工人感到"舞台更大了,干劲更足了",科技工作者践行"把论文写在祖国的大地上",

广大青年立志"让青春在全面建设社会主义现代化国家的火热实践中绽放绚丽之花"……长期观察中国的法国专家布鲁诺·吉格感言:"我看到中国人忙碌又从容不迫。中国人的从容,来自他们对国家不断向前发展的自信。"

在习近平总书记带领下,在习近平新时代中国特色社会主义思想指引下,中国人民的前进动力更加强大、奋斗精神更加昂扬、必胜信念更加坚定,新时代中国的明天一定会更加美好。

(六)

党的二十大开幕前夕,长征二号丁运载火箭飞向苍穹,成功将遥感三十六号卫星送入预定轨道,这是长征系列运载火箭第444次发射。

心有翼,自飞云宇天际;梦无垠,当征星辰大海。随着党的二十大胜利闭幕,我们站在了民族复兴征程的新起点。

逐梦百年路,奋斗向未来。习近平总书记的铿锵宣示充满信心和力量——"党用伟大奋斗创造了百年伟业,也一定能用新的伟大奋斗创造新的伟业。"

唯有矢志不渝、笃行不怠,方能不负时代、不负人民。让我们更加紧密地团结在以习近平同志为核心的党中央周围,全面贯彻习近平新时代中国特色社会主义思想,坚定信心、同心同德,埋头苦干、奋勇前进,深入贯彻落实党的二十大精神和党中央决策部署,为全面建设社会主义现代化国家、全面推进中华民族伟大复兴而团结奋斗,在新的赶考之路上向历史和人民交出新的优异答卷。

(新华社北京 2022 年 10 月 23 日电)